传播学视域下的 手机媒体研究

王燕星 著

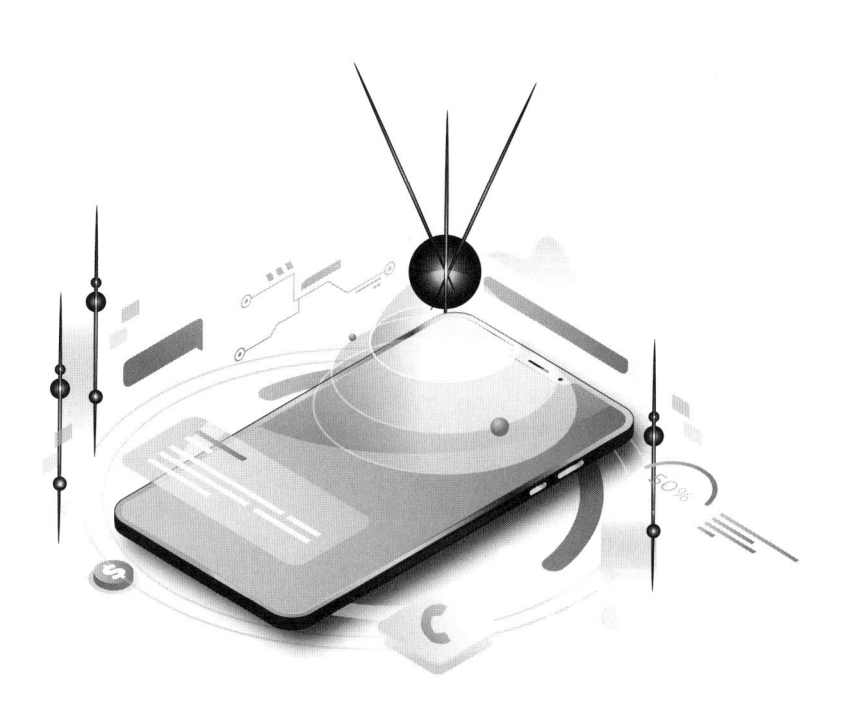

图书在版编目（CIP）数据

传播学视域下的手机媒体研究/王燕星著. -- 北京：中国广播影视出版社，2023.1
　ISBN 978-7-5043-8921-3

　Ⅰ.①传… Ⅱ.①王… Ⅲ.①移动电话机—媒体—研究 Ⅳ.①G206.2

中国版本图书馆 CIP 数据核字（2022）第 185309 号

传播学视域下的手机媒体研究
王燕星　著

责任编辑　王　波　谭修齐
责任校对　张　哲
装帧设计　中北传媒

出版发行　中国广播影视出版社
电　　话　010-86093580　010-86093583
社　　址　北京市西城区真武庙二条 9 号
邮政编码　100045
网　　址　www.crtp.com.cn
电子邮箱　crtp8@sina.com

经　　销　全国各地新华书店
印　　刷　艺通印刷（天津）有限公司

开　　本　710 毫米 × 1000 毫米　1/16
字　　数　275（千）字
印　　张　20
版　　次　2023 年 1 月第 1 版　　2023 年 1 月第 1 次印刷

书　　号　978-7-5043-8921-3
定　　价　98.00 元

（版权所有　翻印必究·印装有误　负责调换）

前　言

1973年，世界上第一部手机问世，至今虽然只有50年的时间，但是手机就像一个火花塞，点燃了技术进化与人类生活的发动机，每一次技术革新都对人类的生活方式和思维范式产生了很大的影响。手机不仅改变了生活，还改变了社会。手机原本只是一种人们在移动中进行人际传播的通信工具，但随着手机与互联网的结合，手机已然成为融合不同媒介形式的全媒体终端。它真正实现了人和媒体在时空中的无缝衔接，信息的接受者和传播者发生了自主的角色融合，受众的主体性地位得到前所未有的增强，手机极大拓展了人类的传播空间。随着5G时代的到来，手机将成为万物互联网络中的核心端口，用户对手机的依赖程度将日益增强。

手机作为一种发展时间虽短但发展速度非常迅速的新媒体，越来越受到国内外学界的关注。代表性的国外研究成果有美国著名媒介理论家保罗·莱文森的著作《手机：挡不住的呼唤》、美国计算机科学家尼古拉斯·尼葛洛庞帝的著作《数字化生存》等。代表性的国内研究成果有中国人民大学匡文波教授的著作《手机媒体概论》、学者刘滢的著作《手机：个性化的大众媒体》、学者毛玉希和罗迪的著作《掌媒：手机化生存》等。近几年研究手机媒体的学术论文数量也呈现井喷之势。目前关于手机媒体的研究，主要从手机媒体技术研究、手机媒体应用研究、手机媒体传播研究和手机媒体文化研究等层面展开，在技术、社会影响、传播特性等角度对手机媒体的结构性规律进行了探讨，取得了较多的成果。但随着手机技术的不断进步，学术研究仍然呈现滞后之态。因此，关于手机媒体的研究要与时俱进，分析新的问题，总结新的规律。

本书力求在传播学视域下，深入系统地思考手机媒体的传播价值，并重点关注手机媒体生态环境的新变化。通过梳理手机媒体的发展过程，本书对手机的技术功能、手机媒体的发展背景与现状、手机媒体的传播学特征、手机传播模式、手机媒体与传统媒体的互动与融合、手机短信、手机电视、手机广告、手机微博、微信、手机App、手机短视频、算法传播、手机传播法制与伦理等方面进行理性审视，力求在一定程度上揭示手机传播规律。囿于水平和能力的局限，书中还有许多不成熟的观点和疏漏之处，敬祈专家和读者不吝指教。

目 录
— CONTENTS —

第一章　手机媒体概述 …………………………………………… **001**

第一节　手机技术的发展历程 ………………………………… 002

第二节　手机媒体概述 ………………………………………… 024

第二章　手机媒体的传播学特征 ………………………………… **035**

第一节　人际传播视域中的手机媒体 ………………………… 035

第二节　大众传播视域中的手机媒体 ………………………… 046

第三章　手机短信传播 …………………………………………… **059**

第一节　手机短信的发展历程 ………………………………… 059

第二节　手机短信传播的特点 ………………………………… 063

第三节　手机短信的内容类型 ………………………………… 066

第四节　手机短信的语言特征 ………………………………… 069

第五节　手机短信在我国的发展 ……………………………… 072

第四章　手机报传播 ... **074**

第一节　手机报的概念界定 ... 074
第二节　手机报形态的演进过程 ... 077
第三节　手机报的传播特征和传播价值 ... 086

第五章　手机微博传播 ... **093**

第一节　手机微博概述 ... 093
第二节　手机微博传播对人际关系建构的影响 ... 097
第三节　手机微博的草根影响力 ... 103
第四节　手机政务微博是政府与民众沟通的重要桥梁 ... 108
第五节　手机微博意见领袖对舆论的引导效能 ... 119

第六章　手机电视传播 ... **126**

第一节　手机电视概述 ... 126
第二节　手机电视的发展历程 ... 133
第三节　我国手机电视节目的内容 ... 141

第七章　微信传播 ... **147**

第一节　微信概述 ... 147
第二节　微信公众号 ... 152
第三节　基于微信公众平台的地方传统党报影响力的提升与再造 160
第四节　微信朋友圈 ... 165
第五节　微信视频号 ... 169

第八章　手机 App 传播 …… **177**

第一节　手机 App 概述 …… 177

第二节　手机短视频 App …… 185

第三节　直播 App 新生态 …… 201

第九章　算法传播 …… **220**

第一节　算法的溯源和发展 …… 220

第二节　算法的定义和特征 …… 222

第三节　算法伦理问题 …… 225

第十章　手机广告传播 …… **232**

第一节　手机广告概述 …… 232

第二节　手机广告的发展历程 …… 243

第三节　手机广告的发展对策分析 …… 248

第十一章　手机媒体在突发公共事件传播中的价值 …… **253**

第一节　突发公共事件概述 …… 254

第二节　手机媒体在突发公共事件传播中的价值提炼 …… 259

第三节　如何发挥手机媒体在突发公共事件传播中的作用 …… 267

第十二章　手机媒体的监管 …… **271**

第一节　手机短信传播中存在的问题 …… 271

第二节　手机传播中的侵害隐私权问题 …… 278

第三节　手机病毒带来的危害 …………………………………… 282

第四节　大学生群体手机媒体信息安全保护现状及策略研究 … 291

第五节　手机媒体的监管 …………………………………………… 299

参考文献 ……………………………………………………………**304**

后　记 ………………………………………………………………**309**

第一章 手机媒体概述

传播学家马歇尔·麦克卢汉（Marshall McLuhan）说过："真正有意义、有价值的讯息不是各个时代的传播内容，而是这个时代所使用的传播工具的性质、它所开创的可能性以及带来的社会变革。"在人类传播史上，从印刷术到无线电技术，再到电视技术和计算机技术，每一次信息技术革命不仅扩延了媒介传播疆域，也提升了人类对信息的掌控能力。通信技术经历了从固定到移动、从模拟系统到数字系统、从语音服务主导到数据服务主导的过程，信息技术创新带来的传播方式变革对人类文明发展产生了巨大的影响。更重要的是它帮助人们抛弃传统的思维范式，将新型的传播语言运用到生活的方方面面，推动人类生活要素的交互性流动，从而改变人类的生活面貌。

在所有的传播工具中，手机媒体被称为人类的"影子"，因为它与人类的关系最为密切，如影随形。纽约福德汉姆大学教授保罗·莱文森（Paul Levinson）在其著作《手机：挡不住的呼唤》一书中这样描述手机："仿佛是一个有灵气的细胞，手机在分裂繁殖的过程中和其他的细胞互动、结合，从而产生新的有机体；就像是一个强大的火花塞，手机点燃了技术进化与人类生活的发动机。"在五十年的发展历程中，手机从移动通信工具发展成为全媒体终端，通过"分裂繁殖"生成新的社会、新的可能和新的关系。

随着5G时代的到来，手机媒体作为媒介融合的代表，已经成为万物互联网络中的核心端口，信息承载及传播能力不断升级，推动着信息传播、商业应用、文化传播的巨大变革。手机以便携、兼容的突出优势让人类的生活更加方便，信息获取更加快捷，受众对手机媒体的使用和依赖程度进一步增强，手机已然成为人们生活中不可或缺的随身用品。

第一节　手机技术的发展历程

手机，又称为移动电话、无绳电话。手机最初的定义是人们可以在移动中使用的电话，这是相对于有线电话、固定电话而言的。从人类的沟通史来看，口语、飞鸽、文字、书信、电报，每一次进步都让人们越来越容易地增强彼此之间的联系。1875年，美国发明家亚历山大·贝尔（Alexander Graham Bell）发明了世界上第一台电话机，实现了跨区域和即时性完美结合的语音传递，让远隔千里的人们能够听到对方的声音，进一步拉近了人们之间的距离。但是电话线又束缚住了人们的手脚，电话的不可移动阻碍了人们随时随地交流愿望的实现。

直到1973年，当时还是摩托罗拉公司的工程技术人员的马丁·库帕（Martin Lawrence Cooper）（如图1-1所示），受到当时非常热门的电视连续剧《星际迷航》中考克船长使用的无线通话设备的启发，带领他的研究团队，研制出了一部重2磅、通话时间只有半小时的可以在移动中使用的电话，宣告了世界上第一部手机的诞生，也意味着一个新时代的开启，马丁·库帕因为他的卓越贡献被尊称为"手机之父"。

图1-1　世界上第一部手机发明者马丁·库帕（图片来源：百度百科）

虽然 1973 年手机注册了专利，但到正式投入使用又经历了十多年的时间。1985 年，出现了一种"肩背电话"，它将电源和天线放置在一个盒子中，使用者像背书包那样背着它行走。这款电话虽然重达 3 公斤，而且使用也非常不方便，但是它是世界上第一台现代意义的真正可以在移动中使用的电话。从第一部手机诞生到现在，虽然只有五十年的时间，但是手机的发展速度却十分惊人，而且每一次手机技术革新都对人类的传播理念和生产生活方式产生巨大影响。

手机媒体技术的发展历史至今可以划分为五个阶段。第一个阶段（1G 时代），移动语音通话变成了现实。第二个阶段（2G 时代），实现了移动电话无缝漫游，扩大了移动电话的使用范围。第三个阶段（3G 时代），实现了互联网和移动的全覆盖。第四个阶段（4G 时代），网络速度大幅提升，人类进入移动互联时代。第五个阶段（5G 时代），5G 技术和智能手机紧密结合，信息传播形式由媒体直接面向受众传播转变为受众与受众之间的传播。

一、1G 手机时代

1G（the first generation）是指第一代移动通信技术，是以模拟技术为基础的蜂窝无线电话系统。20 世纪 80 年代，美国摩托罗拉公司研制出与现代手机形态上最为类似的手机，主要功能是语音传输。这种手机相对"肩背电话"轻巧了很多，也更容易携带。但是由于当时的电池容量限制以及模拟调制技术需要硕大的天线和集成电路等条件的制约，这种手机外形仍然显得笨重，携带不够方便，而且价格高昂，在美国发售的第一部手机售价就高达 3980 美元。

1G 手机具有多种制式，如 NMT（Nordic Mobile Telephone，北欧移动电话系统）、AMPS（Advanced Mobile Phone Service，先进移动电话系统）、TACS（Total Access Communication System，全接入通信系统），但大多采用的是 FDMA（Frequency Division Multiple Access，频分多址技术），就是把通

信系统的总频段划分成若干个等间隔的频道（也称信道），分配给不同的用户使用。这些频道互不交叠，其宽度能传输一路数字话音信息，而在相邻频道之间无明显的串扰。也就是说，以频率调制的模拟语音传输为基础，依靠基站之间的相互切换来达到移动通信的目的。

1987年我国确定了以 TACS 制式作为我国模拟制式蜂窝移动电话的标准。1987年11月18日，广州开通了我国第一个 TACS 模拟蜂窝移动电话系统，首批发展了700个用户，并开通了我国第一个移动电话局。1988年3月，北京模拟网开通首期放号，营业厅只有一个，放号主要是针对企事业单位，针对个人的发放十分有限，主要针对一些名人，或是一些工商业企业家。1987年，摩托罗拉公司进入中国，在北京设立办事处。第一台模拟式手机摩托罗拉3200（如图1-2所示）进入中国市场，它外表厚实笨重，状如黑色砖头，拥有硕大的机身和很长的天线，被中国人称为"大哥大"，售价达到了数万元。摩托罗拉3200只能用于打电话，而且通话质量不够清晰稳定，通话续航时间也仅为30分钟。在当时购买一部"大哥大"要2万元左右，入网费6000元，预存话费1000元，大约需要将近3万元，因此手机在当时的消费水平下应该算得上是奢侈品了。而且购买手机还需要购买指标，并非有钱就能买到。所以当时拥有手机的人很少，手机被贴上了荣华富贵的标签，成为身份地位的象征，它的拥有者对于炫耀和奢侈需求的满足，远远大过对于通话需求的满足。

图1-2 第一台进入中国的模拟式手机：摩托罗拉3200（图片来源：百度百科）

第一代模拟移动通信系统虽然解决了移动通话的问题，但是随着手机用户规模的扩大，缺陷逐渐显现出来。第一，系统容量不能满足数量暴涨的用户的需求，难以大规模商用。第二，在服务上存在瓶颈。由于世界各国没有使用统一的标准来进行系统建设，系统制式多样不能兼容，用户离开本地服务区到达另一地区时，手机的使用就受到了限制，手机的使用范围无法扩展。第三，手机的安全性低，存在被盗打和被窃听风险。因为它的通话是锁定在一定频率的，所以使用可调频电台，例如一台900Mhz的收音机就可以窃听通话。如果手机被盗打就可能给用户带来巨额的话费支出。第四，1G手机只能实现语音联络，功能单一。第五，费用高昂。以上这些缺陷发出了这样的信号：1G手机已经不能满足人们的需求，第二代数字蜂窝移动通信系统应运而生。

二、2G手机时代

在1G时代，由于各国建立的模拟基站使用不同的蜂窝标准，使得移动通信漫游出现障碍。为解决这样的问题，欧洲电信标准组织ETSI率先制定了一个数字移动通信标准，即GSM（Global System For Mobile Communications），中文名为全球移动通信系统，俗称"全球通"。它采用蜂巢式细胞的概念来建构系统，提供语音和数据服务。自此，手机发展进入了一个新的时代，即2G（the second generation）时代。第二代移动通信技术是以数字技术为基础的移动通信系统，数字传输系统采用的是数字调制技术和时分多址或码分多址与频分多址的混合技术，传输的话音和指令都是数字信号。

GSM是当时应用最为广泛的移动电话标准，自20世纪90年代中期投入商用以来，全球超过200个国家和地区的用户在使用GSM电话。GSM电话撤除了手机使用的地理屏障，用户可以在签署了"漫游协定"的移动电话运营商之间自由漫游，随时随地交流的愿望开始得以实现。

同时，美国推出了CDMA（Code-Division Multiple Access），即码分多址

技术。CDMA 允许所有使用者同时使用全部频带，且把其他使用者发出的讯号视为杂讯，完全不必考虑讯号碰撞问题。相对于 GSM，CDMA 的频率利用率高，手机功耗低。手机所传输的信息和语音都是数字信号，可把用户对话时周围环境的噪音降低，使通话更清晰，通话质量得到有效提高。手机的使用时间变得更长，辐射对人的伤害也大大降低。而且通过鉴权、加密和 TMSI（Temporary Mobile Subscriber Identity）临时识别码的使用，大大加强了手机通信的安全性。手机号码资源丰富，手机耗电量低，成本降低。这一阶段的手机不仅能提供语音通信服务，还可以实现诸如游戏、短信息、拍照等各种功能。它在降低辐射、通话质量、容量潜力、手机资费和安全性方面都要优于 GSM 系统。这些优势使得手机的发展进入了一个繁荣时期，手机越来越轻巧，款式越来越新颖，功能越来越丰富，价格也越来越低。手机开始从富裕人家走入寻常百姓家，从贵族化转向平民化。

20 世纪 90 年代，爱立信 GH337（如图 1-3 所示）以第一款 GSM 手机的身份进入中国市场。当时我国还普遍处在模拟网络时代，广东省的 GSM 网络刚刚开通。爱立信 GH337 以其抢线快、接收信号比较灵敏等性能优势击败模拟手机，成为消费者竞相购买的手机产品。

图 1-3 进入中国的第一款 GSM 手机：爱立信 GH337（图片来源：百度）

2001 年 3 月 5 日，中华人民共和国信息产业部发布《关于中国移动通信集团公司停止使用模拟移动通信业务频率的通知》，宣布在 2001 年 6 月 30 日后无条件收回模拟移动通信业务所占频段，在 2001 年 12 月 31 日后把该频段用于数字移动通信业务，并要求中国移动在 2001 年 12 月 31 日停止模拟移动通信业务。1G 手机时代正式在中国宣告终结，2G 手机时代粉墨登场，中国的移动通信翻开了新的一页。在这个阶段，手机的外观和功能不断推陈出新，发展速度令人惊讶。

1997 年由汉诺佳推出的 CH9771（如图 1-4 所示），采用了机械控制和符合人体工学 S 型的设计，让人能够很好地将其握在手中，是第一款使用了内置天线的手机。虽然这款手机在中国市场的反响不大，但内置天线的设计却为诺基亚和西门子等公司采用，使得内置天线的手机风靡一时。

图 1-4　国内第一款内置天线手机：汉诺佳 CH9771（图片来源：百度）

1998 年，第一款内置游戏的手机——诺基亚变色龙 6110（如图 1-5 所示）上市，该款手机内置有贪食蛇、记忆力和逻辑猜图三款游戏，其中贪食蛇的游戏最受欢迎，成为诺基亚手机的传统游戏。该款手机重约 142 克，尺寸为 129×47×28 毫米，有蓝、灰、紫三种颜色可选。这款手机受到了年轻人的喜欢，也被其他品牌争相模仿，游戏类型也越来越多。

图 1-5　国内第一款内置游戏的手机：诺基亚变色龙 6110（图片来源：百度）

1999年，诺基亚推出了7110（如图1-6所示），这是国内第一款支持WAP上网的手机。它拥有150条短信存储空间，280条备忘提醒，1000组的电话簿，以及占据手机正面三分之一面积的超大超清晰屏幕，在当时出尽风头。尤其是它的上网功能更让大家对它刮目相看。虽然要经过复杂的设置，也需要等待，但是它可以浏览新闻，甚至可以收发E-mail，打破了人们对于手机仅仅是通话工具的认知定式，让手机具有了更加丰富的功能，这在当时无疑是革命性的。

图1-6 国内第一款支持WAP上网的手机：诺基亚7110（图片来源：百度百科）

1999年，摩托罗拉328c（如图1-7所示）上市。与之前的手机不同的是，这款手机非常小巧，重量仅有95克，用户可以轻松地把它放进口袋，它的小巧使得手机此时开始真正便携。而且它在设计上也有了突破，它是全球第一款翻盖机，翻盖式的设计使得手机变得更加精致和实用，也因此得名"掌中宝"。

图1-7 第一款翻盖设计手机：摩托罗拉328c（图片来源：百度百科）

爱立信在 2000 年推出了 R310sc 机型（如图 1-8 所示），这款手机尺寸为 131×53×25 毫米，重量为 170 克，外形酷似鲨鱼，所以人们又叫它"鲨鱼"手机。它在功能方面属于当时的主流水平，尤其是它的防尘、防水、防震的"三防"功能使它很快抓住了消费者的眼球，引领了当时的时尚潮流。

图 1-8　第一款三防（防尘、防水、防震）手机：爱立信 R310sc（图片来源：百度）

2000 年，第一款全中文双频手机摩托罗拉 CD928+（如图 1-9 所示）出现在消费者面前。它的尺寸为 122×54×22 毫米，重量 210 克，有香槟色、银河灰、雅典黑三种颜色。它带给中国手机用户最大的惊喜是：它不仅支持全中文的界面显示，而且还能够支持汉字输入，这种全中文操作方式大大方便了中国的消费者，所以这款手机一上市就受到关注和欢迎，更有意义的是它为手机在中国的普及打下了重要的文化基础。

图 1-9　第一款全中文双频手机：摩托罗拉 CD928+（图片来源：百度）

2001 年 8 月，爱立信发布了全球第一部内建蓝牙芯片的手机 T39mc（如图 1-10 所示），T39mc 重约 86 克，颜色有玫瑰白、经典蓝、熏衣草紫三种。这款手机能够支持 GSM 三频及 GPRS 高速上网，并且还有先进的个人信息管理应用程序（PIM），功能较之前的手机强大了许多。这款手机最大的优势在于它使手机通话的安全性得到了极大提升，因为这款手机率先采用的蓝牙技术包含完整的加密和认证机制。

图 1-10　第一款内置蓝牙芯片的手机：爱立信 T39mc（图片来源：百度）

2001 年，爱立信推出了 T68（如图 1-11 所示），这款手机让人们对于手机的印象从黑白世界变为彩色世界，因为它是国内第一款彩屏手机。当时这款手机发布的时候，国内的众多媒体都隆重地做了专题报道，名噪一时。而且它还能够通过 RS232 接口与电脑连接同步数据，开始支持多媒体信息，这种大胆的尝试使它在手机发展史上拥有了重要地位。

图 1-11　第一款彩屏手机：爱立信 T68（图片来源：百度百科）

2002 年摩托罗拉推出了 V70（如图 1-12 所示），这是第一款旋盖手机，它通过大胆的设计将手机古板的外形进行了革新，十分新颖时尚，富有设计感。正是由于在外形设计上的独一无二，这款手机当时的售价虽然高达 7000 余元，但是仍然受到许多时尚人士的青睐。

图1-12 第一款旋盖手机：摩托罗拉V70（图片来源：百度）

2004年8月，三星公司推出了全球第一款支持GSM网和CDMA网的双模手机，即三星SCH-W109（如图1-13所示），售价6680元。这款手机清除了由于制式不同而存在的沟通障碍，使得在全球两种制式的网络中实现无缝漫游成为可能，大大拓展了通信疆域，让地球村的构想开始变成现实。

图1-13 第一款支持GSM网和CDMA网的双模手机：SCH-W109（图片来源：百度百科）

三、2.5G手机时代

2G时代的手机发展主要表现在外观的革新与功能的强化上。内置天线式、翻盖式、旋盖式、彩屏式，不断翻新的手机外形让人目不暇接。更重要的是，单纯的语音通话已经不能满足消费者的需求了。GSM系统开始向GPRS和EDGE等系统升级，这在手机发展史上被定义为是2G向3G过渡的一个时期，即2.5G手机时代。伴随着手机技术的发展，手机开始智能化，开始提供移动数据服务,从模拟系统向数字系统转变。除了通话功能外,手机还可以玩游戏、听音乐、拍照片或者摄像、听广播、发短信。这些综合了语音、数据、图像的功能让手机与人们之间的关系变得更加紧密起来,手机成为贴身"行头"的可能性越来越大。

2002年,诺基亚出品的7650(如图1-14所示)是国内第一款内置摄像头的手机,手机内置30万像素摄像头,可以拍摄640×480、320×240以及160×120分辨率的照片,图片采用JPG格式,视频则是3GP/AVI等格式,手机从吸纳照相机的功能开始逐渐成为媒介融合舞台上的主角。

图1-14 国内第一款内置摄像头的手机:诺基亚7650(图片来源:百度百科)

2000年上市的爱立信R380sc(如图1-15所示),是第一款塞班系统(symbian)内核的智能手机。令人惊喜的是,这款手机不仅是一部移动电话,它还是记事本、通讯录和掌上电脑。从这款手机诞生开始,手机的智能性受到关注。

图 1-15　第一部塞班系统（symbian）内核智能手机：爱立信 R380sc（图片来源：百度百科）

2003 年，第一部 UIQ 系统智能手机——索尼爱立信 P802（如图 1-16 所示）面市。P802 的数据传输功能非常强大，拥有蓝牙、红外线、USB 数据底座、GPRS 等。

图 1-16　第一部 UIQ 系统智能手机：索尼爱立信 P802（图片来源：百度百科）

智能手机拥有独立的操作系统，用户可以自行安装第三方服务商提供的程序，然后利用这些程序对手机进行扩充，移动通信系统可以帮助其实现无线网络的接入。此阶段的智能手机让大家对手机有了新的认识，手机不仅是移动的电话，更像一部装在口袋里的能够打电话的电脑。许多愿望，比如随时随地看新闻、了解天气交通情况、了解商品信息、下载音乐、下载图片等，都能在越来越轻薄的手机上实现。另外，此阶段的手机售价要比 1G 手机低廉了很多，从数万元下降到几千元。手机不再是富人的专属用品，开始走进更多寻常百姓的家庭。由于手机的携带越来越方便、功能越来越丰富、价格越来越低廉，手机用户的数量开始逐年递增，1988年我国手机用户规模只有0.3万户，2004年就接近了3亿户，2006年则将近4亿户，呈井喷之状。

四、3G手机时代

3G（the third generation）是指第三代移动通信技术，它是支持高速数据传输的蜂窝移动通信技术，是将无线通信与国际互联网等多媒体通信结合的新一代移动通信系统。与1G手机（只能进行语音通话）和2G手机（在通话基础上增加了接收数据功能）不同的是，它采用智能信号处理技术，将移动通信的服务中心从语音扩展到了移动数据，真正实现了全球漫游和无缝覆盖。它不仅能够同时传送高质量的话音及数据信息（诸如电子邮件、即时通信等），还可以提供丰富多彩的移动多媒体业务，诸如网页浏览、电话会议、电子商务等信息服务，大大扩展了手机通讯的内涵。因此3G手机是通信业与计算机工业完美融合的产物，手机因此获得了"个人通信终端"的称号。

1985年，未来公共陆地移动通信系统的概念被提出，这应该算是3G系统的原型，目的是真正实现手机在全球的漫游。

1992年，国际电信联盟（ITU）正式提出了3G的建设目标。

1999年，芬兰首先发放了世界上第一张3G牌照，正式开始运营3G系统。随后欧美一些主要国家和日韩等国也陆续发放了3G的运营牌照，进行3G网络的搭建和开展相关服务。

2000年5月，国际电信联盟正式公布第三代移动通信标准，确定了欧洲的W-CDMA（Wideband CDMA，宽频分码多重存取）、美国的CDMA2000（Code Division Multiple Access 2000，码分多址2000）和中国的TD-SCDMA（Time Division-Synchronous CDMA，时分同步码分多址）为3G时代的三大主流技术。

2002年3月，大唐移动通信设备有限公司挂牌成立，拉开了中国TD-SCDMA技术全面产业化的序幕。

2006年11月，TD在青岛、厦门、保定三大城市进行放号，放号数约2万户。

2008年4月，中国移动通信集团公司在北京、上海、天津、沈阳、广州、深圳、厦门和秦皇岛启动TD-SCDMA社会化业务测试和试商用，号段为157，TD在中国的商业化应用正式开始。

2008年5月24日，工业和信息化部、国家发改委、财政部联合发布《关于深化电信体制改革的通告》，鼓励中国电信收购中国联通CDMA网（包括资产和用户），中国联通与中国网通合并，中国网通的基础电信业务并入中国电信，中国铁通并入中国移动，国内电信运营商由6家变为3家。

2008年8月，工业和信息化部发布《关于同意中国移动通信集团公司开展试商用工作的批复》，同意中国移动在全国建立TD网络并开展试商用。

2008年12月22日，中国电信发布移动业务品牌"天翼"，189号段在部分省市投入试商用，中国电信全面转型为全业务运营商。

2008年12月23日，工信部泰尔实验室为海信TM86出具了中国第一张支持CMMB功能的TD-SCDMA，即MOTO MT710手机的测试合格报告，两大中国自主创新的技术成果——TD-SCDMA和CMMB得到了专业的技术认可。

2009年12月4日，摩托罗拉公司在北京香格里拉大酒店举行了盛大的发布会，发布了首款3G智能手机MT710智领（如图1-17所示）。这款智能手机为用户带来了卓越的3G多媒体娱乐和移动互联体验。它采用的是中国移动OMS系统，全触屏设计，内置500万像素摄像头，支持自动聚焦功能，能够实现准确的面部识别与跟踪功能。它内置CMMB和WLAN模块，支持WiFi和WAPI双无线功能。

图 1-17　首款 3G 智能手机：MT710 智领（图片来源：百度百科）

2008 年 12 月 31 日，国务院常务会议通过决议，同意启动 3G 牌照发放工作。

2009 年 1 月 7 日，工业和信息化部举办牌照发放仪式，为中国移动、中国电信和中国联通发放了 3G 牌照，中国移动获得 TD-SCDMA 牌照，中国电信获得 CDMA2000 牌照，而中国联通则获得 WCDMA 牌照。3G 牌照的发放成为我国正式进入 3G 时代的标志，因此 2009 年也被称为是中国的 3G 元年。

从 3G 手机的技术优势上看，它逐渐弥补了 1G 和 2G 手机功能上的缺陷，大大提升了手机的融合特性，将许多诸如电脑、广播、电视、音乐播放器、照相机、摄像机等媒体的功能集于一身，并以其贴身性凸显优势，与人们的距离越来越近，日渐成为人们的随身用品。在通话层面，视频通话是 3G 手机的发展主流，视频通话使得人们之间通过手机交流不仅能够听到声音，还能够看见彼此的影像，这种近在咫尺的感觉将实现真正的随时随地面对面，为人际传播方式带来革命性的变革。使用 3G 手机可以上网，人们可以在手机上浏览新闻、收发邮件、发微博、聊天、无线搜索、下载图片视频音乐、玩游戏、网络购物、远程办公等。另外手机电视还满足了人们随时随地看电视的愿望，这也使得手机从最初的人际传播媒介逐渐呈现出了大众传播媒介的特性。在这个阶段，手机的外观更加轻巧和时尚，操作方式也有了很大的改变，按键式被淘汰，触摸屏成为主流，手机的屏幕尺寸变得更大，更加贴合人们的使用习惯。

在此阶段不得不提美国人乔布斯，这位发明家、企业家、美国苹果公司联合创办人、美国苹果公司前行政总裁被誉为科技界的奇才。在他的领导下，iMac、iPod、iPhone等电子产品走入人们的视野，让全世界亿万人看到科技的力量并为之疯狂，也赋予了现代人全新的娱乐和生活方式。乔布斯凭借其过人的智慧不断创新，把电子产品变得平民化，他呈献给世人的新型手机——苹果 iPhone 3 和 iPhone 4（如图 1-18 所示）、iPhone 4S 和 iPhone 5（如图 1-19 所示），其创新的触控技术和丰富的媒体内容给人们带来了极大的惊喜，从而引领了手机的新潮流。

图 1-18　iPhone 3 和 iPhone 4（图片来源：百度百科）

图 1-19　iPhone 4S 和 iPhone 5（图片来源：百度百科）

另外，作为后起之秀的手机品牌引领者三星，在 2009 年 9 月底，也正式推出了全球首款采用全触屏设计的太阳能手机 S7550（如图 1-20 所示），这款手机被称为"Blue Earth"，因为它不仅具有环保特色，而且采用了全触控屏设计，让人眼前一亮。

图 1-20　全球首款采用全触屏设计的太阳能手机：三星 S7550（图片来源：百度百科）

2010 年 11 月，三星在美国推出全球首款双屏 Android 手机——三星 Continuum Phone（如图 1-21 所示），由美国运营商 Verizon 定制推出，隶属于三星的 Galaxy S 系列。

图 1-21　全球首款双屏 Android 手机：三星 Continuum Phone（图片来源：百度百科）

由于三星对时尚和潮流的敏锐反应，这个阶段它推出的产品如三星 GALAXY Note II N7100 和三星 I9300 GALAXY SIII（如图 1-22 所示）日渐受到消费者的喜爱，开始在手机市场中与苹果手机抗衡，并逐渐开始凸显优势。

图 1-22 三星 GALAXY Note II N7100 和三星 I9300 GALAXY SIII（图片来源：百度）

  3G 手机的品牌主要有诺基亚、摩托罗拉、三星、苹果、索尼爱立信、中兴、新邮通、联想、桑菲、宇龙酷派、华为、LG 和小米等。价格也逐渐分层，从几千元的高端手机到几百元的低端手机，消费者的选择面更加广泛了。手机已经真正成为人们的贴身用品，正像 PC Magazine 专栏作家德沃尔夏克所说的那样，"手机已经成为全球公众普及率最高的随身装备，每个人的口袋里除了钥匙和钱包外，只剩下手机了"。手机走下奢侈品的神坛，成为人们揣在口袋里的日用品。3G 时代的手机让我们拥有了更加多彩的生活，科技的进步带来了人类社会现代性的强化。手机让人们在心灵上和空间上的距离越来越近、在无线的世界中穿越时空，让我们的生活越来越方便。手机还丰富了人类交流的向度，人类不再满足于单向度地接受信息，开始更加关注自身的需求，将个人的喜好依托手机的人性化特质得以实现，个性定制、微博发声、转帖评论，双向互动成为主流。手机的技术历程进入互联网时代时，人类已经大大挣脱了传播机器对人类身体的束缚，思想在更加广阔的疆域中遨游。由此而来的用户量暴增为之后中国推出国产智能手机品牌奠定了坚实的基础，中国迎来更加高速发展的 4G 时代。

五、4G 手机时代

  4G（the fourth generation）是指第四代移动通信技术。4G 时代的重要变化之一就是信息传输更加高速、信号更好、手机功能更加完善。中国移动、中国电信、中国联通三大运营商不断下调资费，通过流量付费的方式获得了广阔市场。手机不仅能打电话、上网、玩游戏，还可以聊天、网上购物、网上支付等。在 4G 手机时代，音频、视频、图像可以快速传输，下载速度也是前所未有，满足了用户对无线网络服务的需求，人类开始真正进入移动互联网时代。随着移动互联网的飞速发展，手机市场呈现出高速发展的态势。诺基亚、摩托罗拉等手机行业曾经的佼佼者因战略失误逐渐退出了国内手机市场。三星公司在 2016 年发生了"爆炸门"事件，负面影响巨大，让出了国内相当大部分的市场份额。手机市场的细分趋势也越来越明显，女性手机、老年手机、游戏手机等极具细分特色的手机品类纷纷出现，用户可以选择的手机品牌也越来越丰富。国产品牌开始初露锋芒，比如华为、小米等。华为作为国产手机品牌的领头羊异军突起，从 2017 年开始连续占据手机市场份额的首位，国内"一超多强"的市场格局初步形成。小米手机将其 CEO 雷军的个人 IP 进行了最大化发掘，吸引了大量年轻人的关注。2017 年到 2018 年，小米先后赞助了《奇葩说》《我们的旅行》《中国有嘻哈》等综艺节目，并执行了精细化的明星代言策略，带动了粉丝群体向手机消费群体的转换，小米在年轻消费群体中的地位逐渐提升，也培养起了巨大的潜在用户群（如图 1-23 所示）。

图 1-23　2017 年上市的华为 Mate 10 Pro 和小米 MIX2、小米 Note3

（图片来源：百度百科）

在移动互联网体系中，通信终端从 PC 机逐渐转为智能手机。手机上的应用商店整合了成千上万的应用，社会生活中大部分的服务，都可以通过 App 来完成。社会化媒体大量涌现，美国的推特、脸书，中国的微博、微信等产品使用户拥有了自己的媒介，人类传统的传播范式被改变。例如中国最有代表性的微信，就用社交整合一切服务，微信成为一个强大的服务平台。大量基于视频的业务开始爆发，视频播放业务从传统的电视开始转向网络。抖音、快手等短视频 App 和斗鱼、虎牙等直播平台井喷式发展，极大丰富了人们的娱乐生活，人类交流模式向优质和高速方向发展。

在 4G 时代，中国移动互联网的另一大特点是电子支付的实现。2014 年，移动支付"圈地运动"爆发，支付宝、微信支付快速进入移动支付市场。2014 年 12 月，支付宝扫码支付正式向华北地区大规模推广，在华北地区大量商超若使用支付宝付款将能享受五折到九折的优惠，用户纷纷开始尝试这种新的支付方式。同时，腾讯旗下的滴滴出行开始向用户大规模发放打车券，推广微信支付。支付宝和微信两大平台把支付变得极为简单，"扫一扫"开始成为人们日常消费的重要方式，人们出门开始不带现金。从普通生活到公共服务，所有需要支付的地方，都可以使用手机来完成，这在 1G、2G、3G 时代都无法实现。在 4G 时代，智能手机提供了定位功能，移动电子支付提供了强大的支付功能，中国的共享服务发展迅速，共享单车、共享汽车服务增长迅猛，外卖服务等也渗透到人们的日常服务中，人们的生活更加便利和高效。

六、5G 手机时代

5G（the fifth generation）是指第五代移动通信网络技术。2013 年 5 月，韩国三星电子宣布已成功研发 5G 核心技术。2016 年 1 月，工信部宣布将在 2016 至 2018 年，进行包括 5G 关键技术试验、5G 技术方案验证和 5G 系统验证三个阶段在内的 5G 技术研发试验。2017 年 2 月 9 日，国际通信标准组织3GPP宣布了5G的官方Logo。2018年6月，首个完整版的全球统一5G标准出炉。由此，2018年正式成为5G元年，5G第一阶段全功能标准化工作完成。2018年6月28日，中国联通公布了5G部署，5G网络计划将在2020年正式商用。2019年6月6日，工信部正式向中国电信、中国移动、中国联通、中国广电发放5G商用牌照，批准四家企业经营"第五代数字蜂窝移动通信业务"，中国正式进入5G商用元年。2019年6月25日，华为Mate20X5G成为国内首款获得5G终端典型设备进网许可证的手机（如图1-24所示）。

图1-24 国内首款获得5G终端典型设备进网许可证的手机：华为Mate20X5G

（图片来源：百度）

2019年10月31日，中国电信、中国移动、中国联通三大运营商公布5G商用套餐，并于2019年11月1日正式上线5G商用套餐。截至2019年12月，建成5G基站超过13万个。

4G改变了人们的生活，5G将改变我们的社会，改变的广度和深度都要比以往深刻得多，人类将进入由移动互联、智能感应、大数据、智能学习整合起来的智能互联时代。5G技术突破传统带宽的限制，从根本上提高了信息传输的能力。一方面，通过极高的数据速率大幅提升了移动网络的稳定性和可靠性，极大优化了通信体验。5G技术实现了人与物的连接，是对人与物、物与物之间互联的一种更完美的修葺，真正带来了通信技术的变革。另一方面，5G技术将通信主体扩展到人和物两类主体，将技术设计范式扩展为多学科系统，将通信设备扩展到所有可连接设备，充分发挥智能感应、大数据和智能学习的能力，形成强大的服务体系，构建为终端用户提供协同工作的无线网络技术生态系统，有望真正实现万物互联。

我国 5G 应用创新场景不断涌现，推动了传统产业向数字化、网络化、智能化发展，实现了在增强移动宽带场景、超高可靠低时延场景和海量机器类通信场景的应用，展现出巨大的发展潜力。2018 年 11 月，在浙江乌镇世界互联网大会上实现了首个基于 5G 网络进行传输的 8K+VR 实时直播以及 5G+VR 人体成像技术在安检系统的运用。2019 年，国际篮联篮球世界杯北京赛场进行了 5G+8K 超高清赛事直播。2019 年，国庆盛典采用 5G+4K 高清直播。2019 年，央视春晚采用了 VR+4K 超高清电视直播。2019 年 3 月，我国完成全球首例 5G 网络远程颅脑手术。2020 年 2 月在抗击新冠肺炎疫情中，武汉火神山医院借助 5G 技术搭建"远程医疗系统"进行远程会诊，还完成了雷神山医院施工现场的 4K 高清及 360° VR 直播。新冠肺炎疫情期间，利用 5G+ 无人机进行了社区防疫巡检，利用 5G+ 机器人进行了公共场所消毒和物流配送等。

5G 具有高速率（数据传输速度极高）、低时延（缓冲等待时长短）、大容量（流畅度高）三大优势，大大提升了用户视频通话、手机游戏、观看网络直播的流畅度，为用户提供了更优质的信息交互体验。无人驾驶的安全性在 5G 技术赋予的媲美人脑的指令处理能力下有了充分的保障。VR 有可能借助 5G 实现突破，VR 体验将大大改善。2018 年年底，丰田汽车公司就利用 5G 网络和 VR 技术，在约 10 公里外的地方远程成功操控了第三代人形机器人。高速率还可以帮助医生完成远程手术，帮助远程教育从概念转向实际应用。5G 的低时延和高质量扩张了人类生活和工作的空间，行动者只需利用手中的设备就能轻松将行动实时施加到物理距离遥远的行动对象上，极大扩展了身体的活动范围。

从发展趋势看，人类传统生活方式在 5G 时代发生的最大变革就是物成为通信主体。网络信号的广泛覆盖和纵深覆盖得以实现，大带宽增强了网络承载能力，能够容纳更多设备连入网络，提升响应速度，大大降低智能设备使用门槛。智能产品层出不穷，个体将拥有数个终端，各个家庭也拥有数个终端。眼镜、笔、皮包、腰带、鞋子等穿戴产品或随身携带物品，以及门窗、门锁、空调、冰箱、洗衣机、空气净化器、加湿器等家居用品都通过手机被纳入网络连接中，成为高度浓缩的数据包。个体将从数据中升华对社会生活的认知，虚拟与现实无缝对接。5G条件下的物联网应用场景还将扩展至工业、农业、智慧城市等领域，实现信息空间与物理空间的优质融合，形成真正的智能物联网世界。

第二节 手机媒体概述

一、手机媒体的界定

回顾手机在技术层面上的发展过程，手机之所以被发明，一开始仅仅是为了人们可以随时随地进行语音交流，使人际间的信息传输更加快捷。但随着手机技术的迅猛发展，手机仅能实现人际传播和小众传播为主的传播样态被革新。手机短信的群发功能，使点对点的传播发展为点对面的传播，手机的传播力量得到很大的提升和发展，传播效能呈几何级增长，大众传播的特征也开始隐约显现。随着智能通信技术的应用和发展，通信业与计算机工业完美融合，手机搜索、手机报、手机电视、手机微博、手机广告等全新应用带来了一系列传播方式变革，手机在信息容量、互动性、传播广度等方面有了巨大的飞跃，手机开始从最初的人际传播工具逐渐成长为影响广泛的大众传播工具，并通过对不同媒介形式的融合成为"全媒体"终端。5G时代的手机还将成为万物互联网络中的核心端口，手机传播的社会嵌入程度将与日俱增。手机的传播力愈来愈受到重视，或者说手机已然超越了其工具范畴，而在传播意义上的地位得到了极大的提升。

从技术更迭层面上来看，从第一代移动通信技术（1G）时代到第五代移动通信技术（5G）时代，手机全方位的传输技术（包括语音信息传输技术、文本信息传输技术、图像信息传播技术、音频信息传播技术等）保障了各种信息能够依托这个平台顺利地从信息源到达受信者，这种强有力的技术保障使得手机完全能够胜任传递信息的角色。更重要的是，手机改变了人们的交互方式，未来还将改变人与世界的认知互动方式。从信息源层面来审视，最初手机信息表现为单纯的语音信息时，信息源表现为个体性。在手机短信群发功能出现后，SP（服务提供商）将新闻、气象资讯等信息进行整理和加工后发送给有需求的手机用户时，信息源的组织性开始出现。当手机与计算机技术完美结合，专业的媒体组织纷纷登上手机平台，信息源的专业性和组织性已然接近于传统的大众传播媒介。随着社交媒体的发展，用户的自生产潜力被充分挖掘，人人都是信息源，人人拥有麦克风，信息源的多元化特质凸显。总而言之，在手机平台上，既有基于语音通话功能而存在的个体信息源，又存在专业化的媒体组织，还存在不定量的个人化信息生产者。他们借助手机日益进步的传输技术，将语音、文字、图像、音频等信息顺利地从信息源传送给受信者，受信者还能够通过评论、点赞、转发等功能实现信息回馈，完成信息循环，手机已然成为现代社会信息系统中不可或缺的重要环节和要素。它既是人际传播媒体，又是大众传播媒体，未来还将成为物与物之间信息交流的介质和渠道。

关于手机媒体的定义，目前还没有形成共识。因为手机媒体的技术在不断进步，附属的增值业务也越来越丰富，因此对不断发展变化中的手机媒体下一个准确的定义是比较困难的，也很难形成共识。针对目前国内关于手机媒体研究的学术成果进行梳理，较早将手机定义为手机媒体的是闵大洪先生。他在《手机正成为媒体工具》一文中首次提出手机技术的发展使其媒体工具的特性越来越彰显，"手机正在成为媒体工具"。此后更多的学者开始对于手机的媒体特性进行研究并试图为手机媒体下一个全面而且科学的定义。比较有代表性的是中国人民大学的匡文波教授，他在他的著作《手机媒体概论》中认为："所谓手机媒体，是借助手机进行信息传播的工具。随着通信技术（例如3G）、计算机技术的发展与普及，手机就是具有通信功能的迷你型电脑，而且，手机媒体是网络媒体的延伸。"[①]学者王萍在她撰写的著作《传播与生活——中国当代社会手机文化研究》中也提到，"手机媒介是用手机介质传播信息的技术手段"。[②]学者朱海松认为手机媒体就是第五媒体，手机媒体是指"以手机为视听终端、手机上网为平台的个性化即时信息传播载体，它是以分众为传播目标、以定向为传播目的、以即时为传播效果、以互动为传播应用的大众传播媒介"。[③]这些概念重点强调手机媒体的工具性或者技术手段特征，也提到了手机的媒体性质。为了体现手机媒体因为新技术的进步而表现出的传播意义的层面提升，本文认为手机媒体是以手机为视听终端，以语音通话为基础功能，依托移动网络实现信息接收和互动，以用户需要为基本导向，集合新闻、娱乐、生活、商务等服务的兼具人际传播和大众传播特点的多功能媒体平台。

二、手机媒体的特征

手机从最初的通话工具发展成先进的多功能媒体平台，在将其他媒介的优势努力集于一身的同时，手机媒体还表现出了许多明显的优势，当然也不可避免地存在一些缺陷。手机媒体的优势具体表现在以下几个方面。

---

① 匡文波：《手机媒体概论》，中国人民大学出版社，2012，第14页。
② 王萍：《传播与生活——中国当代社会手机文化研究》，华夏出版社，2008，第42页。
③ 朱海松：《第五媒体》，广东经济出版社，2005，第25页。

（一）无可替代的随身性

有"数字时代麦克卢汉"之称的美国媒介理论家保罗·莱文森（Paul Levinson）在他的著作《手机：挡不住的呼唤》一书中提到，手机的问世将人类的两种基本交流方式即说话和走路整合起来集于一身："于是，人就从机器眼前和禁闭的室内解放出来，进入大自然并漫游世界。"与其他媒体相比，手机媒体体积小重量轻，便于携带，是名副其实的"带着体温的媒介"，手机的这种随身性相对于电视和电脑来说是最明显的优势。尤其是随着手机的功能越来越强大，能够满足受众获得信息、娱乐、生活服务等各种需求，越来越多的人养成了手机不离手的习惯。日本传播学者藤田明久对于手机是"30cm的贴身距离，24小时的伴随媒体"的描述形象地说明了手机与人们之间的亲密关系。尤其是手机与碎片化生活形态的契合使得手机具有了无可替代的先天优势。现代社会快节奏的生活方式将受众完整工作和生活的空间和时间加以切割，分离出许多碎片式的时段，比如等车、候机、等人、睡前等都成为需要填补信息的时段，手机的易携带性使得它成为填补这些缝隙时段的最佳选择。随着互联网技术的发展，手机媒体已经渗透到人类生活的方方面面，逐渐成长为用户随时随地沟通交流、获取信息、能够弥合缝隙的习惯性媒体。正如霍华德·莱茵戈德（Howard Rheingold，2002）在其著作《聪明暴民：下一次社会革命》中提到的那样：互联网的力量从电脑转移到手机上，诞生了全新的社会现象，全新的沟通模式。

（二）开放的互动性

与报纸、广播、电视媒体的单向性传播不同的是，手机传播带有很强的互动性。报纸要得到读者的信息回馈依靠的是读者来信，处理起来费时费力，而且即时性明显欠缺。广播、电视最早通过热线电话来实现与听众和观众的互动，但是互动的范围和力量明显较弱，直到手机短信互动才在一定程度上提升了互动效果。例如湖南卫视 2005 年的《超级女声》就尝试采用短信互动方式让观众参与节目，强烈调动了观众的热情，观众不是单纯地欣赏节目，而是能够表达独立意见，决定选手去留，这充分张扬了全民娱乐的个性。这种短信互动平台与电视现场的联动传播运作方式达到了极佳的传播效应，也在一定程度上将手机媒体的潜力挖掘出来。互联网充分调动起了信息的双向互动潜力，网民们通过论坛、贴吧、微博等平台发出自己的声音，表达个人的看法，形成传播链条中重要的一环，甚至带动信息流向，为传播世界带来了一场意义非凡的革命。但是依托电脑的网络互动仍旧在一定程度上被机器所制约，台式电脑的固定性阻碍了随时互动的完成，便携式电脑从方便程度上还是逊色于手机，因此手机媒体在随时互动上也表现出了明显的优势。从语音沟通层面来看，语音沟通的传受双方的在场保证了即时互动成为必然。手机短信功能的延时互动提高了信息沟通的成功率，增强了互动效果。手机上网将受制于电脑固定和不够便携的缺陷加以补足，手机报、手机微博的回帖及评论功能实现了更加广泛和快速的互动，微信、短视频平台等将互动效果发挥到前所未有的高度，手机的随时互动性极大扩展了信息流动的广度和深度。

（三）凸显主体性的个性化

当手机为了实现移动中完成信息交流的愿望而问世时，这种媒体将主体性的凸显进行了生动的诠释。正如保罗·莱文森（Paul Levinson）所说："人类技术发展是在模仿甚至复制人体的某些功能，是在模仿或复制人的感知模式和认知模式，任何一种后继的媒介都是一种补救措施，都是对过去的某一种媒介或某一种先天不足的功能的补救和补偿。换言之，人类的技术越来越完美，越来越'人性化'。"[1] 首先，手机无论从外观设计到功能演变都一直遵循着人性化路线，它形体小巧，易于携带，贴合了人们的使用习惯。其次，

---

[1] 保罗·莱文森:《手机：挡不住的呼唤》，何道宽译，中国人民大学出版社，2004，第 6-7 页。

手机媒体融汇了各种媒体功能，将照相机、摄影机、音乐播放器、收音机、视频播放器、电视等媒介功能加以集约，使人们摆脱了众多设备形成的束缚，强化了人们对媒介的掌控能力，受众的主体性大大提升。再次，手机品牌和款式多样，用户可以根据自己的喜好选择凸显自我个性和身份地位的品牌和款式，在这个意义上手机似乎已经超越了工具性的意义，而成为一种文化表征，传递着个体生活方式的内在价值观念。从此，个人可以根据自己的喜好需求定制手机媒体内容或者选择浏览信息的内容，用户可以根据自己的喜好和需求在手机应用上下载 App，获得个体需要的相关资讯和内容。最后，算法技术的应用实现了个性化信息的智能推送。信息分发主体在收集个体基本数据的基础上，根据个体行为、社交关系、地理位置等信息推断其兴趣偏好与需求，描绘用户画像，打上数据标签，在此基础上推送给个体"喜闻乐见"的信息商品，个体的主体性地位进一步被强化。

（四）非凡的融合性

随着信息技术的不断进步，各种媒介为了网罗尽可能多的受众群体，不断强化自身的融合能力，媒介的边缘也越来越模糊。从融合效能的角度上看，手机媒体的表现尤为抢眼，它将报纸、杂志、电视、广播、网络等的媒体内容加以捆绑，使其成为一种带有突破性意义的媒体形式。例如将报纸内容延伸至手机终端而演变出的报纸微信公众号，一方面将传统报纸内容重置为适合手机用户阅读的内容，另一方面还发挥了及时更新、随时获取、价格低廉和互动性强的优势，在继承的同时又带来了革新。手机成为具有立体效应的多媒体传播组合，实现了诸如文字、图片、音频、视频、网页浏览、实时语音、实时影像、电子商务、游戏等各种功能，将各种媒介特点相互补偿，从而满足了不同用户的个性需求。

（五）带有个人色彩的私密性

无论是报纸、杂志，还是电视，使用者的受限性都不被特别强调，报纸和杂志经常被多人传阅，电视节目也经常是多人共同观看，因此在一定程度上带有公共性。而手机从它作为移动通话工具诞生的那一天起，它的私密特征一直被反复强调，例如语音通话、手机短信、手机微信等都对内容阅读者的身份有很高的要求。手机与拥有者之间为一对一的从属关系，贴身性是其重要特性，用户间的交流内容也主要以私隐性内容为主，因此它是带有鲜明个人色彩的个人化媒体。但同时我们还要看到的一点是，手机对于私密性的强调已不同于过往对于电话的私密性的诠释，固定电话对于私人空间的架构是明确的，但是人们可以在各种公共场合接打手机、发短信、浏览手机网页、听音乐、刷微博、玩游戏、观看短视频等，这样就促成了公共空间与私人空间的交错重叠。正如约翰·汤姆林森（John Thomson）在2002年出版的著作《全球化与文化》中说的那样："人们可以在一个公开的公众场合进行私人性的交谈。手机的出现特别加剧了人们对这种现象的接受。今天，人们在几乎各种公众场合——火车上、饭店里、街道上——那种常见的、不自觉使用手机的现象，表明了人们对传媒亲密感所具有的文化态度发生了显著的变化。"因此手机的私密性更多强调的是从属关系以及内容，它打破了私人空间的藩篱，实现了对公共空间的占领。

总而言之，手机媒体作为一种生命力旺盛的传播终端，发挥出了便捷的使用、充分的互动、强大的功能、广泛的受众这些突出优势，为人们提供了前所未有的传播体验，从而完成了从通信工具向全媒体信息平台的华丽转变。

三、手机媒体的传播模式

在传统的传播学框架中，人际传播、大众传播、组织传播作为传播方式的主体类型通常被区隔开来，或者说传统媒介通常容易被归置于某一个属类中。例如电话在以通话作为主导功能时，点对点的传播模式让它成为一种重要的人际传播工具。而报纸、电视、杂志基于其点对面的传播路径使其归属于大众传播范畴。网络的出现开始让媒体的传播形态发生变化，传播形态之间的界限日趋模糊。而手机媒体则进一步加剧了传播形态上的交错，形成一种新的"我中有你，你中有我"的重叠式的传播构架，既继承了浓烈的人际传播特质，又以传播者与接受者的多元互动获得了大众传播平台的身份。

（一）一对一的传播

手机的语音通话、两个主体间的短信互动以及微信等都是完成单个用户对单个用户的传播，这是典型的一对一的人际传播模式。在这种传播架构中，传者与受者的身份不断在互换，手机用户既是信息的发送者，又是信息符号的接受者。在手机通话模式中，个体与个体之间的互动非常迅速和即时，在短信和微信模式中，延时互动又得以实现。尤其重要的是在这种传播模式下，信息流动的过程因为没有第三方的介入，所以带有很强的私密性。

（二）一对多的传播

手机的短信群发、微信群、QQ群、微信公众号、短视频平台实现了单个用户对多个用户的传播，是典型的一对多传播模式。在这种传播架构中，传者用更加快捷和简单的方式完成与数量众多的受者之间的信息沟通。例如手机短信群发功能，手机用户A可以通过短信群发将信息传达至众多的接收者，或者是服务提供商将新闻、气象资讯等信息进行整理和加工后发送给众多有需求的手机用户。这种传播方式一方面提高了人际传播的传播效率，另一方面信息源从个体开始延伸至组织，传播方式的交错形态开始显现。这种传播方式仍然延续着人际传播的互动优势，受传者接收到信息后可以选择是否回馈，即时或者延时回馈，也可以将信息编辑后传送给后继的受传者，扩大了信息铺展的空间。

（三）网状放射性的传播模式

随着手机技术的日新月异，手机媒体成为媒介融合中的翘楚，当报纸、电视、电脑的内容被重新包装呈现在手机上时，手机媒体的传播方式又有了一次更加革新性的前行。网状放射性的传播模式使得手机媒体开始在保有其私密人际沟通的前提下，逐渐演变为一个带有开放色彩的"去中心化"的信息互动体系。在这个体系中，无论你是专业的媒体组织还是具有明确或者模糊身份的个人，都可能成为信息源，也就是人人都是媒体，传递出的某些信息符号不再被包裹起来，而是成为公共资源。在这种传播方式中，没有明确的主导者，信息交流呈现出自组织的状态。开放性的信息不是按照一个提前约定的规则和内在逻辑发展下去，而是犹如核子裂变一般迅速扩张传递，由中心话题衍生出诸多相关话题，并通过信息的交互和即时反馈加强传播效果的深度和广度。传受主体在传播中的多元交互性隐喻着权利的分解，也激发了公权领域中参与意识的萌动，因此在这个意义上手机媒体在媒介融合背景下创设的传播形态是一种高度整合的社会性传播，手机承载的信息传播发挥了集体行动组织者的作用。

四、手机媒体用户分析

经过五十年的发展，手机经历了从贵族化向大众化的历程，最初的手机用户是有一定经济实力的富裕群体，而现今手机已经普及化。在这个发展过程中，手机用户的特点也在悄然发生着变化。

（一）我国手机用户规模的发展

1987年11月18日，广州开通了我国第一个TACS模拟蜂窝移动电话系统，当时我国手机用户数仅为700多。随着手机价格下降和普及率提高，手机的用户数量逐年增多。到2001年3月，我国的手机用户规模超过了1亿，中国成为全球手机用户最多的国家。2002年11月，我国手机用户规模突破2亿。2004年5月，我国手机用户规模突破3亿。2006年1月，我国手机用户规模突破4亿。2007年6月，我国手机用户规模突破5亿。从2007年开始我国手机用户规模的增长更加迅猛。2008年年底，我国手机用户规模达到6.41亿。2009年年底，我国手机用户规模达到7.5亿。2010年9月底，我国手机用户规模达到8.33亿。2011年9月，我国手机用户规模达到9.5亿。2012年，我国手机用户规模突破10亿大关。在短短5年的时间里，我国手机用户规模翻了一番。2015年，我国手机用户规模突破13亿。2017年，我国手机用户规模突破14亿。2019年，我国手机用户规模突破16亿。2022年，中国互联网络信息中心（CNNIC）发布的《第49次中国互联网络发展状况统计报告》显示，截至2021年12月，中国移动电话用户总数达到16.43亿户，全年净增4875万户。其中，4G移动电话用户为10.69亿户，5G移动电话用户为3.55亿户。

（二）手机用户群体分析

在手机媒体的发展过程中，手机用户群的特征也在发生着变化。20世纪80年代，手机用户是具有相当经济实力的少数富裕人士。随着手机的普及，手机用户群越来越平民化和普及化。老年手机用户和低龄手机用户纷纷加入，不同品牌、价格和档次的手机也充分满足了各个阶层人士的不同需求，手机用户在年龄层面、收入层面、社会地位层面的差异越来越小。随着智能手机功能越来越强大，移动上网应用不断创新，手机网民规模也呈现上升趋势。2022年，中国互联网络信息中心（CNNIC）发布的《第49次中国互联网络发展状况统计报告》显示，截至2021年12月，我国手机网民规模已经达到10.29亿，而2007年我国手机网民规模仅有5040万，2017年我国手机网民规模也只达到7.53亿，这些数据说明手机逐渐成为我国网民的第一上网终端。

在手机网民的年龄结构上，10岁以下约占4.3%，10—19岁约占13.3%，20—29岁约占17.3%，30—39岁约占19.9%，40—49岁约占18.4%，50岁及以上网民群体占比提升至26.8%，数据充分反映出中老年群体对手机的使用度越来越高。从手机网民各类手机应用使用率来看，手机即时通讯、网络视频（含短视频）、网络支付、网络购物是使用率最高的手机应用类型，搜索引擎、网络新闻、网络音乐、网络直播等紧随其后，在线医疗、在线办公、网上外卖、网络直播等应用的使用率呈现大幅增长态势。[1]

---

[1] 资料来源：中国互联网络信息中心发布的《第49次中国互联网络发展状况统计报告》。

第二章　手机媒体的传播学特征

手机最初被发明出来是为了解决如何在移动中进行通话的问题，本意是创设一个人与人之间随时进行信息交流的通道。但随着手机功能不断被挖掘，手机从单一的只有通话功能的人际传播工具变成了一个多功能的移动媒体，逐渐成长为一个以个体为中心构造的多功能媒体形式。

第一节　人际传播视域中的手机媒体

一、人际传播概述

中国著名传媒学者郭庆光教授认为"人际传播（Interpersonal Communication）是个人与个人之间的信息传播活动，也是由两个个体系统相互连接组成的新的信息传播系统，它是一种最典型的社会传播活动，也是人与人社会关系的直接体现"[1]。人际传播过程可以实现知识、意见、愿望、观念等信息的传递，更重要的是它所生成的情感意义构成了人类特有的社会关系网络。人际传播的实现有两个渠道：一是直接传播，二是间接传播。直接传播是指无须经过传播媒体而面对面直接进行信息交流的过程，主要通过口头语言、体态语言来完成信息交流，它受到物理空间的限制。间接传播是指通过传播置

---

[1] 郭庆光:《传播学教程》，中国人民大学出版社，2004，第81页。

放器来完成的远距离信息交流，它挣脱了物理空间的束缚，使人际传播的范围得到极大的扩展。随着传播技术日新月异的发展，实现人际传播的置放器也不断呈现出新的形式和特点，从最初的信件、电报、电话，到网络、手机，每一次进步都使传播学家麦克卢汉的"媒介就是人的身体的延伸"的观点得到充分体现。

美国传播学家A.哈特把有史以来的传播媒介分为示现的、再现的和机器的三类。示现媒介指的是人们面对面传递信息的媒介，主要有口语、表情、眼神、动作等非声音符号的体态语等。在运用此类媒介进行交流的过程中，传者与受者处于同一时空环境中，交流与反馈是及时和生动的，带有强烈的感情色彩。而且信息容易消逝，留存性差。再现媒介指的是主要借助文字符号传递信息的媒介，比如书信、书籍等。在运用此类媒介进行交流的过程中，传者与受者可以摆脱时间和空间的束缚，交流与反馈是延时的，并且可以借助字里行间蕴含的情感拉近彼此间的距离，而且信息容易保存，留存性好。但是此类传播并不能总是很理想地完成信息循环，有时候寄出去的书信由于种种原因并不能得到反馈。因此以文字符号为介质的再现媒介虽然为人际传播带来了时间和空间上的延展，但在一定程度上也将人际传播引向了疏离。机器媒介指的是主要借助传播机器传递信息的媒介，在人际传播领域主要有电话。在运用电话进行交流时，前两种媒介的优势得以互补，一方面时空距离远远延长，另一方面又能得到及时的信息反馈，但固定电话最大的缺陷在于其在某种程度上又捆住了人们的手脚。因此人们一直试图寻求一种自由的能够跨地域互动的人际传播媒介，手机的诞生实现了这一梦想。

被后人称为"手机之父"的马丁·库帕（Martin Lawrence Cooper）与他的团队设计出了世界上第一部移动电话。虽然它的样子很笨重，通话时间也只有半个小时，但是它使人类的传播关系发生了巨大的改变。它解除了以往固定的传播终端对人类的束缚，使得跨越时空的即时和延时交流都得以实现，人与人之间的传播时间和空间的裂隙得到充分弥合，达成了随时随地拓展和维系人际关系的可能,加强了人们之间的动态联系,强化了社会关系。

虽然手机的历史只有短短五十年,它却以惊人的速度成为新媒体时代不可小觑的一支力量,影响着媒介生态。中国互联网络信息中心(CNNIC)2022年发布的《第49次中国互联网络发展状况统计报告》显示,截至2021年12月,中国移动电话用户总数达到16.43亿户。

如此数量巨大的用户规模说明手机与人们之间的关系越来越密切,手机成为唯一一个与人们形影不离的媒体。当我们把它置于人际传播场域中加以审视,我们不难发现它在人际传播领域扮演了越来越重要的角色。以移动媒体为载体的移动场景大大拓宽了人际传播的形式和功能,手机在发展的过程中逐渐弥补着人际传播中的种种缺憾,对传统的人际传播特质重新释解,赋予人际传播全新的内涵,真正使个人自由自主地在信息社会中漫游。手机媒体通过传播范式的改变,不断扩大着个人的交往空间,强化着人际交往意愿,从而实现人际交往关系的现代化和智能化。

二、手机语音沟通是实现人际传播的基本介质

从手机最初的功能来看,它是对固定电话无法随时随地接听的功能修补,是对面对面传播空间性限制的弱化,因此语音交流是通过手机完成人际沟通的基本形式。德国哲学家利普斯认为"最简单的交际媒介当然是语言,传播消息的其他听觉方法是由语言发展出来的"[1]。手机语音传播的内容文本因人而异,与面对面的人际沟通内容有重合之处。但由于手机媒体本身的媒介属性,手机语音传播范式也表现出一些独特的特点。

(一)在一定程度上打破了传播场域的限制

由于有线电话位置固定的特点,人们只能在家中或者办公室接听电话,一旦离开,沟通过程就要中断,这就使得人们不能随时满足自身的沟通愿望,

---

[1] 李彬:《传播符号的分类及功能》,《中国青年政治学院学报》2000年第2期,第107—112页。

传播机器束缚了人们的手脚。直到马丁·库帕发明了可以随身携带的通话工具——手机后,传受双方彼此间的自然距离就不再成为沟通的障碍,信息的获取和表达不再受到时空的约束。美国媒介研究理论家保罗·莱文森(Paul Levinson)认为,一种媒体越是符合人性化的模式,越是在各种媒体的生存竞争中,具有顽强的生命力,手机满足了人们走路说话的需要,接近人类的本能状态,这就是手机媒体生存与扩张的胜算所在。[1] 手机打破了传播场域的限制,把人从禁闭的室内解放出来,说话和走路这两种人类的基本交流方式被合二为一,随时随地进行沟通交流成为可能。而且随着手机技术的发展,手机从笨重的"砖头"变得越来越轻巧,设计也越来越人性化和个性化,手机成为一种可以24小时不离身的"影子"媒介,如影随形。手机以"移动家园"的身份在人们之间形成了空前紧密的联系,促使人类社会的传播回归人际性,使得人际传播频次增加,建立和巩固现实的人际关系更加容易。

(二)语音是沟通中的独一因素

在手机语音传播阶段,有声语言是完成沟通交流的唯一符号。人类的语言有两种形式:一类是有声语言,一类是书面语言。在书面语言产生以前,人类的交际主要依靠有声语言来进行,所以有声语言是语言的源头。手机语音交流是以有声语言为信息符号的,它可以通过交流双方语调的高低轻重、节奏的抑扬、语速的快慢、顿连的长短、语气的变化等绘声绘色地表达信息,因此具有丰富的表现力。同时由于交流过程是包括听和说的互动过程,因此需要双方参与者的共同参与调节,参与性非常强。而且语音交流不能像书面语言那样可以仔细考虑、字斟句酌、遣词造句,它具有即时性,听说双方说什么、怎么说一般都无法有所准备,表现出多变的特点。只是与面对面的语音沟通相比,手机语音交流丧失了面对面的现场感,人的言语与身体分处两个不同的空间,使得手机语音成为人类体外化的独立的声音信息系统。因此

---

[1] 保罗·莱文森:《手机:挡不住的呼唤》,何道宽译,中国人民大学出版社,2004,第25页。

体态语言、表情等类语言的功能受到抑制，沟通效果与纯语音之间建立起了因果关系。

（三）手机语音交流内容具有私密性，充满着丰富的情感

当手机以语音交流作为其主要功能时，手机表现为个人化的媒体，带有鲜明的个人色彩。它与拥有者的关系密不可分，手机与拥有者之间为一对一的从属关系，贴身性是其重要特性。用户间的交流内容也具有很强的私密性，信息循环只在传受双方二者之间进行，不允许第三方介入。而且手机语音传播的文本表现为有声语言。布拉格学派认为语言具有两个基本功能：一是体现智能言语活动功能的社会功能，二是体现感情言语活动功能的表现功能，因此情感是有声语言表达的核心支柱。在手机语音的相互传递中，承载着喜怒哀乐和丰富的情感律动，这让冷冰冰的传播机器带上了浓厚的人情味。正如美国著名的媒介理论家保罗·莱文森（Paul Levinson）在他的著作《手机：挡不住的呼唤》中认为的那样，"没有一种媒介如此人性化、个性化"。[①]

（四）手机语音交流情境的"去虚拟化"

面对面的语音交流由于传受双方的在场创造出的是一种现实情境，双方处于相互信任的氛围中。而依托于某些机器的人际传播方式由于传受双方不在同一个时空中，常常创造出一种虚拟情境，例如网络社会中的人际交往会因为匿名而形成强烈的虚拟感，信息的真实性受到质疑。基于手机语音的交流虽然表现为不在场的信息流动，但是它不同于网络社会因为匿名而形成的虚拟空间，手机语音传播的传受双方是实名的，信息交流是在相互信任的前提下、透明的交往情境中进行，因此是"去虚拟化"的，这也使得它成为建构现实人际交往圈的重要方式。

---

① 保罗·莱文森：《手机：挡不住的呼唤》，何道宽译，中国人民大学出版社，2004，第51页。

三、手机短信构建了新型的人际交往关系

手机语音传播有时会受到客观条件的限制，例如传播场域对于安静的要求、受者的暂时缺席等，这些因素会使得传播效果受到影响。手机短信功能的出现，在一定意义上克服了手机语音传播过程中存在的障碍，真正构筑了流动信息空间。手机短信，是指在移动网络上传送简短信息的无线应用服务，是一种信息在移动网络上储存和转寄的过程。1992年，世界上第一条手机短信在英国的沃达丰公司通过电脑向手机发送成功。

（一）延时交流的实现突破了人际传播即时交流的藩篱

手机语音人际交流的实现介质是有声语言，因此即时性是完成交流活动的基本条件。而手机短信的文本形式表现为文字符号，文字符号的易留存特性使延时交流得以实现。手机短信的接收和回复被允许存在于不同的时间段，信息构建的思考时间得以延长。而且交流主体对于交流意愿的主动性也大大提升，交流双方可以自由自主控制信息传播的节奏。从某种意义上来说，手机短信既沿袭了手机的传统交流范式，又在一定程度上颠覆了这种范式，创造出了隐喻张扬解放的文化价值。

（二）文字文本对语音文本的补偿丰富了人际传播内容

"人的互动是以使用符号、通过理解或确定彼此行动的意义来作为媒介的。这种媒介等于在人类行动的刺激与反应之间插进了一个解释过程。"[1] 手机短信中的人际传播是通过文字文本进行人际互动的。语音文本是音和义的结合，是以说和听为传播方式的，句子简短，亲切自然，但语言粗糙，逻辑性差。文字文本是字和义的结合，以写和读为传播方式，用词精审，结构严谨，逻辑性强，能够清楚地表达深刻的思想。短信交流的延时性使交流双方有足够的时间分析信息内容，选择最恰当的语言，经过精心修饰之后反馈给他人。

---

[1] 伊恩·罗伯逊：《社会学（上册）》，商务印书馆，1990，第178页。

短信语言成为语音语言的有效延展，成为一种更注重知识、智慧、修养等更有深层内涵的表达方式，也创造了一种文化现象。在人际交往过程中，我们经常需要选择合适的语言，用最优选的传播方式才能使得交流更为顺畅，尤其是在一些尴尬的情境下。语音交流的即时性限制了优选的时间，而手机短信是基于文字文本的交流，具有的延迟特征就使得人们可以用最合适的语言来解决用语音难以达到的传播效果。手机短信还使得传播内容更加丰富，在手机短信发展的鼎盛时期，人们不仅使用手机短信传递信息，还可以表达祝福、发表人生感悟、发表充满娱乐幽默的文字。手机短信语言中运用了各种修辞手法使其更加具有可读性。因此，手机短信所使用的文字文本是对语音文本的补偿，充分体现了人际传播的现代气质。当时的手机短信语言还会使用各种非汉字符号，比如声音、特殊符号、图片、视频等，来传达所要表达的意思。这些符号形象直观、生动活泼、富有个性，非常具有表现力，也大大增强了传播效果。一些手机短信内容还以轻松诙谐、幽默搞笑的方式帮助人们消除因为快节奏的生活方式而带来的精神压力，成为压力舒缓器。

（三）角色的隐匿特征使人际交往更加自由轻松

人们在面对面交流过程中，由于传受双方都要在场，交往的个体都会注重社会赋予自己的角色模式，因此交流效果除了受到信息内容的影响之外，还会受到诸如身份、地位、体态语、外貌、服饰、声音等各种因素的影响。而在手机短信交流创造的场域中，透明与隐匿交织融汇，交往双方的实名似乎让交流平台处于透明的情境，但事实上由于交流双方的现场缺席和信息后置的许可，角色又有了隐匿扮演的可能性，现实社会中的部分视觉符号如年龄、相貌、性别等都处于隐匿的状态。这种隐匿状态创造了全新的交流语境，给传受双方带来了一定程度上的交流自由度，交流双方可以依照自己的意愿进行角色扮演，控制自我表露，还可以尽可能地发挥自身的想象力和智慧，更加轻松自在地表达；也可以消除紧张感，使得表达思路更加明晰，表达技巧更加娴熟，主体角色意识的自我解放拥有了实现的渠道。另外，手机短信传播使得人际交往的私密性更强，相较于语音传播来说，别人不但很难看到交流双方沟通的内容，甚至无法得知双方相互沟通的行为，因此这种无声交流和视觉隐蔽带来了极强的私密性。

四、手机微博对人际传播秩序的重构

21世纪初手机技术进入3G时代，手机媒体平台所承载的人际传播内涵也在悄然发生着变化，人际传播秩序得以重构。手机QQ延续了短信的快捷和文本特性，手机Email则使得借助手机传递的文本内容有了更多的可能，图片、视频等承载丰富信息的内容在交流主体间穿梭往来，对话性得以强化。而借助媒介使个体自我塑造得到前所未有张扬的表现是手机与微博的成功联姻。手机微博是指通过手机发布信息，通过平台实现网络实时互动的信息沟通过程。由于微博的内容限于140个字符（70个汉字），加上手机随身性的功能补偿，这就使得博主能够更加轻松自如地畅所欲言。与之前的手机语音、手机短信相比，手机微博创造了一个公开化的私人空间，传统的日常生活呈现形式被革新，私人领域和公共领域的界限被模糊，从而更加激发了个体参与人际互动的积极性。

（一）自由表达欲望的充分释放

手机语音沟通与手机短信交流过程是在信息流动双方身份明确的情境下进行的，信息"沟渠"的存在对于角色展示起到了一定的束缚作用。而手机微博平台正好撤除了这个沟渠，由于对于阅读者的身份和意向重视的弱化，博主可以"随心所欲"地以各种现实或者超现实的方式，以文字、图片、视频、音频等丰富的媒介形式，通过经过包装的仿真的日常生活碎片内容的呈现，展示自我个性，个人化的叙事特征明显。在手机微博平台，表演者褪去了无形的枷锁，自由表达的欲望得到充分的释放，微博成为用户自我宣泄和

自由表达的空间，承载着用户释放情绪、记录生活以及发表观点的价值诉求。手机微博丰富了人际传播中的信息内容，也延伸了现实的人际交往空间，形成了一个由个人编织的庞大的隐形的社交关系网，对传统的人际传播关系重新释解。

（二）现实互动范围的进一步拓展

在手机微博空间中，博主并不是孤独的，他们的演出是有观众的，是能够得到回应的。微博的阅读者不是被动的接受者，而是积极的参与者。阅读者通过留言和回复功能发表个人观点和看法，还可以进行评价、转载等，人与人之间的交流从私密变为公共。在这种互动中，当传播者的生活状态、关注视角、个人观点得到普遍的尊重和重视，甚至因此被授予现实中无法得到的地位，成为某个专业领域的意见领袖时，个体的自信心和潜能就能得到充分挖掘，有助于弥补现实生活中角色形象的缺失。在现实生活中，个体的人际交往圈扩展受到各种条件的限制，而在手机微博空间中，参与互动的人群不仅突破了地域的限制，还解除了心理围墙，这无形中大大扩展了现实互动范围。

（三）平台的凝聚黏合造就了共同话语空间

手机微博基于交流者的爱好和兴趣造就了共同话语空间。在现实人际交往中，志同道合是个体在选择交往对象时的重要依据，在虚拟空间中仍然是产生黏合的驱动力。在手机微博平台上，基于博主的快速动员，有共同兴趣爱好的人被聚合，他们之间的分享十分容易产生共鸣，并使交流者寻找到社会归属感，满足自我表达与塑造。正如美国传播学者马克·波斯特（Mark Poster）在他的著作《信息方式》中所说："任何特定社会中的交流构型都是自足的经验王国，它们在相当程度上改变了社会关系网络，并重新结构着他们所构成的社会关系及主体。"[1] 当手机微博将分散的交流构型转变为聚合的交流构型时，创造出了全新的言语情境，赋予了个体新型的社会关系网络。

（四）与现代生活方式的高度契合

随着人们生活节奏的加快，人们的阅读内容越来越倾向于碎片化，手机微博的碎片化内容恰好顺应了现代人运用简短阅读时间的阅读方式，用户可以利用快节奏生活的缝隙了解所关心的个体的生活内容、意见、观点，并与之沟通交流。手机微博将"不在场参与"的意义发挥到了极致，搭建了跨时空的舞台，实现了只要共同关注即可参与的可能。在这个场域中，个人是信息制造者，也是信息体验者。按照美国社会学家欧文·戈夫曼（Erving Goffman）的观点，"人人是参与表演的剧班成员"，个体通过角色表演与他人进行沟通和互动，最终获得他人的认可。因此手机微博与张扬个性的现代特质是吻合的，也有利于促进个体自我形象的构建，使人际交往内涵得到进一步深化。

五、QQ、微信对人际传播的补偿和突破

（一）构筑全新传播情境，实现线下语言符号回归

在手机人际传播发展过程中，表情、体态等类语言符号的缺失一定程度上削弱了人际传播的现实感和生动性。在QQ和微信传播中，视频通话功能的加入使得线下类语言符号得以回归，人际传播方式更加多元化。视频、动图、图文链接、表情符号等丰富的多媒体表现功能解决了由于非语言线索的消失带来的信息缺失问题，弥补了基于机器的人际传播场域的情绪表达缺憾。同时，微信和QQ还创设了崭新的传播情境和数字化生存空间，它们是围绕人与人交流而延展的社交媒体平台，发送实时位置、语音通话、视频通话、

---

[1] 马克·波斯特：《信息方式》，范静晔译，南京大学出版社，2005，第62页。

语音转文字等功能不仅是对即时人际传播的高度还原，更是虚拟空间与现实空间交融场景的搭建，它将人与人的连接扩展成为线上线下的跨时空连接。

（二）增强沟通趣味性，实现信息内容可编辑

人际互动行为的丰富性在微信和QQ营造的传播场域中越来越被强化。例如微信的"拍一拍"、QQ的窗口抖动、"戳一戳"、微信朋友圈和QQ空间的点赞等都是对人际互动行为的网络表达，它增强了网络人际交往的临场感和交互性，大大提高了沟通的趣味性。同时，微信和QQ的交互信息可以留存、转发和再造，信息的可回溯延展了交流意义的时空界限，信息的复制、扩散或变异使得信息更多元，这是对传统人际交往效率的升华和超越，基于人际网络的裂变使得人与人的关系更紧密相连。

（三）实现延时社交多元化，拓展社交关系网络

延时性是在人际传播中被重视的重要要素，它在一定程度上决定了人际交往的效率。短信和语音留言实现了延时社交，微信和QQ在延时功能的拓展上体现出多元化的特点。例如语音文字信息、微信朋友圈和视频号内容的点赞、评论、转发、分享等使得人际交往的即时性不再被强调，异步传播使信息交流的广度和延展度得到了极大的提升，人们不再担忧信息是否因未及时查看而流失，为我们灵活选择是否在场提供了可能性，关系网的维护在网络人际交往场域中更加容易实现。同时，微信和QQ是强关系和弱关系交融的传播空间，熟人可以通过手机号、账号、二维码、个人名片、面对面等方式添加，陌生人可以通过摇一摇、附近的人、漂流瓶、查找陌生人等方式添加，熟人社交和陌生人社交并存的弹性传播秩序使得社交关系网络得以拓展。QQ和微信中群组的设置，使得个人基于自身业缘、趣缘、地缘而圈建的社群得以产生，用户可通过私信、微信群、朋友圈、公众号构建大容量的社交场景。网络社群传播使得人际交往的广度和渗透度都进一步扩大，人们在社交

场景中实践着日常生活，体验着现实世界。

（四）实现自我印象管理，增强人际交往自由度

微信与 QQ 为用户搭建了自我印象管理的平台，这是超越传统人际传播的重要表现。用户通过个人资料设置、头像、封面、发布朋友圈、QQ 空间展示等方式进行自我表达和彰显自我存在，打造社交形象名片，用户的自我修饰权得以提升。同时，微信和 QQ 还提高了用户对信息的掌控能力，例如用户可以通过好友管理、消息管理等功能对好友进行分类标注，通过屏蔽、拉黑、删除等功能选择好友，通过消息置顶、消息屏蔽、隐藏提醒等方式对信息进行重要性排序，这在很大程度上增强了人际交往的自由度，提升了对传播节奏的把控力度，提高了人际传播的效率。

第二节　大众传播视域中的手机媒体

一、大众传播概述

大众传播的概念首次出现于 1945 年 11 月在伦敦发表的联合国教科文组织宪章中。1946 年，美国著名政治家哈罗德·拉斯韦尔（Harold Lasswell）在他的著作《宣传、传播与舆论中》第一次明确提出了"大众传播学"的概念。《韦氏大辞典》中对于大众传播是这样定义的："由组织化的传播机构和组织化的专业人员创作传播内容，运用大众传播媒介，向一群广大但不确定数量的人群，密集地、大量地传递信息的行为，就称之为大众传播。"美国社会学家 M.L. 德弗勒（M.L.Defleur）认为大众传播是一个过程，在这个过程中，职业传播者利用机械媒介广泛、迅速、连续不断地发出讯息，目的是使人数众多、成分复杂的受众分享传播者要表达的含义，并试图以各种方式影响他们。大

众传播推动了社会环境和文化环境的演变，大众传播的影响力足以到达社会生活的方方面面。

大众传播包括传者、信息、大众传播工具和受众四个要素。传统大众传播中的传者是从事信息采集、制作和传播的专业化媒介组织，通常是一个庞杂的机构，内部有精细的分工。例如报社、广播电台、电视台、网站以及制作内容的文化公司等，组织性强。大众传播的信息具有公开性，这与人际传播内容有着较大的不同，因此传播内容通常被"把关"，就是需要经过相关政府部门的审查和控制。而且大众传播的信息具有商品和文化双重属性。商品性是指信息的产品已演变为可以进行市场交换的产品，大众媒介要以市场为导向，提供的信息和产品必须考虑受众的需求，而受众获得一定数量的大众传播信息，就要相应付出一定的费用。大众媒介的文化性指的是大众媒介还要担负起社会导向的职能。大众传播的受众是社会大众，任何人只要被大众传播的信息所触达，都是受众的一员。但是受众又具有一定的选择性，因为年龄、性别、职业、文化素养、个人兴趣等的不同，受众会对某种传播工具和内容产生偏爱，也会自由选择参与大众传播的时间。更为重要的一点是，在传统媒介生态环境中，大众传播表现的是一种点对面的单向传播活动，传播者是信息和舆论的控制者，受众完全被动地接受信息，信息反馈比较困难，传播效果难以评估。

随着传播技术的日新月异，大众传播的传播路径和特质也在悄然变革，网络和手机创造出的双向传播范式扩大了大众传播的维度和深度。手机最初的功能是语音交流，表现为两个行为主体间的信息流动，人际传播是它的重要属性。但随着数字化技术在通信技术中的应用和发展，手机短信、手机报、手机电视、手机微博、微信公众号、短视频平台等带来了一系列的传播方式变革，也使手机从人际传播工具逐渐成长为影响广泛的大众传播工具。

二、手机短信传播——手机大众传播的萌芽时期

1992年，世界上第一条手机短信在英国的沃达丰公司通过电脑向手机发送成功，最初的手机短信是一种"点对点"的信息传播方式，它的传播价值首先体现在人际传播领域，将手机交流的纯语音方式延展为语音与文字相结合的方式，克服了手机语音传播过程中存在的障碍。之后随着短信增值业务的开发，短信服务商开始根据客户的需要，用简洁的语言定时将客户感兴趣的信息，比如新闻、天气预报等，发布到定制信息的客户手机上，并向客户收取定制费用。这时手机短信开始从单纯的人际传播中介逐渐承担起了大众传播责任，在作为个人交流工具的同时又部分地充当了大众传播媒介的角色。只是在此阶段，手机的大众传播意义还处于萌芽状态，具有以下几个特点。

（一）依托手机平台的专业传播者开始出现

由组织化的传播机构和组织化的专业人员创作传播内容是大众传播对传播者的界定，传统的大众传播的传播者包括报社、广播电台、电视台、杂志社等。当手机的信息内容提供商将经过遴选、整理、加工的信息针对性地发送给有需求的手机用户时，依托手机平台的专业传播者雏形开始形成，这些信息内容提供商的工作类似于传统媒体的信息编辑和制作部门的工作，短信服务机构成为与报社、电台、电视台功能近似的新闻传播机构。但相对于专业的新闻传播机构来说，由于手机短信以文字文本为主，又受到字幅的限制，手机短信信息制作比较简单，因此手机的信息内容提供商的制作能力要求相对较低，还未具备传媒组织成熟的运作模式、操作规程和专业素养。另外在传统大众传播的把关模式中，对于社会上存在的大量新闻素材，大众传媒的新闻报道是一个取舍选择的过程。而"把关人"角色在手机媒体中却处于缺位境况，使得手机大众传播过程变得复杂和难以控制，手机短信平台传播者素质参差不齐，鱼龙混杂，也因此让真实和虚假交错的传播内容在手机平台上游走。垃圾短信、诈骗短信、谣言短信等让受众怨声日起。

例如 2008 年 10 月，许多人的手机上都收到了这样的信息："告诉家人、同事和朋友暂时不要吃橘子，今年广元的橘子在剥了皮后的白须上发现小蛆状的病虫，四川埋了一批，还撒了白灰。请转发给每个你关心的人。"这条短信被大量转发，伴随着这条短信蔓延开的是全民对市面上柑橘的恐慌，负面舆论急剧累积，人人"谈橘色变"，这条短信的大范围转发导致四川广元的橘子大量滞销，而且江西、湖北、湖南等各个省份柑橘价格也下跌至从前的二分之一，果农损失惨重。实际上政府对这次疫情已经采取了相应的有效措施，然而手机短信平台所生成的舆论成见以及人际传播所携带的恐惧性抵触，遮蔽了主流媒体的正面引导，手机短信的接收者出于复杂微妙的信息接收心理，并不会顾及对信息真实与否的求证责任，而是不断重复他们"信以为真"的暂时认同行为，并在信息无限回流的过程中不断强化。虽然说这条短信有一定的事实基础，不能称之为谣言，但是确实扩大了事件的危害性，从而引发受众的恐慌。因此由于短信传播者的素质差异以及把关性的弱化，此阶段的大众传播仍然还处于不成熟的试水阶段。

（二）传播方式的延续和革新

大众传播构型与人际传播构型的区别在于前者是一对多的传播路径，后者则是一对一的传播路径。手机短信传播在初期的传播方式是以一对一的方式出现，而当手机增值服务内容将手机短信平台演化为专业传播者时，大众传播构型即一对多的传播路径得以搭建，大众传播特质在手机平台上得以延续。但手机大众传播方式又使得传播的反馈节点被革新。单向性是传统大众传播的一大特点，也是传播效果最大化的主要桎梏。手机短信平台的渠道搭设为信息的流动提供了一个循环系统。受众接收信息的同时还有了及时回馈的便捷手段，互动空间的打开使大众传播构型有了新的突破，发散式的信息流动方式有了回归的可能。手机短信平台将众多手机用户的信息反馈集中，也给传统大众传播带来了启示和引导。2005 年湖南电视台的"超级女声"电视海选媒介活动就率先与中国移动和中国联通合作,让观众通过手机短信平台投票参与电视节目,并开展相关的抽奖活动,产生了极强的传播效果。再比如一些交通广播电台的早期节目,也经常用短信的方式来增强与听众间的互动,听众在听节目的同时可以发短信给电台,既可以询问路况,也可以告知他们遇到的拥堵路况,还可以参与短信投票、短信竞猜、短信点歌等轻松的环节。这种引导受众与节目进行互动的方式造就大众传播的新变革,让传播者与受传者的时空距离被拉近,民意的力量得到鼓励,民众的积极性被进一步诱发出来。

(三)信息的商品性特征被强化

从大众传播的本质来探究,大众传播的信息是可以进行市场交换的产品,因此大众媒介在提供信息产品时必须考虑受众的需求,受众要获得信息也必须支付一定的费用,商品性是其重要属性。从这一点来审视手机短信,当手机短信作为人际传播渠道中的信息流时,由于其社会交往的介质秉性使得信息私人性是首要特性,去商品化是其明确的标签。而当手机短信内容提供商为手机用户提供信息服务时,一方面用定制的方式考虑用户的需求针对性提供整饰过的信息,另一方面是以收取金钱为前提的。例如以每月5元左右的订阅费每天向用户提供以新闻内容为主的短信,在突发事件发生时向用户发送即时新闻,或者向用户提供与生活密切相关的诸如气象、交通、生活常识等方面的服务性信息。这时手机平台上的信息隐藏的商品性就被提炼出来,这也使得手机媒体的大众传播特性得到进一步确认。

(四)受众的精准传播程度得到提升

大众传播的受众是一群广大但不确定数量的人群,广泛性、模糊性是其重要表现。手机短信传播在人际传播阶段的受众对于传播者来说是集中明确的,而当手机内容提供商将一个信息源的信息传送给大范围群体的时候,这种以满足社会上大多数人的信息需求为目的的大面积信息传播活动，就开始隐约具有广泛性的特点。但是从手机短信传播的受众来考量，它与大众传播的受众还存在着一定的不同，因为手机短信传播受众更加明确，比如定制了各类短信信息的用户对某类信息是具有明确诉求的。以手机号形式出现的受众虽然在时空上是分散的，但是因为手机实名制而将手机用户信息真实呈现，这样就使得手机短信受众的身份更容易被识别，这也为大众传播的传播效果的精准度提升创造了便利条件。

三、手机微博传播——手机大众传播的延展时期

手机微博模糊了传者和受者的身份界限，改变了信息传播范式，扩展了公共话语空间，使信息流动速度和广度迅速增强。它以独特的信息传播方式，成为手机大众传播的另一种表达方式。

（一）对大众传播信源主体身份的革新

在手机媒体担当大众传播责任的进程中，专业新闻传播者不断介入手机传播领域，而手机微博的出现和发展则使得手机平台上的大众传播者的主体身份被扩延。在这个平台上，信息发布和传播不再依赖于传统专业媒体，每一个参与者虽然没有新闻传播者的名号，但都有机会决定媒介承载的内容，此时创造大众传播信息的主体并不限于传统意义上的"把关人"，而是所有参与微博传播的个体。微博作为一种自媒体形式，虽然在制作新闻的专业性上无法与专业新闻机构相媲美，但却大大拓宽了新闻来源的广度，提升了新闻传播的速度，是最快捷最草根的新闻发布厅。手机微博去除了信息的传播权、话语权的中心化状态，信源主体的广泛性、草根性、松散性被制造出来并日趋受到重视。例如2011年年初，中国社科院农村发展研究所教授于建嵘在微博上发起了"随手拍照解救乞讨儿童"行动，该微博经热心网友不断转发，迅速传遍全国，再借由报纸、电视等媒体的镜像放大，形成强大的传播力量，

引起社会各界对打击拐卖儿童和救助流浪乞讨儿童的广泛关注，并最终引起了政府相关部门的调查和行动。又如 2011 年 6 月 20 日，一位真名叫郭美玲的女子以"郭美美 baby"的微博昵称在网上公然炫耀其奢华生活，并称自己是中国红十字会商业总经理，一时间引起微博"粉丝"的高度关注，并开始对郭美美进行"人肉搜索"，尤其是深入挖掘郭美美与中国红十字会的关系。之后传统媒体纷纷跟进采访，让郭美美和中国红十字会陷入了一场舆论风暴。无论是被称为"微博打拐"的新闻事件，还是波及中国红十字会声誉的"郭美美事件"，都让我们发现人们使用微博已不仅仅局限于记录心情、分享生活片段，微博空间已经开始成为一个新闻发布厅，全民新闻时代已经到来。

（二）大众传播模式的重构

从传播模式上看，手机微博大众传播既继承了大众传播的某些特性，又对其进行了解构和重塑。手机微博也可以实现点对面的传播，当博主将信息置于微博平台上时，就意味着这些信息进入了一个公开的空间，将被不特定的大多数人阅读。但手机微博特有的接力效应，又进一步丰富了传播的维度，延伸了传播效果的深度，从而超越大众传播。首先，从传播者的意向出发，博主可以将所见所闻用微博文体加以展示，也可以转发个人感兴趣和关注的新闻条目，这时传播就不再是传统媒体的单向垄断性传播，而表现为新技术条件下的传播速度为几何级的裂变传播。其次，从互动效果来看，手机微博传播的互动特点是信息循环顺畅，公众对信息的回应同样被置于一个开放的平台，处于被广泛阅读的状态，是源信息的补充，这种透明性既丰富了新闻线索的内容，又体现了受众的主动参与。最后，从信息达到的效果来看，虽然微博平台上的信息呈发散状态，但信息传播路径仍然表现出一定的规律。博主传递的信息最先到达关注他的粉丝，再经由粉丝将信息层层扩散，传播层级之间存在着一定的内在联系，这就使得精准到达成为可能。

（三）碎片信息容量巨大

在生活节奏越来越快的现代社会，人们的注意力更加分散，人们获取信息越来越要求便捷快速，碎片化成为一种趋势，手机微博信息的原创和短小迎合了现代人的生活方式。从信息创造的角度看，手机的易携带性使微博的生产潜力被充分调动起来，微博主可以利用一切零散时间通过简单的操作进行创作、记录或者转发，迅速发表评论和感想，这种自由随意的表达方式，充分调动起草根民众自产信息的热情，使信息容量变得愈发巨大。从信息获取的角度看，手机的随身性和微博信息良好的留存性以及信息的多媒体表现，让人们真正实现了行走中阅读的可能，自由特质让人们与手机之间的黏性更强，对于手机的依赖性也越发强烈，此时手机开始超越传统大众传媒，成为人们获取信息的重要工具。同时，由于手机微博平台上的信息容量大、来源广、更新快，传统大众传播媒体工作者纷纷开始在这些海量信息中发掘新闻线索，这在一定程度上扩大了大众传播新闻信息源，弥补了大众传播媒介的传播空隙。

（四）传者与受者的界限被模糊

从手机微博的受众特性来考量，受众不再是单纯的信息接受者，它诠释了全新的意义。

首先，对信息的回馈能力和积极性得到了极大提升，用户可以通过评论、转发、私信等完成与传者之间的互动，同时互动信息还处在透明的场域中。例如在2012年8月26日凌晨，陕西延安境内发生重大车祸致36人死亡，2人重伤。当时陕西省安监局局长杨达才视察事故现场，但是一张他在现场微笑的照片被传到网上，引发网友愤怒。之后，民众对他进行了人肉搜索，发现这位官员喜戴名表，出席各种活动佩戴的名表达到11块之多。其中高级手表5块，每块价值万元以上，最高达20万—40万元。2012年9月1日，湖北三峡大学在校生刘艳峰向陕西省财政厅寄送政府信息公开申请表，申请公开在延安特大车祸现场"微笑"的陕西省安监局局长杨达才 2011 年度工资。2012 年 9 月 5 日，网友"晨曦微播"在微博上称杨达才的眼镜超 10 万元，并在该微博后面配上了杨达才戴 4 副不同眼镜的图。之后网友"延庆老农"在其微博以"表哥全身都是宝"为题，用一组图片证明，微笑局长除了左手手表，右手手镯之外，还拥有各种价值数千元的皮带。基于微博而引发的舆论热潮也引发了传统媒体的跟风报道，继而引起了纪检部门的高度关注并开始调查。2012 年 9 月 21 日，陕西省研究决定撤销杨达才陕西省第十二届纪委委员，省安监局党组书记、局长职务，并进一步深入调查。

其次，在手机微博大众传播中，打破了大众传统媒体对传播者和受者的区分，传者与受者之间的界限被模糊。每一位微博用户既是传播者，又是受传者，这种身份的模糊产生了长期的个体信息内容的累加，形成了独特的微世界、大传播的新景象。

四、手机媒体与传统媒体的融合传播——手机大众传播的鼎盛时期

伴随着信息技术日新月异的发展，不同类型的媒介是否能够实现交汇而做到扬长避短，成为无论是业界还是学界共同关注的问题。"媒介融合"的传播设想于是在 20 世纪七八十年代开始出现，并从理论上逐渐演变成为生活现实。

1983 年，美国马萨诸塞州理工大学的伊契尔·索勒·普尔（Ithiel De SolaPool）教授编著的《自由的科技》一书中最早提出了"媒介融合"概念，伊契尔·索勒·普尔（Ithiel De SolaPool）教授把它称为"传播形态融合"。伊契尔·索勒·普尔（Ithiel De SolaPool）教授认为："数码电子科技的发展是导致历来泾渭分明的传播形态聚合的原因。其本意是指各种媒介呈现出多功能一体化的趋势。最初人们关于媒介融合的想象更多地集中于将电视、报

刊等传统媒介融合在一起。"[①]2001年，美国传播学者亨利·詹金斯（Henry Jenkins）提出了媒介融合的五种形式：技术融合、经济融合、社会或组织融合、文化融合和全球融合。中国人民大学喻国明教授在其论著《传媒经济学》中认为，媒介融合是指报刊、广播电视、互联网所依赖的技术越来越趋同，以信息技术为中介，以卫星、电缆、计算机技术等为传输手段，数字技术改变了获得数据、现像和语言三种基本信息的时间、空间及成本，各种信息在同一个平台上得到了整合，不同形式的媒介彼此之间的互换性与互联性得到了加强，媒介一体化的趋势日趋明显。

从以上论述可以看出，媒介技术的融合即将新旧媒介技术联合起来形成新的传播手段甚至是新的媒介形态。随着数字化技术和网络技术的飞速发展，手机的功能得到进一步开发，各种媒体内容在手机上成功实现了相互嵌入，并生成全新的传播形态，手机媒体担当起了媒介融合这一平台上的重要角色。丰富的媒介融合表现使手机媒体构建了一个新的传播世界，大众传播特性得到肯定，同时又以其"影子媒介"的独特优势对大众传播特质进行了补偿。

（一）专业新闻传播者涉足手机传播

手机短信传播阶段虽然出现了大众传播者的身影，但是其专业水准因为技术门槛的限制与新闻机构传播者相比还存在比较大的差距。随着数字化技术的发展，传统媒体与手机媒体实现完美融合，手机报、手机广播、手机电视、手机电影等使得手机平台上出现了传统大众传播媒介再造的一个延展舞台，而且在及时性、互动性方面带来了突破。

2004年7月18日，北京好易时空公司和《中国妇女报》推出《中国妇女报·彩信版》，开创了国内手机报的先河，将纸质媒体的新闻内容，通过无线技术平台发送给手机用户，使得人们可以随时随地阅读报纸，彻底摆脱了传统报纸媒体的时空限制。2004年，吉林移动和吉林交通文艺台合作的"用

---

① 孟建：《媒介融合：黏聚并造就新型的媒介化社会》，《国际新闻界》2006年第7期，第24—27页。

手机收听广播项目"实现了手机与电台的联姻，标志着中国手机广播的诞生。2003年博鳌亚洲论坛期间，海南电视新闻中心制作的电视节目通过移动联通手机电视网络播出，向用户发送了将近70条的相关新闻视频，达到600分钟的播出时间，它使受众随时随地收看电视节目的愿望得以实现。2005年5月18日，中博传媒携王小帅、贾樟柯、孟京辉等8位导演推出手机电影《聚焦这一刻》，这是中国首部脱离院线而利用新媒体平台公开放映的电影，手机电影进入了人们的视野。

之后媒体融合形式更加蓬勃地发展，在这个过程中，手机媒体的信息生产者延续了大众传播媒介的专业性要求，专业的新闻机构涉足手机媒体，他们凭借自身的专业素养、占有的资源，将传统大众传播中的信息按照手机媒体的接受要求呈现给手机用户。

（二）大众传播特点的确认与变革

手机报、手机电视、手机广播等因为是传统大众媒介在手机平台上的延伸，因此从传播特点上明显体现出了大众传播的共性，大众传播意义在这一阶段被完美诠释。但由于手机媒体的自身媒介属性，手机大众传播又表现出独特之处。

首先，手机的随身性与移动性摆脱了传统大众媒介对人的身体的束缚，人们可以随时随地地阅读报纸、观看电视和电影、收听广播，这种工具解放完全迎合了现代人快节奏的生活方式。

其次，手机媒体兼具即时性与延时性的特点，是真正意义上的全时媒体。传统大众传播媒介的信息传播留存性差，电视节目、广播节目转瞬即逝，重复或者选择性观看收听受到限制，被动形态是观者或听者在这一传播范式中的低下地位。而手机与传统媒体融合后，一方面可以实现信息的即时传播，让受众在第一时间收到最新的新闻，另一方面能够帮助受众实现延时阅读、选择性阅读和重复阅读，这就提升了受众在传播过程中的主动性，享受到挣脱传播媒介枷锁的畅快。同时融合之后的手机媒体体积虽小，信息容量却越来越大，受众的选择性大为增强。

最后，互动性带来的变革赋予了受众话语转置的机会，平台上涌动着大众的声音。传统的大众传播媒体常常缺乏与受众即时有效的互动过程，而在阅读手机报、收看手机电视、收听手机广播、刷微博、刷微信、刷短视频时，受众的表达欲望可以通过评论的方式回馈给传播者，而且这种回馈是在一个公开的信息场域中，各种意见在此交汇碰撞，并传导给更多的人，形成独特的传播景观。

（三）信息表现更加丰富多彩

在手机短信传播阶段，手机大众传播的信息以文字文本和图片文本为主，形式比较单一，内容的容量和深度也受到一定限制，受众的阅读欲求无法得到满足。随着手机技术的进步，手机媒体的外延得到了全面扩展，表现形式上突破了文字加图片的单调模式，代之以文字、图片、声音、视频等具有立体效果的多媒体传播组合，受众的视听感官被充分调动起来，受众获得了更加逼真生动的传播新体验。但从另一角度来看，手机的屏幕小，阅读质量相对比较差，而且手机电池容量有限，不能过长时间观看。这些缺陷给我们的启示就是手机大众传播的内容提供不仅要注重形式的多样和丰富，更重要的出发点应该是要适合手机传播，文字要简短精练、图片要生动有趣、声音要能诱发情感、视频要简洁紧凑，最终做到小屏幕、大信息，满足受众随时随地获取信息、参与互动的良好愿望。

（四）受众数量日趋庞大，手机媒体在大众传播领域的地位得到提升

随着智能手机功能越来越强大，手机价格不断走低，大幅降低了移动智能终端的使用门槛，手机用户的规模日趋庞大。2022年中国互联网络信息中心（CNNIC）发布的《第49次中国互联网络发展状况统计报告》显示，截

至 2021 年 12 月，我国网民规模为 10.32 亿。越来越多的用户通过手机浏览新闻、收看手机视频节目、收听音乐、阅读等，在移动中享受随时随地的信息环绕，逐步摆脱传统大众传播媒介的机器束缚，实现随心所欲的传播梦想。也正因为手机带给人们诸多惊喜和便利，手机媒体在大众传播领域中的地位不断得到提升，成为媒介化社会中的一支核心力量。

综上所述，虽然手机的历史只有短短五十年，却与人类之间建立起了紧密的关系，并逐渐从人际传播工具演变为大众传播工具，同时在发展的过程中逐渐赋予大众传播全新的内涵，真正使人类自由自在地在信息社会中漫游。

第三章　手机短信传播

随着社会经济的发展和通信技术的完善，手机已经从最初贵族式的通信工具演变为几乎人人必备的普通消费品。出现在20世纪90年代的手机短信功能在一段时间里受到人们的热捧，尤其是2002年掀起的短信拜年风更是将短信的商业价值发挥到了极致，语音和短信业务曾经是支撑运营商企业业绩增长的主要动力。手机短信（Short Message Service，简称SMS）是指用户通过手机或者其他电信终端直接发送或者接收的文字或数字信息，用户每次能够接收和发送160个英文、数字字符或者70个中文字符，它是一种实现信息在移动网络上储存和转寄的无线应用服务。短信的出现让文字彰显了更大的作用，手机变成了电报式的解读工具，在微信出现之前短信是手机用户最经常使用的沟通交流方式之一。虽然随着QQ、微信等即时通信工具的崛起，手机短信的影响力开始下降，但是手机短信作为一种重要的手机传播方式，它在手机传播发展史上的意义是非凡的。

第一节　手机短信的发展历程

1992年12月3日，年仅22岁的工程师尼尔（如图3-1所示）通过电脑键盘发出了世界上第一条短信，短信内容是"圣诞快乐"，短信的接收者是尼尔的朋友理查德·贾维斯，当时他正在英格兰纽伯里的沃达丰通讯公司总部附近参加一个预庆圣诞节的舞会。

图 3-1 世界上第一条短信的发出者：工程师尼尔（图片来源：百度百科）

1993年，瑞典的 Logica 与 Telia（现为 TeliaSonera）率先正式开通了商用服务，美国的 Fleet Call（现为 Nextel）、挪威的 Telenor 以及英国的 BT Cellnet（现为 O2）也在同年部署了短信服务中心，当时只有诺基亚的手机支持短信传送服务。由于在手机上一次只能接收或发送 160 个字符（包括字母、数字或拉丁字母中的符号）或者 70 个汉字，因此得名 Short Message Service，简称 SMS。在西方常被称为 Text Message（文本短信）。在中国大陆被翻译为短信息服务，简称短信；在中国香港被称为短讯；在中国台湾被称为简讯。从那时开始，这种短小精悍的基于文字基础的沟通方式给人类的生活带来了巨大的变革。回顾短信 30 年的演进历史，大致可以分为四个演进阶段。

一、SMS

在手机语音传播阶段，信息是从发送人直接到接收人的，如果对方的手机关机、占线或者不方便接听，就会影响到传播效果。而手机短信在最初的发展阶段（SMS 阶段）实现了延时传播，填补了手机语音传播因为一方的缺席而形成的传播空隙。在 SMS（Short Message Service）阶段，手机短消息不是直接从发送人发送到接收人的，需要通过一个叫"短信服务中心"（SMSC）的中转站存储后再转发。也就是说发送者发送出的信息先被发送到最近的通讯基站，由 SMSC 接收。接着 SMSC 会向归属位置寄存器（Home location register，简称 HLR）发送 SMS 请求。归属位置寄存器 HLR 接收到请求后，就会以活动或不活动的用户状态来响应。如果响应是活动的，SMSC 就会以短信发送点对点格式将消息发送到 GSM 消息发送系统，系统将给接收者发送消息。发送消息成功后，SMSC 会收到验证，即消息已经由用户接收。如果响应是不活动的，则 SMSC 将保留消息一段时间。当目标用户开机或者进入服务区时，归属位置寄存器 HLR 就会向 SMSC 发送通知，SMSC 于是再次发送，如果发送成功，SMSC 会收到验证，并将该消息归类为已发送不再尝试发送。

手机短信这种发送方式明显的优势表现在它的存储转发机制上，也就是传送数据包的工作最终由移动网络中的 SMSC 而不是由终端用户来完成。因此即使目标手机未开机或未在服务区内，手机用户发出的短信将被存储在短信服务中心（SMSC），当目标用户开始使用手机时，就会立即收到这条信息。如果不将它删除，这条短信将始终存储在目标手机的 SIM 卡上。这是手机短信的最初发展模式，也是目前普及率和使用率最高的一种短信息业务，因此一直以来受到大多数手机用户的青睐。这个阶段的短信解决了在语音阶段无法解决的信息存储问题，实现了无声交流和延时交流，扩大了人际传播的广度。

二、EMS

在手机短信发展的初始阶段，手机短信将纯粹的语音沟通演进为依托文字的更为丰富和含蓄的表达，并实现了延时交流，但是此时的手机短信传送的信息只有文字文本，内容比较单一，不能满足用户沟通信息、交流情感的多方位需求。这个缺陷使得技术的推进显得尤为重要，EMS 服务的出现就让用户有了一种全新的使用体验。EMS 是英文"Enhanced Message Service"的缩写，中文翻译为增强型短消息服务。它除了可以传送文字文本外，最突出的优势在于还可以发送简单的黑白图片、声音和动画等信息。从推广角度看，由于它可以运行在原有 SMS 运行的 GSM 网络上，在发送途径和操作方法上与 SMS 没有差别，所以属于开放性的标准，门槛比较低。但是在使用过程中受制于各种手机品牌之间的技术不兼容，因此往往只能在相同品牌的手机间才能实现信息的传送，这样就增强了用户在使用过程中的不方便的感觉。另外 EMS 发送图片的速度比较慢，尤其是发送的图片如果尺寸较大，那么用户可能要接收多条短信后才能看到完整的图片，比较麻烦。虽然因为 EMS 存在的诸多缺陷使得尝试使用的人群受到了限制，但是人们通过这种尝试也感受到通过小小手机传送图片、声音和动画带来的生动活泼的交流体验，因此在这个阶段人们开始对于纯文本的短信有了新的认识，并萌生出了更多的期待。

三、MMS

为了解决 EMS 存在的问题，MMS 应运而生。MMS 是继 SMS（文本短信服务）、EMS（增强型短信服务）之后的"第三代短信服务"。MMS 是英文"Multimedia Message Service"的缩写，中文翻译为多媒体短信服务，中国移动公司把它称为彩信。MMS 的工业标准是由两个组织即 WAP Forum（WAP论坛）和 3GPP（3G Partnership Project：3G 伙伴计划）所制定的。由于它运用的是高速传输技术 EDGE，这种技术能使数据速率大幅提升，提升后的速率可以支持语音、因特网浏览、电子邮件、会议电视等多种高速数据业务。因此，它大大扩展了可收发的媒介类型，不仅可以传送文字，最大的特色就是支持多媒体功能，可以依靠其内置的媒体编辑器编辑制作并传送图片、动画、音频和视频短片等多媒体信息。而且除了在手机间传送外，还可以是手机与电脑间的传送。尤其值得一提的是，这种技术使得短信容量大大增长，平均为 3 万字节，最高可达 10 万字节，用户几乎可以完全不受信息量的影响，在一个消息中就可以完整地表达自己的思想。彩信还有一大特色就是与手机摄像头的结合，用户只要拥有带摄像头的彩信手机，就可以随时随地拍照，通过 GPRS 发送出去，这应该是手机发送图片形态的雏形了。

四、5G 消息

2020 年 4 月 8 日，中国移动、中国联通和中国电信三大运营商联合发布了《5G 消息白皮书》，制定了 5G 消息的相关标准。5G 消息，即 RCS（Rich Communication Services/Suite，简称富媒体通信），通俗来说就是短信功能的全面升级，或是 5G 时代的短信。5G 消息与以往的短信有许多不同的特点。第一，5G 消息中的文字信息不再受字数的限制。第二，5G 消息可以发送文字、图片、音视频、表情、位置信息甚至是文件。第三，5G 消息也具有与微信类似的强大社交功能。第四，5G 消息无须下载和注册，无须添加好友，使用更加便捷。第五，5G 消息能够实现个人与商家或各大服务平台的互联互通，帮助商家加强与用户交互，实现服务的有效触达。第六，5G 消息将短信原有的按条收费模式改为按流量收费。

第二节 手机短信传播的特点

从手机短信的发展历程来看，手机短信是在不断满足人类交流欲望的过程中发展起来的，与手机语音传播相比表现出明显的优势。从文本交流到图像交流，它让人们的距离越来越近，交流的方式越来越丰富，表达的内容越来越生动，交往的空间越来越宽广。

一、异步交流

面对面交流、电话或者手机的语音交流，最突出的特点就是同步性，也就是双向互动是基于双方都在场而进行的，互动是即时的，如果接收方不在场，那么交流就无法进行。而手机短信交流并不受这种同步性的束缚，一方面可以做到即时互动，另一方面又实现了异步互动。从即时互动的角度看，手机短信传播没有语音传播的反馈速度那么快，但是还是比较迅速及时的，编辑好的信息可以在很短的时间内发出，对方接收到信息后可以马上进行回复。而从异步互动的角度看，手机短信传播就达到了语音传播无法实现的延后性。如果接收方的手机未开机或未在服务区内，发送方发出的短信会被储存，当接收方开始使用手机时，就会立即收到这条信息。因此这种交流无须双方同时在场，这是手机短信清除传播障碍的重要表现。手机短信的异步传播还表现在传受双方的主动性都得到大大增强，能够自主控制信息传递的节奏。作为传者，因为允许延后回复，因此有足够的思考时间来选择最合理的表达方式完善发送内容。作为受者，可以决定是回复还是不回复，是立即回复还是延时回复，因此个人意愿和需要成为决定因素，这在语音传播阶段是难以做到的。因此手机短信传播在强调信息流动的双向性的同时，给予了传播主体更大的选择空间。

二、无声交流

手机短信异步传播的实现最有意义的表现是给予了传播主体时间上更自主的选择性，那么手机短信用文字代替语音而构建的无声空间则给予了传播主体空间上更多的选择性。有声传播对于空间的要求比较高，既需要安静的交流环境，又要避免打扰周围人，因此嘈杂的公共场合、不方便出声的会议、课堂、剧场等地方都不适宜有声交流。而手机短信静默无声的表达方式恰好能够解决这个问题，因此只要需要就可以通过手指将你想要传递的信息、表达的情感跃然"屏幕"上，对方也可以摆脱空间的限制，轻松自由地获得信息。同时无声交流还增强了人际沟通的私密性。如果用声音交流，交流的内容容易被旁人听到，要保持语音通话的私密，就必定会受到非常严格的空间限制。而手机短信是以无声的文本为内容的，赋予传播者更加自由和私密的交流空间，传播内容带有很强的隐蔽性。手机属于随身携带的私人物品，手机短信内容一般只有机主才能浏览，而且还可以即看即删，安全性比较高。

三、自由表达

在面对面交流中，传播效果不仅受到语言符号系统的影响，还会受到非语言符号系统的影响。非语言符号系统具体表现为双方的外貌、衣着、身体姿势、面部表情、声音特质、社会角色、文化认知、风俗习惯、环境、空间距离等因素，它们会对语言符号产生一定的补偿作用，从而相互交织最终影响彼此双方喜爱或者厌恶的程度，决定着传播交流的方向。而手机短信传播的去现场性屏蔽了现实社会中部分的非语言特征，使交流双方处于视觉上的隐匿状态，使得现实交往过程中有可能发生的各种不愉快或令人尴尬的情境得到缓释。这在一定程度上削弱了语言系统之外的其他因素的影响，使得交流更为轻松随意、自由自在。而且中国人在日常交往中比较含蓄，要显示幽默可能更多地表现在言语和文字上，很少表现于夸张的动作和行为。正如英国学者麦嘉温·约翰（Macgowan John）在《现代中国人及其习俗》一书中说到的那样："中国人讨厌直截了当，喜欢婉言陈述，使人往往把握不住他们的真意。语言对于他们毋宁说是尽力隐藏在背后的观念暗示给对方的工具，认识这些观念还需对方自己去推论。"用更加通俗的方式来解释，就是中国人爱面子。那么手机短信传播中由于双方暂时性缺场而造成的视觉隐匿正好契合了中国人的表达习惯，不好说出口的话用文字、图像、符号、视频来表述的方式就仿佛成为蒙在脸面上的"面纱"，无形中起到了一种保护的作用，带给人们安全感，从而更加放心大胆地自由表达。例如短信拜年、短信求婚、短信道歉、短信邀请等都让含蓄表达有了生动的表现形式。

四、资费相对语音通话低廉

除了以上提到的手机短信的优势之外，手机短信曾经在用户中普及率高的一个重要原因是资费相对语音通话要便宜很多。手机语音通话是按照通话时间来计算资费的，如果漫游则费用更高。而手机短信是按量来计费的，就是按照发出的条数来计算,一条只有0.1元,费用降低了许多,受到的限制也少了很多。但是目前许多新的手机应用已经以更加低廉的资费受到人们的喜爱,比如微信、手机QQ等,因此短信的按条收费模式与按流量收费模式相比,资费反而成为短信发展的障碍,使得手机短信在2012年后受到一定的冲击,发送量逐年下降。

第三节 手机短信的内容类型

手机短信在三十年的发展历程中,形成了独特的内容类型和文体形式。短信文体的特色主要体现在契合短小精悍的篇幅要求,运用生动活泼的语言风格,开创出带有一定文学性但是又区别于一般文学作品的、能够增进双方感情交流的新的文学形式或者语言形式。如果将形式多样、内容丰富的手机短信进行分类,可以根据手机短信所反映的不同内容将其分为以下几种类型,分别是信息联络类短信、祈愿祝福类短信、娱乐幽默类短信、人生感悟类短信、商业服务类短信和通知公告类短信等。

一、信息联络类短信

信息联络类短信占据所有短信内容的主导,是用户平时发送数量最多的内容。由于手机的便捷性和手机短信的低成本,手机用户经常会选择这种方式来进行信息联络。输入简短的语句甚至是几个字,动动指头就能够告知对方信息。而且由于手机短信具有留存性和延后性,信息发出后对方一定能够接收到,因此联络信息时可以无须考虑对方是否在线。同时由于手机短信完成的人际互动中使用的是文字文本,使用文字符号无须立即回馈,表达者有充分的思考时间,可以字斟句酌,因此能够更加清晰地表达。而且在双方的信息交互过程中插进了一个解释过程,有助于共同理解彼此之间传递的意义,使得编码和译码更加契合，使交流更加顺畅。

二、祝福传情类短信

祝福传情类短信的出现和大规模应用，是短信带给人们在生活方式和传统礼俗方面的革新。这类短信一般用于节日期间与亲朋好友交流感情、给领导同事发送祝福等。这类短信的内容精心设计，有的含义隽永，有的深情款款，有的幽默风趣，在字里行间传送美好的心意，比如"一点喜，两点乐，三点美，四点欢，五点福，六点禄，七点吉，八点财，九点寿，十点富，十一点运，十二点子时钟声响，新年好运！"等。中国人的表达方式一般比较含蓄，有些祝福内容用口语表达太唐突，用书信表达又太郑重，而手机短信交流能以一种纯粹的文字方式使这个过程变得更加自然轻松。文字是一种委婉、留有余地的表达方式，传统的交往礼仪和交往内容，改用手机短信进行交往，变得更加具有时代性，也更加合乎分寸、更加适宜。现代社会的快节奏，使人们之间的现实交往时间越来越少，节日祝福成为加强与友人联系的一种很好的方式。过去我们常常用明信片、电报、电话或电子邮件来传送对友人的祝福，但是这些方式都比较麻烦而且费时费力，而用手机短信来表达祝福，不仅制作简单，发送容易，而且群发功能还使得传递信息的范围得以扩大。

三、娱乐幽默类短信

手机短信除了是信息联络的工具外，曾经还是一种娱乐休闲的沟通方式，手机短信本身呈现出幽默风趣的语体特征。身处竞争越来越激烈的社会环境中，繁忙的工作和生活以及多重角色的转换使现代人的生存压力越来越大。这种压力郁结于心，需要释放，需要发泄，因而人们在内心深处总是向往着丰富自由的情感。手机短信正好给人们提供了一个交流娱乐的平台，充满个人色彩、幽默风趣、创意丰富的娱乐幽默类短信就如同藏匿于手机之中的一所心灵小驿站，带给人们愉悦和放松，比如"此短信已染上情花之毒，中毒症状为：痴痴傻傻，时而微笑，时而皱眉；疯疯癫癫，时而雀跃，时而沉思。将于情人节发作，唯忘情水可解。小心中毒哦！"等。

四、人生感悟类短信

这类短信是与亲朋好友分享对人生的种种感悟、对社会现象的思考，在轻松中表达哲思，期冀与亲朋好友达成共鸣，比如"少壮不努力，老大徒伤悲。年少的我们努力吧，你会看到面前是康庄大道！潇洒的我们拼搏吧，不要浪费这大好光阴！"等。

五、商业服务类短信

2010年左右，随着手机短信的广泛应用，手机短信内容逐渐从信息联络和个人娱乐发展到商业领域，一些服务于人们生活的定制类短信为人们的生活带来了许多便利。比如，银行的短信服务，包括账户变化的短信提醒、信用卡消费提醒、账单通知、信用卡还款提醒等，这些服务不仅帮助用户及时了解自己的账户信息，更重要的是为用户提供了个人账户的安全保障。商户会在促销活动期间给会员发来优惠信息以及可以享受的折扣信息，给予用户很多便利。还有像天气预报的短信，可以帮助我们了解天气情况，方便出行。生活常识类短信，为我们提供各种生活常识，帮助我们增长知识等。这类内容的短信服务现今已经成为短信内容中的主体，用户目前使用手机短信服务主要也是接收此类信息，例如快递信息的提醒等。但是商业服务类短信给人们的生活带来实实在在便利的同时，混杂在其中的非法短信广告也让人们遭遇困扰，在一定程度上成为一种信息公害，甚至还造成用户对此类短信的信任危机。

六、通知公告类短信

由于短信的高覆盖率和高到达率，政府也开始注意到短信在与民众信息沟通中所发挥的重要作用，尤其在一些特殊的情形下，短信能够起到说明真相、消除谣言的作用。通知公告类短信方式制作简单、速度快，手机的随身携带性也使重要消息可以在第一时间较为精准地直接传达给个人。尤其是发生了突发事件后，权威部门可以通过向广大民众发送通知公告类短信的方式来阻断谣言，安抚民心，为事件的妥善处理赢得时间，打好基础。例如 2009 年 4 月 6 日夜里 22 点 22 分，安徽省肥东县发生了 3.5 级地震，合肥市区很多居民都感受到不同程度的震感，合肥市和肥东县不安的居民纷纷聚集到了空旷地区，人群中充满着不安和慌乱的气氛。为了安定人心，安徽省气象局和应急办启动了"安徽省突发公共事件预警信息发布系统"，向合肥市和肥东县的居民发送了百万余条地震最新信息。短信的内容是："4 月 6 日 22 时 22 分，肥东县发生 3.5 级地震。据专家分析，近期震中及周边地区发生更大地震的可能性不大，敬告广大群众不要惊慌，保持正常的工作和生活秩序。"当时合肥市及地震周边地区有 102 万手机用户接收到这一信息后，如同吃了定心丸，随后在外避震的人群渐渐散去，之后许多网友也纷纷对政府发短信安稳民心的做法表示了赞许。因此主要以政府相关组织为主体的通知公告类短信也成为手机短信鼎盛时期短信的一种重要类型，呈现出独特的传播价值。

第四节　手机短信的语言特征

手机短信作为一种基于传播技术的进步、折射出当代文化特点的新语体形式，打破了传统的语言规范，在杂糅各种艺术形式的基础上创设了新鲜的话语形态，形成具有鲜明特色的独特文本。从手机短信发展过程来看，手机短信文本的语言特色主要表现在以下几个方面。

一、短小精悍，言简意赅

短信的字符数受到限制，发送者就被要求尽量用最精练的语言来传递信息。因此，通俗易懂、言简意赅是手机短信语言最显著的特征。尤其在现代社会，人们的生活节奏很快，人们希望人际间的日常交往能够实现效率的最大化，手机短信短小的文本正好与此诉求相适应。有时人们甚至用一个简单的符号就能传递信息，十分快速和方便。

二、幽默风趣，轻松自然

手机短信幽默风趣、轻松自然的语言特征是由手机短信的娱乐性决定的，娱乐是手机短信的创作与传播的目的之一。因此，手机短信文本中潜藏的游戏意蕴往往会以轻松诙谐、机智俏皮的语言表现出来，并将其作为一种解压良剂与亲朋好友共享，成为一种表达情感的另类方式。一种互动的娱乐游戏，也非常适宜成为人际关系的润滑剂。短信有的是委婉传递友情，有的是对时事的针砭，有的是笑话、段子，语言俏皮，充满了调侃、讽刺等意味，手机短信幽默诙谐的语言特征使人们对现实生活的感悟和体验有了寄予的平台，帮助人们更好地释放内心情感。

三、含蓄委婉，情感充沛

与西方民族强调独立人格和个性的民族性格相比，中国人的心理气质趋于内向和隐蔽，强调个人对社会和群体的顺从，因此在人际交往中不习惯直白地表露内心情感，提倡克制与含蓄。口语交流中经常会顾及面子，采用委婉含蓄的方式绕着弯子说话。这种带有强烈民族特征的行为特点使得对于言外之意的追求成为中国人的基本语言表述风格。这些传统思维模式和文化心理通过短信语言得到了延展，因为手机短信的去现场性和私密性的人际传播特点正好契合了这种心理需求。因此含蓄委婉成为短信语言的重要特征，尤其是对那些不善于面对面表达的人来说，手机短信就成为一个倾诉真挚情感的绝佳平台。

四、善用修辞，语言优美

由于手机短信属于文字表达方式，可以字斟句酌，因此短信文本经常会运用各种修辞手法和优美的辞藻，创造出唯美的意境。例如排比、夸张、比喻、拟人、对偶、借代、双关等修辞手法在短信文本中都得到大量应用，使得短信语言朗朗上口，形象生动。

五、巧妙借用，意蕴悠长

手机短信文本还明显表现出杂糅的特点，也就是将各种文学因素加以融合，对诸如诗歌、对联、打油诗，甚至是歌词、名言等已有的文学素材进行破拆和重构，从而表现出不受文体规则限制的自在文风。在手机短信形式中，巧妙借用常常会营造出悠长的意蕴，其中对于诗歌的借用表现得最为突出。由于诗歌以短小精练见长，正好与短信文体的容量有限十分契合，而且优美的诗作能够提升文字的意境，给人耳目一新的感官享受。例如在中秋节，如果引用苏轼的"人有悲欢离合，月有阴晴圆缺，此事古难全。但愿人长久，千里共婵娟"为短信内容，就能够恰如其分地表达出思念之情，产生情感共鸣；也可以通过对诗词的改写来创造全新的意境，传达别样的情感，也使得短信内容更加有趣生动。

六、符号表意，形象生动

传统人际传播中的面对面传播是多符号的传播，有声语言和体态语言都对传播的效果产生重要影响。通过手机短信交流是非面对面的人际传播，主要以文字为交流介质，缺少声音与面部表情等的辅助，双方无法直接感知对方的音容笑貌，因此在思想和情感表达上会因为线索消失略显单一和生硬。为了弥补情绪交流的不足，利用手机界面上的符号合成各种表情的方式便应运而生。短信语言通过对传统词语和表达方式进行改造，将中文文字、英文文字、数字、公式、标点等各种符号杂糅使用，体现出了鲜明的特色，创造出了多元化的全新的交流文本。

第五节　手机短信在我国的发展

1992年世界上第一条短信发送成功，这种新型的交流工具由于它的诸多优点受到越来越多用户的喜爱。1998年，中国移动、中国联通先后大范围拓展短信业务，我国的手机短信进入了一个快速成长期。随着手机普及率的不断提高，人们开始选择用手机短信来传递信息、表达感情，尤其是在春节、元旦、国庆等节日，送挂历、打电话的传统方式被手机短信拜年、问候取代，被称为"拇指文化"的手机短信成为一种新时尚。

数据显示，2000年我国手机短信发送量突破了10亿条，飞速增长。2001年我国手机短信发送量达到了189亿条。2002年达到了一个高峰，我国手机短信发送量达到几百亿条。2004年我国手机短信发送量更是飞涨到2177亿条。2005年我国手机短信发送量达3000多亿条。仅在2007年的春节除夕到初六7天的时间里，中国人就发出了152亿条节日短信，手机短信在当时的中国呈现了爆炸式的发展，成为最受欢迎的人际传播媒介，中国成为短信消费的一个核心区域。2009年，我国各类短信发送量达到7840.4亿条，同比增长8.4%。2010年我国手机短信全年发送总量达到8317亿条的规模，比上一年的增幅是6.8%。2010年之后由于其他更加低廉和内容丰富的手机应用兴起，手机短信发送总量虽然还是逐年增长，但是增长率开始下降。2012年，我国手机短信发送量达到将近9000亿条，2012年也成为手机短信发展的最高峰。

然而随着微信成为短信的劲敌，越来越多的人开始选择微信交流而逐渐放弃短信交流。微信具备发送文字、语音、视频等多元文本功能，只需要耗费少量流量即可完成，比短信资费便宜。短信业务在2012年后出现停止增长甚至下滑的情况。2014年手机短信业务开始大幅下滑，2014年春节期间，中国内地移动短信发送量比2013年除夕下降了8%，这是拜年短信业务量首次出现下滑。2014年之后，手机短信逐渐成为手机用户接收特定信息的途径。虽然在2020年推出的5G消息希望能够实现对5G应用场景的探索，同时对短信功能进行升级，但是由于用户在微信等即时通信工具上的使用习惯已经相对固定，微信已经成为囊括社交、支付、信息内容以及小程序的庞大应用生态系统，因此5G消息要抢占一定的用户时长是有相当大难度的。

总而言之，手机短信传播在中国的发展虽然只有25年的时间，中国却是短信使用量增长最快的国家。手机短信作为一种流行的人际交往媒介形式，依托其独有的话语方式，以其延迟反馈、可留存性、价格低廉、一对多传播等先天优势，在一定程度上弥补了传统人际交往的缺憾，有效拓展了人们的交往疆域，帮助人们形成更加稳定的社会交往圈，推动着人际关系的现代化进程。虽然目前它受到了新的人际传播工具的冲击，但是它作为一种影响力巨大的沟通方式，曾经深深嵌入人们的日常生活中，给人们的生活带来了诸多便利，成为手机发展史上不可磨灭的记忆。

第四章　手机报传播

在通信业与计算机工业完美融合的 3G 时代，手机俨然开始从最初的个人通信工具，迈进大众传播世界，成为一种全新的大众传播载体，也使手机的单纯的工具意义被提升为媒体意义。作为初始形态呈现的手机大众传播媒体是手机媒体与报纸媒体成功联姻而诞生的手机报，这种新的手机应用形式使手机传播特质发生了革命性的变革。

第一节　手机报的概念界定

从 2004 年《中国妇女报》推出中国第一份图文并茂的彩信版手机报开始，手机报在我国经历了将近 20 年的发展历程。最初手机报的出现是传统报纸面对新媒体挑战而进行的一种转型，也就是纸质媒体内容的数字化，是建立在传统报纸内容基础上的，只是载体由纸质更换为电子介质，内容相对精简，因此最初被称为"手机报纸"更为妥当。但是随着手机技术的发展，手机报无论从内容、形式、出版方式，甚至是盈利模式，都有了很大的改变，与传统报纸的差异越来越大。

首先，从制作方来看，传统报纸的采访、编辑、出版发行以及广告等运营过程都由报社整体掌控，而手机报的生产和运营过程则是由通信公司、网络公司以及传统媒体如报社共同协作完成，只是将各自优势加以整合。

其次，从内容上看，手机报的内容明显要比传统报纸更加丰富和多样。传统报纸的内容是文字和图片，而手机报利用其多媒体功能发展出包含声音、文字、图片、视频、直播等复合形式的内容。2005年，《华西都市报》携手四川移动推出了《华西手机报》"声讯版"，成为我国第一张既能看又能听的手机报，声讯版手机报还开通了声讯互动功能，读者可以对感兴趣的新闻发表评论，也可以参与热点话题的讨论、舆论调查的投票，甚至可以在手机报公共聊天室与其他读者进行及时的在线交流，这些内容和形式都是传统报纸无法呈现的。

最后，从盈利模式来看，传统报纸主要靠发行和广告盈利，而手机报则主要通过三种手段实现盈利。一是对彩信定制用户收取包月订阅费实现盈利，比如各种手机版用户，每月的包月费用为5元到25元不等。二是对WAP网站浏览用户采取按时间计费的手段实现盈利。三是借鉴传统报刊的做法，通过广告吸附来实行盈利，因此手机报和传统报纸在盈利方式上存在很大差异。

一、基于手机报初始形态的定义

中国互联网络信息中心2009年的《手机媒体报告》中的定义："手机报是将传统媒体的新闻内容通过无线技术平台发送到手机上，从而在手机上实现阅读短信新闻、彩信新闻等功能的业务。"中国人民大学匡文波教授在其著作《手机媒体概论（第二版）》中的定义："手机报是将纸质报纸的新闻内容，通过移动通信技术平台传播，使用户能通过手机阅读到报纸内容的一种信息传播业务。"[1] 这类定义将手机报定义为传统纸媒的数字化，是传统纸媒内容在电子介质上的另一种表达。

---

[1] 匡文波：《手机媒体概论》，中国人民大学出版社，2012，第76页。

二、基于手机报流媒体形态的定义

周凯在《3G时代手机报的传播特征与趋势研判》一文中认为"手机报,是一种以手机移动客户端为载体,通过无线技术平台将传统纸质媒体的内容传递给受众的数字化传播方式,是国内电信运营商与新闻媒体合作的一项自有手机增值业务,它以彩信为承载工具,向用户提供资讯类信息服务,涵盖时政、生活、体育、文娱等多方面信息"[1]。罗建华在《手机报的现状与前景》一文中认为"手机报,是纸质媒体'嫁接'手机载体,电子化传播新闻信息的新媒介。它是传统报纸与新型电信增值业务相结合的产物,由报纸、移动通讯商、网络营运商联手开通信息传播渠道,用户灵活机动地在手机上浏览新闻"[2]。陈谷川在《手机报的建设模式探讨》一文中认为:"手机报是最新电信增值业务与传统媒体结合的产物,也就是将纸媒体的新闻内容,通过无线技术平台发送到用户的彩信手机上,使用户在每一天的第一时间通过手机阅读到当天报纸的精华甚至全部内容,或者用户通过手机直接访问手机报的WAP网站在线浏览。"[3] 这类定义更加强调了手机报的流媒体特性。

三、手机报定义之我见

虽然对于手机报的定义侧重点有所不同,但都包含了手机报的传播主体、传播渠道、传播载体、传播内容、传播对象这几个核心问题。手机报的传播主体是传统纸媒、移动通讯商、网络营运商的三方联动,传播渠道是移动信息平台,传播载体是手机,传播内容是以文字、声音、图像、影像的多媒体组合方式呈现出来的,涉及时政、社会、娱乐和实用资讯等的新闻信息,传播对象是有需求的手机用户。根据以上分析,本文认为手机报是移动通讯商、网络运营商联手传统纸媒,为了满足手机用户获知即时新闻信息的需要,以

---

[1] 周凯:《3G时代手机报的传播特征与趋势研判》,《科技与出版》2012年第11期,第72—75页。

[2] 罗建华:《手机报的现状与前景》,《新闻前哨》2006年第6期,第12页。

[3] 陈谷川:《手机报的建设模式探讨》,《中国传媒科技》2005年第9期,第35—37页。

手机为载体，以多媒体组合形态，定期连续地向有需求的手机用户提供各类即时新闻资讯的一种新型媒介形态。

第二节　手机报形态的演进过程

从 2004 年《中国妇女报》推出中国第一份图文并茂的彩信版手机报开始，手机报的表现形态经历了短信版手机报、彩信版手机报、WAP 版手机报、IVR 语音版手机报、3G 网站版手机报、纸媒微信公众号、纸媒短视频号等阶段，给手机用户带来了随时随地的读报体验。

一、短信版手机报

手机短信一开始是以人际传播媒介的身份而被人们关注和广泛运用的。但是随着手机短信的影响力日趋增大，再加上传统纸媒受到新媒体的冲击而失去大量的读者，传统纸媒努力寻找能够利用的新媒体平台。由于手机短信的文字文本性质与传统纸媒有相通之处，因此手机短信平台就成为手机报的一个突破口，于是移动运营商、增值电信业务提供商、报纸和手机用户的四方联动形成价值链，短信版手机报开始应运而生。2001 年 6 月，扬子晚报网站被国务院新闻办批准为江苏首家具有刊载新闻业务资格的网站。2001 年 7 月，《扬子晚报》推出了手机短信息新闻服务"扬子随身看"，每天向手机新闻短信订户发送新闻信息 3—5 条，成为全国首家新闻媒体主办的手机报雏形。2003 年 9 月 1 日，《扬子晚报》在江苏移动和江苏联通两个平台推出《扬子晚报手机版》，此时它的固定用户已达到 50 万人以上。

(一) 短信版手机报的优势

1. 制作简单，传播速度快

由于短信的撰写和发送十分简单，因此短信手机报的制作相比传统纸媒的一系列流程就简单得多。当重大新闻事件发生，就能够在第一时间进行编辑并且迅速发送给定制用户，到达率高。而且手机的随身携带性以及用户对于手机短信的及时阅读习惯也大大提升了收看效果。例如2003年2月1日22时32分，美国"哥伦比亚"号航天飞机失事，事件发生后10分钟左右，这一重大新闻事件就通过手机短信新闻的方式被我国几十万手机用户获知。当晚23时50分，央视一套才插播了"哥伦比亚"号坠毁的新闻，比短信晚了一个多小时，而纸质媒体在第二天才刊登此新闻。再如在2008年"5·12汶川地震"发生后，新华网的《抗震救灾手机报》以每天一到两期的速度发送到四川地震灾区手机用户手里，播报党和国家、各级政府的抗震救灾部署、措施和最新进展以及一些防震防疫的服务性资讯。短信版手机报在传播速度和传播效率上明显快于传统纸媒，这也是在21世纪初受到手机用户的青睐和关注的重要原因。

2. 实现互动，受众主体意识增强

传统纸媒的信息输出基本上属于单向性的，也就是阅读者只是单纯接收信息，无法发表自己的见解和观点，参与性差。短信版手机报利用手机媒体的技术优势实现了评论功能，受众主体意识增强，可以将自己的所想所思及时发表和所有人分享，与媒体进行实时互动，从而构筑起一个基于新闻事件的公共平台，将新闻报道的深度和广度进一步推进，受众的参与性明显增强。2006年3月23日，《潇湘晨报》、红网和湖南移动共同推出湖南手机报WAP版，读者除能浏览新闻外，还可通过互动版块对当天新闻发表评论、提供新闻线索、查看其他读者的评论。2006年5月18日，羊城晚报报业集团金羊网推出了新一代手机报——"金羊掌讯"。通过"金羊掌讯"，用户可以写博客、爆猛料、发评论，和媒体形成紧密沟通的互动社区；也可通过服务聚合平台听音乐、看电影、玩游戏。[①]

3. 成本低廉，容易被受众接受

从短信的资费角度看，短信的资费仅为 0.1 元 / 条，相比购买传统纸媒的成本要便宜许多，而且短信版手机报采用的是包月收费的方式，包月费一般为每月 2 元—3 元，平均一天不到 0.1 元，这样就更加降低了用户的支出费用。花很少的钱就能每天接收到最新的新闻信息，还省去购买纸媒的时间和精力，这种新型读报形式以其物美价廉的先天优势迅速得到了用户的青睐，定制用户数开始与日俱增。

（二）短信版手机报的劣势

1. 信息容量小

由于手机短信的容量受到限制，通过手机短信发送给手机用户的新闻信息也需要瘦身，因此手机用户无法获得像传统纸媒那样有广度和深度的新闻信息，这是短信版手机报的硬伤，也是其存在时间短的最重要原因。

2. 表现形式单一

由于短信的文本形式是文字，因此短信版手机报的表现形式受到局限，只能用文字来描述新闻信息，无法做到图文并茂，这样就影响了新闻信息的生动鲜活，也影响了用户的阅读体验。可以这样说，短信版手机报作为传统纸媒与新媒体结合的一种尝试之举、现代手机报的雏形，在传播速度、互动性方面取得了很好的效果，总体是成功的。但由于其存在先天不足，无法满足用户的阅读期待，因此大约经历了三年的时间，在它的基础上出现了手机报的一种相对比较成熟的形式，即彩信版手机报。

---

① 刘滢：《手机：个性化的大众媒体》，人民出版社，2012，第 64 页。

二、彩信版手机报

我们通常所说的彩信就是 MMS（Multimedia Message Service，多媒体信息服务）。2002 年 10 月中国移动正式推出彩信业务，立即成为移动通信增值业务的一个亮点，受到热捧。尤其是传统纸媒看到了这种形式对于短信版手机报缺陷的补全，开始试水这种新的形式。"彩信版手机报就是以彩信的形式发送至手机终端的手机报。目前，一条彩信手机报大多在 50K 容量内，3000—5000 个汉字，3—5 幅图片，10 帧左右。由于彩信手机报的容量有限，每条新闻资讯的长度大多在 100—200 字之间。"[①]

2004 年 7 月 18 日，《中国妇女报》推出了《中国妇女报·彩信版》，这是最早的彩信版手机报，也是中国大陆第一份真正意义上的手机报。几个月的时间里，《中国青年报》《京华时报》《中国日报》的彩信手机报也纷纷出炉。随着彩信版手机报受到手机用户的追捧，各个报社开始纷纷开办手机报。

例如 2005 年就有《辽宁手机报》（《辽宁日报》报业集团主办）、《浙江手机报》（《浙江日报》报业主办）、《江西手机报》（《江西日报》社主办）、《安徽移动新华手机报》（《安徽日报》报业集团主办）、《泉州手机报》（《泉州晚报》《东南早报》主办）、《宁波手机报》（《宁波日报》报业集团主办）等十多种手机报问世。2006 年，《新华手机报》（新华社主办）、《安徽手机报》（《安徽日报》报业集团主办）、《河南手机报》（《河南日报》报业集团主办）、《上海手机报 I-news》（《解放日报》报业集团主办）、《宁夏手机报》（《宁夏日报》报业集团主办）等几十家手机报如雨后春笋般涌现出来，形成一股手机报热潮。2007 年，《人民日报手机报》（人民网主办）、《广西手机报》（《广西日报》社主办）、《黑龙江手机报》（《黑龙江日报》报业集团主办）、《南方日报手机报》（南方报业传媒集团主办）、《南方周末手机报》（《南方周末》主办）、《环球时报手机报》（《环球时报》主办）、《北京娱乐彩信手机报》（《北京娱乐信

[①] 刘滢：《手机：个性化的大众媒体》，人民出版社，2012，第 57 页。

报》主办）等继续将这股热潮延续，使得彩信版手机报的发展进入一个鼎盛时期。

彩信版手机报与短信版手机报相比，更加接近传统纸媒，或者说传统纸媒的优势得以在手机上得到继承和发挥。内容提供商把新闻信息内容通过运营商以彩信的方式（文字、图像、声音、数据等多媒体格式）发送到订阅手机报的手机用户终端，用户可以随时阅读。

短信版手机报由于受到短信自身容量的限制，内容要非常精简，因此无法做到深入报道。而单条彩信能够承载 50K 大小的信息，也就是 20 多条 400 字左右的新闻内容，文字数可达到 2 万，因此彩信版手机报的内容容量大大增加。容量增大也使得内容涵盖的领域得到拓展，除了热点新闻之外，一些精彩专题、休闲资讯等内容也纷纷亮相，内容十分丰富，也更加接近于纸质媒体的形态。而且彩信版手机报的传送形式是多媒体格式，包含了图片、文字、声音、动画等，可以满足手机用户全方位视听享受，也更加体现出传统纸媒内容丰富的特点。在手机报资费方面，彩信版手机报大多都是按照包月制收费，每月大约 3 元—5 元，资费非常低廉。

虽然彩信版手机报在一定程度上弥补了短信版手机报的不足，让受众有了更加全面而且立体的"读报"体验，但是也存在着一些缺陷。首先是发布不够灵活，一般是早晚各发一期；而且交互方面有所欠缺，不能支持链接；另外内容原创性较差，大多是传统纸媒内容的复制。虽然彩信版手机报的容量有所增加，但是最多只能传送 100KB 的文件，因此用户浏览的新闻有相当一部分是新闻摘要的缩略方式，如果想阅读全文，就要付费点播下载，这增加了阅读成本。因此彩信版手机报的发展持续到 2009 年末，随着移动设备上网技术的实现，新的手机报形式出现并逐渐占据主导。这种新的手机报形式就是 WAP 版手机报。

三、WAP 版手机报

WAP（Wireless Application Portal）是无线应用协议的简称，是一项全球性的网络通信开放协议。该协议就是通过一个通行的标准，将因特网的丰富信息引入移动通信终端，因此成为全球性的移动设备上网的技术。WAP 版手机报就是手机报订阅用户通过手机访问指定的网站，在线浏览传统纸媒以 WAP 网页形式呈现给受众的丰富多彩的信息资讯，也可以称为手机载体上的互联网新闻门户。

随着 WAP 技术的不断成熟以及 WAP 版手机报蕴藏的未来广阔的市场，许多报社开始尝试推出自己的 WAP 版手机报。2005 年，广东移动与新华社广东分社联合省内《南方日报》《羊城晚报》《广州日报》三大报业集团推出的 WAP 版的手机报影响力最大，因为它可以提供《新华快讯》《南方都市报》《羊城晚报》《广州日报》《参考消息》《南方日报》等九份报纸的内容，几乎涵盖了广州所有的主流报纸媒体，内容十分丰富，图文并茂。而且手机报内容每日更新，与报纸新闻保持同步。用户只要登录网络，就可以自由选择阅读新闻，并加入互动评论，还可以自行定义发送时间，非常人性化。由于 WAP 版手机报的优势越来越突出，原先已经推出彩信版手机报的报社，也开始紧追脚步，在原来的基础上加入 WAP 模式。例如《辽宁手机报 WAP 版》《江西手机报 WAP 版》《I-news 手机报 WAP 版》《新华手机报 WAP 版》《安徽移动新华手机报 WAP 版》《北方新报 WAP 版》《北京科技报手机报 WAP 版》等 WAP 手机报网站纷纷涌现，形成了一股 WAP 手机报热潮。

与彩信版手机报相比，WAP 版手机报表现出以下的优势。首先，彩信版手机报向定制用户发送的新闻内容是当天的精华新闻和导读信息，一般是早晚各一次，时间受到一定的限制，新闻的及时性无法得到最佳的体现。而 WAP 版手机报通过网络传送，因此各类时事新闻都可以被及时传送，手机用户随时随地都可以上网浏览，内容更新快，使得新闻的即时特质得到充分彰显。其次，WAP 版手机报以各类专题（新闻、体育、娱乐、财经、军事、社会）、话题、图片等进行内容分类，内容容量得到大的提升，更重要的是手机用户还可以根据自己的喜好自主选择浏览，减弱无用信息的干扰，有利于用户形成良好的使用体验。再次，WAP 版手机报有效整合文字、图片、音频、视频等多种形式，大大丰富了传统报纸媒介中新闻的表现手段，使读者的感官系统被全方位调动，实现了新闻的多维度传播。最后，WAP 版手机报在互动交流方面有了突破，消除了传统媒体线性单向传播模式的藩篱，为受众提供了真正意义上的互动平台。用户可以随时对平台上的信息进行跟帖，在开放空间中发表自己的看法和观点，手机报还设立专门的版块（如跟帖、投票等版块）为用户提供表达和分享的空间，这都使互动成为 WAP 手机报的一大优势。

四、IVR 语音版手机报

IVR（Interactive Voice Response）是互动式语音应答的简称，IVR 语音版手机报通俗形象地说就是"可以听的手机报"。它与传统的只能看的报纸以及之前的手机报有很大不同，用户是通过收听的方式完成读报的。具体的流程是这样的：首先，提取每日要闻，在第一时间完成录音制作；然后，手机用户通过拨打指定号码，并根据操作提示点播收听，按照时间计费。

2005 年 9 月 26 日，《华西都市报》与四川电信联手推出了《华西手机报》声讯版，读者通过拨打 96181880，就可以收听新闻，这也标志着中国第一份 IVR 语音版手机报正式诞生。随后，《南方日报》《广州日报》都相继开通此类手机报。在众多的手机报形式中，IVR 语音版手机报试图在给予用户全新读报体验的基础上，给传统纸媒带来一种新的生存形式，尤其是利用电视台新闻主持人的名人效应而产生的实名主持人读报思路，无疑具有革命性的实践意义，对于提高对用户的吸引力和培养忠诚度方面起到了重要的作用。但是 IVR 语音版手机报存在硬伤，例如这种读报模式与以往人们读报习惯有较大差异，而且资费相比彩信版或者 WAP 版都偏高，使得用户的认可度不高，普及上遇到难题，因此 IVR 语音版手机报并没有成为手机报的主流形式。

五、3G 网站版手机报

WAP 版手机报是手机上网阅读手机报的一种形式，在发展初期，由于手机上网速度差强人意，所以虽然传统纸媒的热情高涨，但是真正接受此项服务的用户数还相对少。随着 3G 时代的到来以及智能手机用户的井喷，无论是手机上网的技术还是手机应用需要的用户基础都有了很大的进步，3G 网站版手机报成为手机报发展的主流和方向。3G 网站版手机报与 WAP 版手机报在内容编辑、经营模式上非常相似，3G 网站版手机报的优势在于信息传播速度更快、容量更大，表现形式不仅包含文字和图片，还融入了音频、视频和动漫等更加多元化的表现形式，同时基于智能手机用户数的猛增，认可度和普及率都更高。

早在 2006 年 5 月 17 日，广州日报报业集团和广东移动就联合推出了手机多媒体报纸——手机炫报，用户只需要在手机上下载多媒体阅读器，就可以看到由文字、图片、音频、视频、动漫等综合形式表现的最新的新闻，用户还可以进行评论和互动。但由于当时的技术限制使这种尝试遇冷，并未引起人们的兴趣。

2007 年 5 月 17 日，广州日报报业集团与 3G 门户联合推出的手机网站"广州日报·3G 门户"隆重上线。该 3G 网站版手机报依托《广州日报》和大洋网最精锐的采编力量，运用图片、视频、音频、互动等多媒体手段，把广东地区即时发生的重大新闻第一时间 24 小时滚动发布，呈现出精彩纷呈的新闻产品。该手机报还推出了《报网直播室》《名记专家在线》等视频节目来讲述新闻背后的故事，让用户通过更多的角度去进一步了解新闻事件。同时还引入互动报料和评论平台，并实现与传统报纸和网站的联动，使用户在手机平台的报料和评论也可在报纸和网站上反映出来，真正实现了跨媒体互动。

该手机报内容上涵盖了广州日报报业集团旗下的所有报纸杂志以及网站，如《广州日报》《信息时报》《羊城地铁报》《足球报》《舞台与银幕》《新现代画报》《南风窗》和大洋网等，除了新闻资讯外，还提供股票、交管、天气、公交等便民查询功能。基于3G技术的手机报内容更加丰富，界面更加美观，功能更加强大，用户体验好感度进一步提升，各地报业集团也纷纷探索报媒与手机媒体此种融合路径，并使之成为当时手机报的主流。

六、传统纸媒与手机媒体的融合

在4G和5G时代，随着手机功能的日益丰富和强大，媒体融合成为主流趋势，单一的手机报已不能满足用户获取即时信息的需要。传统纸媒开始建构"两微一端"传播格局，手机报以崭新的形态出现在公众面前。世纪华文调查数据显示，截至2021年，中央、省市级275家主要纸媒的微博、微信账号开通率均高达98.9%，拥有自建网站、客户端的比例达97.8%和69.5%，入驻抖音等短视频平台的比率同比增长23%。截至2021年，《新京报》的官方微博粉丝规模达到4350万人，微信公众号数量超过了30个，覆盖经济、政治、文化、社会生活等多个领域，实现了垂直领域的全方位布局。《新京报》创建的"我们视频"于2016年上线，制作与发行新闻短视频、快讯、长图、新闻动画等新兴报道形式受到用户高度关注。山西日报报业集团从2015年起开始建设集实体、数字版、微博、微信、客户端等多个平台于一体的全媒体矩阵，融媒体中心实现了策划、采编、发行等流程的系统融合，打破以往纸媒报道的线性搬运模式，进行内容生产形式的革新，实现了融媒体环境下的华丽转身。《燕赵晚报》借鉴新媒体平台的营销模式进行活动策略创新，推出"拍摄视频向爱人传递祝福""'码'上寻香——我的爱对你说"等多种主题活动，在社交媒体平台上创建了热门话题，极大吸引了年轻用户的关注及支持，并取得了较好的传播效果。

总而言之，在二十年的发展进程中，手机报在我国经历了由盛而衰的发展历程。虽然说手机报已经被新的传播方式替代，但它对于大众传播在理念和形式上的突破带来了重要影响。

第三节 手机报的传播特征和传播价值

一、手机报的传播特征

（一）手机报的传播优势

手机报作为传统报纸与手机媒体、互联网技术完美结合而诞生的新型信息传播载体，首先继承了传统报纸直观、便携、可读性强的特点，同时又吸取了互联网容量大、存储性强、互动分享的优点，曾经受到手机用户的青睐。其传播优势主要表现在以下几个方面。

1. 覆盖面广，传播速度快

是否拥有庞大和有热情的受众群是衡量一个媒体是否具有竞争力的重要因素，也是其生存发展的现实基础。手机报在发展过程中，手机用户数和智能手机拥有者数量的不断攀升为手机报的发展提供了庞大的受众基数。一方面，良好的受众基础带来的巨大盈利潜力刺激着运营商，传统纸媒对手机报在技术、服务等方面的投入，加快了手机报的前进步伐。另一方面，手机报的传播覆盖面大，用户的参与度高，传播精准，到达率高，传播效力也就越来越强。

传统报纸出版的流程复杂，需要花费一定时间完成信息采集、编辑信息、审查信息、印刷信息、接受信息五个环节才能将新闻信息传递给读者，时效性较差。而手机报的载体是手机，手机报内容的编辑传送也比较简单，传播流程大大减少，省时省力，因此手机用户可以在第一时间阅读到最新的新闻信息，时效性大大增强。尤其是遇到突发事件或者重要活动，手机播报的新闻或者手机直播实现了动态传播，有助于手机用户及时了解新闻事件的发展过程。而且传统报纸对于大多数人来说需要通过订阅或者购买才能读到，比较费时费力。而手机总是被用户随身携带，随时随地都可以阅读手机报。尤其是在现今生活节奏日益加快的情况下，一些诸如等车、用餐等碎片时间成为信息真空，而人们通过随时随地阅读手机报的方式填充了这些碎片时间，也从另一角度大大提升了手机报定向传播的速度和效果。

2. 内容短小精练，实用性强

现代社会人们的生活节奏加快，碎片化阅读成为越来越多人的获取信息的方式和习惯。因此信息的传递也需要契合这种新的阅读习惯。传统纸媒由于内容较多，层次不够分明，阅读起来需要占用较多的时间，因此对读者的吸引力越来越弱。而手机报由于手机介质的自身特点，需要提取浓缩的核心内容，因此经过筛选出来的新闻重点突出，分类明了，短小精悍。而且手机报设置的导读栏很好地帮助受众在海量信息中寻找到自己感兴趣的新闻，方便快捷。

同时手机用户随身携带手机，因此可以利用等车、等人甚至是用餐等闲暇时间随时阅读手机报，这与人们碎片化阅读的习惯是契合的，这种自然和谐就帮助用户建立了与这种媒介形式的黏性，形成阅读期待。

3. 多维度传播，互动性强

传统报纸的表现形式只能是文字和图片，形式单一，影响了传播效果。而手机报平台上的新闻是包含了文字、图片、声音、动画、视频等信息的多媒体数据包，可涵盖4开8版报纸上包括报头、版次、标题、导读、照片，甚至广告在内的全部内容，最大程度满足了受众的感官享受，也使得新闻达到多维度传播的效果。传统报纸除了表现形式比较单一的缺点之外，还有一个硬伤就是无法实现与受众进行有效、即时的互动，受众只能接受过滤过的信息与观点，没有发言权。而手机报的技术保障使得与受众的互动成为常态，人们可以随时对正在发生或发生过的新闻事件发表自己的观点并与大家分享，也可以与媒体交互信息，大大满足了受众表达与分享的愿望。通过这种互动还可以将新闻信息的深度和广度进一步延展，反映受众对社会生活的关注度与参与度，真正体现传播的人性化。

4. 费用相对低廉，认可度高

无论是短信版、彩信版手机报的包月收费，还是 WAP 版和 3G 版的流量计费，手机报都要比传统报纸更加环保经济。因为手机报的制作和发行成本要比传统报纸更加低廉，所以人们阅读手机报所花费的费用就相对便宜。这种获取信息方式的低成本特征是其吸引当时的用户关注和使用的一个重要原因。

（二）手机报的传播劣势

虽然手机报有很多优势，但因其存在先天缺陷，制约了它的进一步发展，并被接受度更高的报纸与新媒体的融合方式替代。其传播劣势主要表现在以下几个方面。

1. 手机屏幕小，影响阅读效果

与传统报纸相比，由于手机的屏幕较小，因此一次性显示的字数有限，字体也比较小。这对于习惯宽视野阅读的用户，尤其是对于中老年用户来说，如果长时间阅读就比较困难，这在一定程度上影响了阅读效果。

2. 内容同质化，特点不鲜明

在竞争日益激烈的现代社会，媒体的竞争力与其差异化程度有很大的关系。从手机报来看，无论是内容还是形式，同质化现象都比较严重。手机报的信息来源主要是传统纸媒和网络，以纸媒内容或者网络内容的平移为主，缺少原创性信息，而且手机报并未拥有健全的采编和运作管理体系。因此体现在手机报上的内容往往是报纸内容的翻版或是网上新闻的摘录，具有独创性和针对性的内容非常缺乏，导致新闻的重复呈现，没有体现出各自的特色。

这虽然节约了传播成本，但无法满足消费者多样化的需求，容易使读者产生厌倦心理。而且由于缺乏对受众需求的调查，没有对受众进行细分，是泛化的传播，难以满足受众个性化的需求。

3. 把关弱化，品质参差不齐

由于手机报的发展历史比较短，还没有在媒体宗旨、媒体定位、媒体形象、媒体风格、行动准则等诸多方面着力，因此在自身媒介文化层面的建设处于缺失状态。另外从手机报的管理层面来看，我国对于手机报的管理尚属"空白"，还没有相应的法律法规对其进行规范和监管，因此传统报纸的把关环节在手机媒体上明显弱化。这种因监管法规制度的不健全与监管机构的权责不明确而带来的后果就是手机报发展的无序状态，品质参差不齐。有些手机报就会钻审查程序缺席的空子，为了吸引读者眼球将某些内容低俗、虚假、措辞不严谨的新闻信息呈现给读者，最终影响到新闻的本质精髓，也在一定程度上影响到受众对于手机报媒体的信心。

二、手机报的传播价值

当传统报纸与手机媒体嫁接而成功培育出的手机报形式逐渐被大众广泛认知和接受之后，它注定以自己的存在价值对过去和未来的传播秩序进行释解。

（一）手机报对知识鸿沟的影响

人们一般这样认为，传播媒介的普及因为可以改善知识传播的条件，因此一定能够提高整个社会的文化水平，从而扩大社会平等。在1970年，美国传播学者P. J. 蒂奇纳（P. J. Tichenor）等人在发表的《大众传播的流动和知识差别的增长》论文中提出了知沟假设理论，又称为知识沟理论，挑战了这种观念。该假说的基本观点是：在现代信息社会里，"由于社会经济地位高者通常能比社会经济低者更快更有效地获得和利用信息，因而，大众传播媒介传送的信息越多，这两者之间的信息格差和知识格差也就越有扩大的趋势。"也就是说，现存的贫富分化的经济结构决定了信息社会中必然存在两种人：一种是信息富有阶层，一种是信息贫困阶层。由于经济贫困者在已有知识的存储量上、在获得最新传播技术等方面处于明显劣势，随着时间推移，他们与富有者之间的信息格差必然越来越大，而信息格差必然会变成知识格差。

伴随着信息技术的发展、互联网的出现，传统媒介时代的知识鸿沟有进一步扩大之势，形成了信息时代的数字鸿沟。数字鸿沟的概念最先由美国国家远程通信和信息管理局（NTIA）于1999年在名为《在网络中落伍：定义数字鸿沟》的报告中提出的，数字鸿沟（Digital Divide）指的是在那些拥有信息时代的工具的人以及那些未曾拥有者之间存在的鸿沟。

无论是传统媒体还是新媒体，影响知识鸿沟程度的主要原因是受众获取知识的难易程度，或者说获得承载信息媒介的可能性大小。在传播媒介形式少、获取不容易的传统媒介时代，由于经济收入、教育程度甚至是行业结构的原因而使得获得信息的难易程度存在较大差别，使得知沟现象得以存在和延续。在手机报发展的初期，由于手机的普及率低，手机用户对于手机报的认知程度也比较低，因此手机报的消费群体主要是在市场中具有较强购买力和经济实力的人，在此阶段知沟表现得比较明显。但是随着手机的价格越来越低，手机用户数量急速增加，尤其是智能手机越来越普及，手机用户对于手机报的热情开始逐渐高涨。2012年7月由中国互联网络信息中心（CNNIC）发布的《第30次中国互联网络发展状况统计报告》显示，2011年12月—2012年6月，手机网民各类手机应用使用率排名中，手机上网浏览新闻这一手机应用位列第三。这说明当时手机报的市场接受程度大幅上升，用户开始将手机报列为除了手机搜索之外的重要信息渠道，能够借助信息技术扩延知识构架的人群在不断扩大。随着手机的普及进程日益加速，手机用户的年龄、学历、行业界限日益模糊，手机以生活必需品的身份影响我们的生活，手机报作为一种既继承传统报纸的原有优点、又更加方便快捷的信息提供者，使信息分配逐步均衡，给社会各阶层提供充分接触信息的机会，知识鸿沟的差距逐渐缩小。

（二）手机报对媒介融合的影响

媒介融合概念最早是由美国马萨诸塞州理工大学的伊契尔·索勒·普尔教授提出的，用以形容各种媒介呈现出多功能一体化的趋势。最初人们关于媒介融合的构想来自于如何将电视、报纸、广播之间的竞争关系加以转换，形成组合优势，产生联动效应。例如报纸与电视、报纸与广播、电视与广播之间开展媒体联动就是一种大胆的尝试，也取得了一定的效果。例如北京电视台的《夫妻剧场》每周日晚黄金时段播出，剧目的主要内容是反映婚姻生活的。北京人民广播电台的《人生热线》的播出时间是每周一晚22：00。两个栏目实现联动，观众可以通过《人生热线》与坐在直播间的嘉宾进行互动，讨论《夫妻剧场》播出的节目内容。这二者间的循环连接，既通过话题讨论提升了剧目的受关注度，又通过剧目的形象演绎促进了热线讨论的热度，增加了观众和听众对这两个栏目的认可度。但是传统媒介间的融合表现并不是十分出彩，媒介间的区隔仍然比较明显。

直到互联网的出现，关于媒介融合的颠覆性革命终于拨云见日。报纸与网络之间的报网互动、电视与网络之间的视讯互动，在人们面前展开了一幅绚丽多彩的传媒画卷。而手机媒体的出现则使得媒介融合舞台上网络唱主角的媒介生态格局被打破，手机以其发布终端的独特优势，将融合后的各类信息以最快的速度、最生动的形式、最精准的方位到达受众，手机报就是手机与传统大众传播媒介完美融合的最初尝试。这种尝试加快了媒介融合的步伐，让人们见识到媒介融合后能够产生的奇妙景象，从而更加激发对于未来媒介生态环境的构想和实践。

（三）手机报对媒介符号环境的影响

手机报与传统报纸有先天的内在一致性，但是手机报从所使用的符号介质来看是对媒介符号环境的革新。传统报纸以文字和图片来传递信息，手机报在延续文字和图片方式的同时，又使得文字和图片这些媒介符号带有新的特点。首先由于手机本身体积小，所以不能将传统纸媒的内容悉数呈现，而是要求短小精悍，用最凝练、最平实易懂的文字准确表达出新闻的精华，诱发用户阅读新闻信息的欲望。也就是用尽量少的文字，涵盖最多的信息，节约读者的阅读时间。其次还要求叙事节奏加快，尽可能使用文字和图片等突出瞬间的冲击力，表达更加戏剧化。此外还利用新媒体技术加入了音频、视频等更加多层面、调动多感官的表现形式。因此手机报独特的表现形态使得多元综合和替代性应用所带来的感受更加强烈，这让人们对媒介符号环境的优化有了更多的期待，并预示着符号环境演变的必然趋势。

总而言之，在媒介生态环境中，各种媒体表现出的独特个性以及相互间的关系会对媒介生态环境的平衡发展产生影响。手机报作为一种依托手机新媒体而衍生出的大众传播范式，在以广播、电视、报纸、网络为主导的大众传播领域中争得一席之地，从而改变着媒介生态环境，也有利于各种媒介强化自身特点，走向互利共存。

第五章　手机微博传播

第一节　手机微博概述

微博，即微博客的简称，是一个基于用户关系的信息分享、传播以及获取的平台，微博允许用户通过 Web、Wap、Mail、App、IM、SMS、PC、手机等多种移动终端接入，以文字、图片、视频等多媒体形式，实现信息的即时分享和传播互动。最初的微博之所以要限定 140 个字符，是源于手机发短信最多的字符是 140 个，因此微博与手机有密不可分的关系。我们通常说的手机微博是指通过手机发布和接收微博信息，通过平台实现网络实时互动的信息沟通过程。

一、手机微博的历史沿革

微博发源于美国，创始人是美国人埃文·威廉姆斯（Evan Williams）。2006 年 3 月，埃文·威廉姆斯推出了 Twitter，Twitter 的英文原意是小鸟的叽叽喳喳声，用户可以通过 SMS、即时通信、电邮、Twitter 网站或 Twitter 客户端软件输入最多 140 个字的文字更新。Twitter 自从 2006 年 7 月面向公众开放以来，逐渐被网民接受，而且影响日趋强大。尤其在 2008 年的美国大选中，Twitter 成为美国总统竞选阵地，奥巴马因此成为社交网站明星，助力竞选成功的实力让它出尽风头。2008年11月，印度孟买发生连环恐怖袭击，造成174人死亡，327人受伤，许多用户在Twitter上撰写博文，以直播方式公布事件的最新进展。Twitter成为最快的新闻发布渠道，凸显了公民新闻的优势，这个事件使Twitter声名鹊起。

在中国，饭否是最早引进微博概念的公司，2006年其创始人王兴在其运作的社区网站海内网上添加了Twitter功能，2007年成立了饭否网，专门运营微博。随后中国的同类网站纷纷推出，开心网、校园网等纯社区网站添加了类似的功能，嘀咕网、叽歪网、做啥、忙否等专业微博网站陆续出现。2007年8月，拥有巨大用户群的腾讯推出了腾讯滔滔。2009年8月新浪公司进行微博内测，2009年10月正式面向公众开放，新浪微博成为国内门户网站中第一家为中国广大网民提供微博信息服务的网站。2010年开始，微博在国内迅猛发展，2010年下半年，我国微博用户规模为6331万。到2011年上半年，我国微博用户规模增至1.95亿，半年增幅高达208.9%。2011年下半年我国微博用户规模为2.4498亿，增长速度开始放缓。到2012年上半年，我国微博用户规模为2.74亿，其中手机微博用户规模为1.70亿。2013年年底，我国手机微博用户规模为3.31亿，微博成为网民获取信息的重要途径之一，微博从满足社交需求的虚拟社交工具逐步演变为大众化的舆论平台。2014年，微博使用率开始走低。2014年年底，我国手机微博用户规模为2.4亿，较2013年下降11.4%。2015年，我国手机微博用户规模为1.7亿，较2014年下降了13%。2016年6月，我国手机微博用户规模为2.42亿，较2015年略有回升。在内容维度上，微博从早期关注的时政话题、社会信息，更多地向基于兴趣的垂直细分领域转型。2018年底，我国微博使用率为42.3%，较2017年上升1.4个百分点。传统媒体大规模入驻微博平台，成为微博平台优质内容的重要来源，越来越多的正能量信息依托微博平台实现大众传播。2021年年底，微博月活跃用户数增至5.73亿，移动端用户占比达94%。

二、手机微博的传播模式

手机微博的出现是对传统信息传播方式的重构。

首先，手机微博模糊了传统的人际传播与大众传播的界限，在人际传播意义的基础上不断凸显其在大众传播领域的作用。从传播属性上看，通过发言、回复、评论，尤其是私信的方式，可以实现一对一传播。微博的聚合性、共享性又实现了一对多的传播可能，交互性则更进一步提升了传播效果。因此微博以个体间的信息往来、公众间的信息共享、即时性的信息回馈为特征而成就了一种新型的传播方式。正如英国电信首席科学家朗格斯华迈所说的那样：微博所产生的蝴蝶效应让人着迷、让人激动，它神话般地拓展了人们获知信息的渠道，在提高工作与生活效率的同时，甚至会改变当代人的时间感和空间感。

其次，从传播范式上看，手机微博传播体现出基于节点传播方式的裂变传播过程。每一位用户呈现的信息形成核心节点，对此信息感兴趣的用户可以进行评价，完成互动的过程；也可以运用转发功能将此信息推荐给其他用户，完成扩散的过程。通过这个过程的循环往复从而使得信息的传播呈现几何级的裂变效果。不同的信息在传播过程中还表现出不同的传播能量，一般而言，微博意见领袖信息的受关注程度高，扩散的能量较强。新闻性较强、与突发事件密切相关的微博信息的传播速度也很快。而且这类信息还容易得到传统媒体的关注，网上能量持续延续到网下，逐渐形成舆论热潮。

三、手机微博的传播特点

（一）碎片化

由于手机微博的内容属于碎语式的絮叨，微博主可以随手将自己看到的、听到的、经历的事情随时记录下来，即兴发表感言。因此，在手机微博上流动的信息首先表现出碎片化的特点，以短小精悍为其显著特性，用户花很少的时间和思考，用碎片化的语言就能不断产生传播的内容。同时快节奏的现代生活也使碎片阅读更加受到欢迎，手机的随身性很好地满足了人们随时随地获取手机微博信息的愿望，使得手机微博内容可以被及时快速地阅读，这样就使得手机微博成为更新频率极快的新型交流模式。

（二）原创性

手机微博的低门槛进入制使手机微博成为一个无视强权的自由话语平台，无论你是精英人士，还是草根民众，只要你有表达的愿望，有获知信息的欲求，都可以进入这个平台。私语叙事的表达风格使得手机微博内容的原创性得到凸显，这种原创力的诱发也使得手机微博平台上的内容容量巨大，涵盖面极为广泛，同时体现出手机微博话语的个性化特性。手机微博为个人提供了功能强大的独立平台，充分给予个人在线活动的空间和自由，创造了个人参与社会传播的机会，激发平民大众的创作和发表欲望，形成"人人即媒体"的传播格局。

（三）共享性

手机微博的内容虽然是个体的私人话语，例如生活点滴的记录、感言随想、随手拍摄的图片、随手拍摄的视频等，反映的是个体的生活状态和价值观念，但是手机微博平台将私密公开化，创造了一个呈现信息的公共领域。所有用户都可以按照自己的意愿去关注微博主，分享其提供的信息，或者做出回应。作为高开放性社交软件的代表，微博的热搜热榜还能够及时显示关注度最高的议题，引导和反映群众的关注点，使信息快速触达用户群，用户通过点击浏览和发文互动推动话题热度，手机微博的信息呈现出共享特性。

（四）交互性

手机微博的转发、评论、私信功能强化了交互特性，在手机微博上分享信息、表达个人感受，往往能够得到其他手机微博网友迅速、即时的反馈。而且不少转发者还可以进行内容再造，对信息进行加工补充，对新闻进行评论，这种传播过程中的互动强化和内容再造使得手机微博能够轻松实现人际传播、群体传播、组织传播和大众传播的兼容。

第二节 手机微博传播对人际关系建构的影响

从手机微博的传播机理看，手机微博是一种交互式传播媒体，它打破了传播类型分类的严格界限，人际传播、群体传播、大众传播特性在这个平台上都得到了体现。从人际传播的视角分析，手机微博作为一种基于人际关系的信息交流平台，表现出两种传播形态。一种是依附于交往主体原有的人际关系，比如亲人、同学、同事、朋友等，是现实人际关系的延伸。另一种是独立于现实人际关系之外的虚拟人际关系，比如与名人的互动、与陌生人的交流，这种虚拟人际关系不同于现实人际关系，但在某些特殊情境下也可能发展为现实人际关系。因此从信息是否在两个主体间循环流动的角度看，微博的人际传播特点十分显著。只是这种传播技术，将人际传播的诸如一对一传播、私密传播等特征进行了补偿，将私人空间公开化，对传统人际传播意义进行重新解构和整合。美国学者鲍尔·洛基奇（Ball-Rokeach）认为媒介传播能产生强大的效果，它发出的讯息能协助构建社会现实，提供给接受者一种世界观的参考框架，人们以此考虑并修正个人的观念和行为。从这个思路出发，个体交往者在微博这个媒介平台上所进行的讯息传递与交换会对人际关系的建构和拓展产生一定的影响。

手机微博作为一种自媒体形式，为人们提供了充满新鲜感的交往环境和空间，在不断的记录和关注的过程中产生新的交流构型，从而在一定程度上影响了人际关系的构筑。人际传播理论认为，人们寻求人际传播的动机有四个方面，即获得信息、建立社会协作关系、进行自我认知和相互认知、满足精神和心理需要。从这几个方面来审视手机微博，它让信息获取更加快捷、层次更加丰富，让用户拥有了更多了解他人的机会，赋予用户表现自我、展现自我的平台，让情感的交流变得更加容易，这些就使得手机微博能够让现实人际关系在一定程度上得到延展，并创造出一种在使用者之间的崭新的人际关系。

一、手机微博人际交往中个体更加积极主动地自我表露

美国人本主义心理学家西尼·朱拉德（Sidney Jourard）在1958年提出了自我表露（self-disclosure）的概念。自我表露指的是"个体与他人交往时自愿在他人面前真实地展示自己的行为，倾诉自己的想法"。可以说自我表露是人际关系的起点，积极的自我表露行为能够推动良好的人际互动关系的形成。

相比手机短信等人际传播置放器，手机微博的内容生产更加自由和多元。前者由于交流双方是一对一的传播关系，因此在信息交换的过程中必须考虑到对方的身份、感受等因素。而微博虽然是私人空间，但是所有的信息是共享的，是一对多的裂变传播关系，阅读者处于隐匿之中。因此阅读者的社会角色对于内容生产者的影响明显弱化，使得自我表露做到了随时随地随心。微博主可以随时将自己正在经历的、看到的、想到的，以共享的方式加以呈现，可以转发自己感兴趣的微博内容并配发评论。现实生活中由于社会角色而形成的不平等的话语秩序被打破，主体有了冲破以往交往中的各种表露障碍的能力。另外手机微博文本内容虽然是散乱的、碎片化的，但可以反映出个人的兴趣爱好、思想观念、价值观等。因此这是一个充满自由力量的平等话语平台，能够消解在实际生活中不平等的感受，人们在这个平台上自我表露的深度与广度是前所未有的。

二、手机微博人际交往有利于印象管理

在人际交往过程中，个体对所处的社会环境，并不是被动地做出反应，而是会通过不断地调节和控制自己呈现给他人的信息来建立有利于自己的形象。例如个体经常会运用得体的穿衣、优雅的谈吐、大方的举止等来使人际交往更加顺利和成功。美国著名的社会心理学家欧文·戈夫曼（Erving Goffman）在1959年提出印象管理的概念。"所谓印象管理或自我呈现就是指，为了使他人按照我们的愿望来看待自己而在他人面前展示自我的努力。人们通常小心策划他们的表演，以使其行为与他们所要制造的印象一致。"[1]手机微博文本所形成的信息流，使其作为自我呈现的平台为印象整饰创造了特定的空间。手机微博中使用的是文字、音频、视频等符号，诸如面部表情、身体语言等非语言符号对于交流不再有影响。这样能够通过这种更注重知识、智慧、修养等深层内涵，弱化了外貌等现实因素的交往方式，通过获得关注和回应形成成功感，从而表现出对自我的接受和认可，寻找到现实生活中可能欠缺或不能获得的自我体验。当发出的微博内容得到关注和回应，交流双方就可以通过这种行为的确认来完善交流效果，积极的情感体验一定程度上成为印象管理的驱动力。另外由于手机微博的阅读者是广泛的、隐匿的，信息制造者对于信息的掌控能力大大增强，这样就使得人们有足够长的时间过滤出最恰当的信息，选择最恰当的语言来呈现最"完美"的自我。手机微博信息回馈的异步还赋予了传播主体更多的自主性，不适当的表达也可以进行删除，这就使得传播主体能够更加有效地控制与他人的人际互动。

---

[1] 欧文·戈夫曼：《日常生活中的自我呈现》，黄爱华、冯钢译，浙江人民出版社，1989，第8页。

三、手机微博人际交往在一定程度上扩大了人际交往的范围

在现实的人际交往过程中，人们由于处在以地缘、业缘等为纽带的社会关系网络中，交往的范围受到很大的约束。而手机微博空间是一种新型的虚拟与现实的双生体，能够突破时间和地域的限制，使个体进入一个更加自由、开放、多层次的交往空间，获得最大限度的交往自由。例如名人微博是微博中最受关注的微博类型。在现实生活中，人们对于仰慕的名人是很少有机会接触到的，对他们的了解只能来源于新闻媒介的选择性报道，名人微博的出现就使得人们拥有了全面了解名人的机会。通过阅读名人独家展现的日常琐碎的生活片段，能够全方位了解其偶像的独到特质。更为重要的是，人际传播的关键是互动，在互动中让彼此的意见、观点、感受不断碰撞。在手机微博空间中，通过转载、评论、私信等就可能实现与名人的互动，完成话语主体地位的转置，实现了拆除现实交往中藩篱的愿望，创造出了另一种交往可能，从而在一定程度上拓展了交往空间的时度和维度。

在现实生活中，人际吸引的因素来自外表、资源的占有、社会地位等，在手机微博世界中这些因素被忽视，而更深层次的内涵要素如知识、智慧、修养等被重视，这就削弱了传统交往中的等级分明的交往规则，是对现实人际关系的一种补充。另外手机微博的热门话题、名人堂、微群等分类设置是基于交流者的爱好和兴趣而创造的共同话语空间，将有共同兴趣爱好的人集合动员，把现实生活中分散的交流构型转变成为聚合的交流构型，人们有机会与更多有共同兴趣爱好的人分享信息，提高了与他人交流的频率，使得人际交往范围在一定程度上进一步扩大。

四、手机微博人际交往能够帮助人们优化社会认知

社会认知是指个人在与他人交往接触时，根据他人的外观行为、经常表达的意见、表露的态度和情绪来推测与判断他人，从而决定是否与其交往和

怎样交往的过程。社会认知是建立人际关系的前提和基础。在现实的人际交往过程中，面对面的交往会受到时空的限制，致使对于对方的了解不够全面和及时，这将间接影响到交往的深度。而在手机微博空间中由于传播者的自我表露积极主动，呈现在微博平台上的关于个体的信息非常全面，比如最近在忙些什么，有什么新的发现，推荐了什么好书或者影视作品，对某个热点问题有什么看法，有什么兴趣爱好等，甚至微博的语言风格也可以反映出个人的文化修养。看似碎片的生活片段就如同电影镜头一样串联成一个故事，故事中主角的个人特质得以显现。而且手机微博使用者会对关注者产生一定的黏性，经常会查看关注对象的微博，这种阅读承续使得对于对方的了解不断得到深化，这对现实人际交往产生了一定的影响。通过阅读别人的手机微博可以了解对方的兴趣爱好、关注热点等，在面对面交往中选择这样的话题，对于交谈相处的和谐程度起到了积极的促进作用。另外人际吸引作为一种肯定形式推动着人际交往的进程，人与人之间持喜欢的积极态度或喜爱情感会使交往关系更加紧密和和谐，反之则导致疏离和冲突。在现实生活中，这个过程需要较长的时间，而通过阅读对方的手机微博，就能在短时间内增强这种情感体验，从而以一种隐形的方式来选择是否延续或者中断现实中的人际交往关系。

五、手机微博人际交往强化了自我感

在现实的人际交往过程中，人们必须依照社会规范，符合社会角色的要求来控制自己的言行，表现出对于强权的屈服和顺从。而正如保罗·莱文森所指出的那样，"数字时代打破了中央集权形式，个人角色由此变得更为重要"。在手机微博世界中，传者与受者之间是一种平等的关系，每一名用户都握有交往的主动权，可以完全按照自己的意愿选择发布、阅读，对现实事件可以尽情地发表自己的意见和感受，主体对于交往行为的调控能力大大增强，编织出了一张无惧强权的隐形的社交关系网络。在这个虚拟社会中，维系人脉依靠的是强有力的自我呈现，反复强调自己作为一个独立、完整的个体存在，重点放在了自我认同，张扬自我个性，自我感得到进一步的强化。因此由于自主、平等是微博平台所散发出的独特气质，它逐步成为一种人们建构自我表现的生活方式。而这种在虚拟世界中逐渐被强化的自主平等意识也会渗透到现实生活中，从而对现实的人际交往产生潜移默化的影响。

六、手机微博传播对人际关系建构产生的消极影响

由于手机微博存储着海量信息，用户可以根据自己的需要进行自主选择，能够帮助人们缩短求知时间和路径，听到不同的声音，接触不同的思想，充分满足了人们好奇心和探索欲。但与此同时，微博信息由于"把关"功能的弱化而使得大量的有毒有害的信息如虚假信息、冗余信息等混杂其中，造成信息污染。美国传播学者乔治·格伯纳（George Gerbner）提出的培养理论认为，在现代社会，传播媒介提示的"象征性现实"对人们认识和理解现实世界发挥着巨大的影响。手机微博信息构筑的"象征性现实"中的阴暗面也可能对现实人际关系的建构产生潜在的负面影响。例如手机微博中的一些宣扬功利主义、逆反社会文化心理、偏激的意识和行为会使得人们的价值判断发生一定的变化，功利性和实用性有可能引导他们的人际交往原则，从而导致人际关系的异化。同时一些自控能力比较差的青少年，还可能沉迷于大量的碎片化信息中，不仅浪费了宝贵的时间和精力，甚至会影响正常的逻辑思维和语言表达能力的发展。如果出现了成瘾的情况，就可能出现认知障碍，与现实生活脱离，从而削弱与人面对面交往的能力，最终导致现实人际关系的日益紧张。而且有些人在虚拟世界中塑造了一种相对于现实世界更加完美的形象，大大增强了自己在网络交往中的自信心，但也有可能使其逃避现实生活，从而影响他们的现实人际交往效果。

总而言之，手机微博作为一种低准入门槛的信息传播方式，以其独特的功能和魅力强烈吸引着人们的关注，也逐渐在人际传播领域扮演了重要的角

色。这种传播范式,不断强化着人际交往意愿,产生了人际交往新构型,从而实现人际交往关系的现代化。

第三节　手机微博的草根影响力

微博作为一种交互式传播的新型媒体,一出现就显现出日益显著的影响。3G 时代的到来使得智能手机逐渐平民化,微博拥有了移动平台,手机微博就愈加引人注目。由于手机的随身性和便捷性与微博自由随性的特质最为吻合,吸引了更多的受众加入和关注。从手机微博的用户类型来看,可以分为公众人物、企业、媒体机构、政府机构和草根民众,其中公众人物把微博作为传播形象的重要渠道,企业将其打造成整合营销平台,政府机构利用它架起与民众沟通的桥梁,媒体视其为"新闻眼",草根民众创造出了公开化的私人空间。在这些功效中,手机微博的草根影响力是根本,因为只有平民积极参与更新和互动,它才能成为真正意义上的传播新势力。

一、手机微博的随身性使草根真正实现了随时随地随心的传播梦想

美国媒介理论家保罗·莱文森在其著作《手机:挡不住的呼唤》中提出了"补偿性媒介"这一概念。"补偿性媒介"理论认为,任何一种后继的媒介都是对过去某一种媒介或某一种先天不足的功能的补救和补偿;媒介的进化是人类选择的结果,更好地满足人类需要的媒介被保留了下来。从博客到手机微博的发展过程就很好地诠释了这种补偿意义。博客是微博的最初形态,它为平民开辟了前所未有的表达平台,重新释解了传播的意义。但博客表达思想往往需要长篇大论,追求文思缜密,注重行文逻辑,这就需要博主花费大量的时间和精力,形成的高门槛弱化了公众的参与热情。而微博则以简短

随意的形式使传播者自由表达的欲望得到充分的释放,但在一定程度上不易携带性也成为其发展的桎梏。在 3G 时代,手机与微博实现了成功联姻,"微博具备了 4A 元素(Anytime,anywhere,anyone,anything),成为一种流动的互联网装置"①,手机的易携带性使任何人在任何时间发布或者接收信息成为可能,手机微博用户的生产潜力被充分调动起来。手机微博的内容本身带有随心随地的特点,快捷是提升用户参与兴趣的重要因素。手机微博能在第一时间将博主的生活片段通过文字、实时拍摄的图片、视频、音频等形式加以展现,即时性在一定程度上补偿了微博的功能缺失,撤除了先前的技术障碍,充分调动起了草根民众自产信息的热情,激发了"小我"在自己的舞台上尽情表演的欲望,满足了他们在日常生活中渴望被重视、被关注的心理需求。

二、手机微博的低门槛使草根拥有了平等话语平台

在手机微博世界中,所有的诸如国度、种族、职业、性别、年龄等因素都被弱化,任何人都可以参与,都可以记录个人的日常生活场景并呈现在未知身份的公众面前,也可以自由表达自己的见解。这正如波斯特所言:"新的传播系统往往被呈现为一把钥匙,有望打开通往一种更美好的生活或者更平等的社会大门。"手机微博正是这样一把钥匙,它打开了一扇通往体现最自由力量的平等话语平台的大门,让我们见识到了一个草根与精英共舞的公共领域。参与者可以选择实名也可以选择模糊身份,可以自由决定信息内容,可以自由追随关注对象,可以就自己所关心的公共事务或者社会现象表达意见建议,甚至还可以通过微博关注并帮助弱者。在手机微博这个虚拟空间中,无处不在的是自由、民主、独立的精神,表达者的话语主体身份是明确的,平等的话语语境被创造出来。这种平等性的获得是对旧话语秩序的一种颠覆,是呼唤民主自由、追求社会平等的一种形式,是对公众在实际生活中不平等

---

① 孙卫华、张庆永:《微博客传播形态解析》,《传媒观察》2008 年第 10 期,第 51—52 页。

感受的消解。同时手机在当今已然成为生活必需品，消费力差别的缩小使得这种媒介的获得更加容易，于是无论你是何种身份，你都可以近距离接触精英，政府话语、精英话语、草根话语、媒介话语都可能得到重视，还有可能为草根开辟出成为精英的通道。正是对于这种平等话语平台的向往，使草根产生了极大的参与热情。

三、手机微博内容的原创和短小激发了草根的表达愿望

在由传统社会向现代社会转型的过程中，"碎片化"成为一种趋势。人们获取信息、理解世事、延展自我与外界的联系，越来越多地处于现代与传统、虚拟与现实、无疆与有界的碰撞场域中，这就使得人们的注意力更加分散，快餐传播似乎越来越符合现代人的要求。手机微博的原创和短小特质正是对碎片传播的精彩诠释。手机微博的内容无须考虑复杂的形式、缜密的逻辑，微博主可以利用一切零散时间进行创作，把自己正在经历的、看到的、想到的一切以共享的方式加以呈现。而且短小精悍使表达更加容易，可以直接用手机发文字，可以用手机拍照片或制作视频并上传，也可以保存自己喜欢的视频，可以转发自己感兴趣的微博内容并配发自己的评论。各种符号系统相互作用让传播者丰富了自己的想象空间，并让想象力的实现拥有了更多的介质，同时还消除了灵感转瞬即逝的遗憾。在手机微博空间中，人们正在结成一种新型的社交关系，公开交流，分享生活点滴，讨论社会热点话题等。

手机微博空间中的围观效应是激发微博主创作热情的内在因素之一，阅读者的反应也是表达愿望加深的驱动力，手机微博的短小适应了现代人的阅读习惯，简短的叙述可以让人们在最短的时间内对其价值做出正确的判断，这就使其被阅读的可能性大大加强。因此，在手机微博所构建的传播环境中，发布信息和寻求共享的可能性被渐渐放大，这种良性循环使草根的诉求表达愿望被充分调动起来。

四、手机微博的分享和互动使草根获得了精神激励

在手机微博空间中,阅读者不是被动的接受者,而是积极的参与者。只要点击自己感兴趣的主题,就可以和网友进行实时交流,通过留言和回复功能,发表个人观点和看法,进行评价、转载等,互动内涵得到进一步的拓展。在手机微博上还可以快速建立自己的朋友圈子,及时关注朋友的最新动态。戈夫曼的戏剧理论认为,社会就如同一个舞台,而社会中的人或在舞台上表演,或是观看者,或是局外人,而无论是哪个角色,都需要共同合作来完成一场表演,而且"个体角色扮演的最终目的,是希望能通过适当的身份与当时的情境的结合,与社会中他人的互动,展现自己的最佳状态,以赢得他人对自己的好印象"。[①] 草根希望向社会传达其个性化特征,表达个人的生活态度和价值观念,实现的渠道是分享互动。在手机微博上,博主的演出是有观众的,是能够得到回应的,而且这种分享互动的重要特质是从私密变为了公共,共享者跨越了时空的藩篱快速聚合。同时在这种互动中,当传播者的生活状态、关注视角、个人观点得到普遍的尊重和重视,甚至因此被授予现实中无法得到的地位,成为某个专业领域的意见领袖时,个体的自信心和潜能就能得到充分挖掘,甚至还能弥补现实生活中角色形象的缺失。因此在手机微博空间中,参与互动的人群不仅突破了地域的限制,还解除了心理围墙,这在无形中给予了草根巨大的精神激励。

五、手机微博平台的凝聚黏合造就了草根的共同话语空间

传播学者经过研究发现,受众有选择地接触一种媒介,且往往只选择那些能加强自己信念的信息,而拒绝那些与自己固有观点相抵触的信息。[②] 手机微博空间中流动的信息表现出无序凌乱的特点,阅读者无法接触所有的信息,

---

① 王淑华:《平民生活博客的角色表演及其互动发展》,《重庆社会科学》2010年第8期,第93—97页。

② 胡正荣:《传播学总论》,北京广播学院出版社,2004,第267页。

阅读行为是在信息筛选后进行的。从受众在选择过程中所表现出的思维方式来看，满足需求是选择取向的重要影响因素。美国传播学家梅尔文·德弗勒（M.L.Defleur）认为，影响受众选择性注意的有认识结构上的个人差异；社会成员类型；有牢固社会关系的人可能更注意与朋友和家人利益相关的问题等。[①] 手机微博的热门话题、名人堂、微群等分类设置基于交流者的爱好和兴趣造就了共同话语空间，将有共同兴趣爱好的人聚合动员，这就将无序的信息进行了潜在的有序化，完成了信息传播前的筛选。而且在现实人际交往中，志同道合是个体选择交往对象时的重要依据，在虚拟空间中仍然是产生黏合的驱动力。基于共同兴趣爱好被聚合起来的受众之间的分享十分容易产生共鸣，新媒体的跨地域特性将现实生活中令人遗憾的分散的交流构型转变成为聚合的交流构型，创造出了全新的言语情境，赋予了个体新型的社会关系网络。参与者提高了与他人交流的频率，从中加强了社会归属感，更好地满足了自我表达与塑造，内容生产也更为积极。

六、手机微博拉近了草根与精英的距离

在现实生活中，精英一直扮演着高高在上的角色，草根对他们的了解只能来源于新闻媒介的选择性报道。名人微博的出现使草根拥有了与精英近距离接触的机会，触发了草根的强烈好奇心。从微博分类来看，名人微博的影响力最为巨大，也就是说草根对于网上追逐名人的热情十分高涨。在名人微博中，当事人通过"私语化"叙述，独家展现日常琐碎的生活片段，配发照片、音频和视频，谈论关注的热点事件，对受众关心的问题第一时间加以回应，虽然内容琐碎凌乱，但是由于是当事人自己的陈述，避免了传播过程中由于他人视角而导致的信息变异，真实性对草根产生了极大的诱惑力。同时名人微博内容非常具体、"私密"、个人色彩强烈，这种文本特征方便粉丝们

[①] 梅尔文·德弗勒、桑德拉·鲍尔-洛基奇：《大众传播学诸论》，杜力平译，新华出版社，1990，第219页。

全方位了解其偶像的独到特质，使其产生更强的忠诚度，并加强了阅读承续，无形中构建了一种更加和谐的传播语境。更为重要的是，这种接触是立体的，不是单向的信息获得。手机微博将"不在场参与"的意义发挥到了极致，搭建了跨时空的舞台，带给人们充分表达的自由，是基于技术力量生成的时尚文化。草根可以通过转载、评论与精英进行互动，实现了话语主体地位的转置，一定程度上摒弃了现实生活中对精英的臣属状态，获得了某种层面上的精神征服感。

第四节　手机政务微博是政府与民众沟通的重要桥梁

手机政务微博是指政府机构及其工作人员通过微博进行实名认证后开设的网络互动平台，力行"织博为民"。手机政务微博主要用于发布权威信息和听取公众意见，达到网上知晓、网下解决问题的实际效果。在社会管理创新、政府信息公开、新闻舆论引导、倾听民众呼声、树立政府形象、助力政府公信力建设、提高群众政治参与程度、增强服务效能等方面起到了积极作用。手机政务微博主要有两种类型：一类是政府机构手机微博，指以政府机构名义开通的微博，如贵州省人民政府新闻办公室开设的官方微博"微博贵州"，北京市公安局开设的官方微博"平安北京"，中共昆明市委宣传部开设的官方微博"昆宣发布"等。一类是政府官员手机微博，指由政府官员实名开通的微博。真实身份和真实信息是政务微博的重要特质。

随着手机微博的影响力日趋强大，政府机构也逐渐认识到通过这个平台能够及时公开信息、了解社情民意、积极引导舆论、为民众答疑解惑。2009年下半年，湖南桃源县官方微博"桃源网"出炉，成为中国最早开通微博的政府部门。2009年11月21日，云南省人民政府开通了"微博云南"，成为国内第一家省级官方微博。"微博云南"第一时间针对昆明市螺蛳湾批发市场的群体性事件进行了跟进说明，引起社会的高度关注。随后许多政府机构和官员纷纷开设微博，政务微博成为微博队伍中的一支生力军。微博具有权威性、开放性、透明性、真实性、互动性等特点，在发布公共信息、提供公共服务等方面发挥了独特作用。"作为政务新媒体中起步最早、发展最成熟、氛围最开放的平台，政务微博为政府信息发布开通了新途径，与群众紧密联系，高效互动，不断完善改进体系建设和管理方式，提高政务微博质量，搭建好沟通国家政府与社会个人的桥梁，助力我国政务服务建设"[1]。

从政务微博的机构类型来看，以提供公共服务的部门为主，包括市政、旅游、宣传、公安、环保、消防、教育、卫生、司法、团委、交通、公共服务等政府职能部门。党政干部微博主要涉及国家、省市以及地方政府官员三个层次。经过十多年的建设与发展，我国政务微博的职能向政务公开、政务服务、快速响应和舆论引导等多方向延展。人民网舆情数据中心（人民网舆情监测室）发布的《2020年政务微博影响力报告》统计，截至2020年12月，经过微博平台认证的政务微博已达到177 437个，其中政务机构官方微博140 837个，公务人员微博3.66万个。[2]

一、手机政务微博的特点

手机政务微博是手机微博在政务系统的应用，具有即时、便捷、互动、亲民的特点。手机政务微博的开通增加了民众与政府之间的交流渠道，是有效的政务公开、政务沟通、舆情引导、谣言和危机管理、政务服务的数字化社会治理平台。

---

[1] 人民网舆情数据中心：《2018年政务微博影响力报告》，http://yuqing.people.com.cn/n1/2019/0121/c209043-30581156.html，2019-1-21。

[2] 人民网舆情数据中心：《2020年政务微博影响力报告》，http://yuqing.people.com.cn/n1/2021/0125/c209043-32011430.html，2021-1-25。

（一）手机政务微博是政府即时发布信息的窗口

由于手机微博的语言简洁，制作和发布都非常简单，手机媒体又具有随身携带性，因此政府部门可以在第一时间发布信息，尤其是发生重大事件时，手机政务微博就成为民众及时了解信息的权威途径，这就使得政务公开服务功能得到极大增强。手机政务微博发布的信息绝大部分是与其职能相关的领域中民众关心的信息，例如作为公安微博代表的北京市公安局官方认证微博"平安北京"，截至2022年5月11日，粉丝数量已将近1300万，发布的形式有文字、图片、视频、直播等，视频累计播放量达1.17亿。发布的微博信息包括安全提示、公共交通服务、警务信息、公益信息和政策提示等方面的内容，这些内容都与公共安全或公安系统公共服务职能相关，充分体现出立足行业、服务民众的鲜明特点。

在2019年末、2020年初暴发新冠肺炎疫情以来，我国政务微博在公开公共卫生等政务性信息、管理谣言传播等方面发挥了重要作用。国家卫生健康委员会等相关机构微博及时发文公布政策和疫情动态，《人民日报》、央视新闻等主流媒体微博通过图文报道、直播等方式向公众及时展示抗疫一线情况并接受大众监督，及时回复公众的提问，接受公众的建议。以"@科普中国"（中国科协官方微博）为中心的地方各级科普微博也积极响应，普及抗疫知识。政务微博成为民众获取疫情管控信息和营造社会疫情防治氛围的重要渠道，为打赢防疫总体战、阻击战、人民战奠定了坚实基础。

因此手机政务微博在信息发布的快捷性、权威性、互动性、实效性方面优势凸显，成为政府社会治理创新与探索、数字领导力建设的重要窗口，政务微博创设了政府形象传播新场景，提升了政府公信力。

（二）手机政务微博是民意表达和参政议政的新途径

手机政务微博的互动优势改变了过去官民信息不对称的状况，使知民情、达民意成为可能，有助于转变角色定位，实现政民平等。民众通过跟帖、评论、私信的方式就可以自由发出自己的声音，普通拥有了更多话语权，实现了表达和参与，提高了民众参与社会治理的热情。政府可以通过手机微博平台以微访谈、意见征集、问题反馈等方式倾听民众呼声，听取民众意见，回答民众疑惑，让民众实现参政议政，凝聚社会共识。这种被称为"微博问政"的民众与政府交流的新形式受到高度重视。

另外越来越多的党政干部开通实名微博，用最朴实的话语表达自己的观点和意见，微博语言的平民化特点拉近了距离。同时平台的开放性使得民众可以直接通过手机微博向领导干部反映对政府政策的理性评价、意见或者建议，实现了信息的有效交互，也加强了官民之间的沟通联系，在下情上达的过程中汇集民智，在一定程度上地满足了民众表达诉求和参政议政的需要，提高了民众在国家治理中的参与程度。群众有关切实利益的大小问题如果能够得到及时的回复和处理，这无疑是社会管理的有效方式。

（三）手机政务微博是接受群众监督的新通道

共享性和互动性是手机微博的重要特性，政务微博的出现意味着为公共监督提供了新的通道，对于民众监督政府权力、强化政府与人民的沟通、树立良好的政府形象有着积极意义。因此无论是党政机构微博还是党政干部微博，一旦开通就意味着将置身于透明开放的场域中，势必要迎接民众的监督和批评。

来自新媒体的监督力量加快了改进政府工作作风的步伐，及时解决民众关心的问题成为工作之重。同时也有力推进了政府执政方式的变革，"网上问题，网下及时解决"的工作作风无疑会对树立良好的政府形象起到很好的促进作用。

（四）手机政务微博是舆情引导的重要方式

网络舆情是指在网络空间中，网民关于社会中各种现象、问题所表达的信念、态度、意见和情绪等的总和。网络舆论的形成往往非常迅速，对社会影响巨大。在新媒体时代，公共舆论呈现去中心化态势，信息的发布途径、节点更加分散和多元，呈现出多中心多向辐射的传播特点。尤其在突发公共事件发生时，如果信息不对称，极易出现谣言，网络舆情引导就显得十分重要。由于政务手机微博发布信息快捷、权威性强，因此应该充分发挥手机政务微博在舆情引导中的特殊作用，对流言或猜测进行正面回应，在事实清晰、意见统一后，第一时间谨慎发布权威信息，缓解公众的心理压力，抢占舆论制高点，创造出有利于政府解决问题的舆论环境。例如中国证券监督管理委员会微博的"@证监会发布"，拥有超过375万粉丝，该政务微博将#证监会回应#等话题作为其微博的主回复内容，2020年发布的#证监会回应蚂蚁集团暂缓上市#和#证监会回应瑞幸咖啡财务造假事件#话题的阅读量都超过了1亿人次，及时的响应速度受到了网络用户的广泛好评，也有效防范了谣言传播，成功引导了舆论。因此政务微博作为舆情引导的重要方式，在突发公共事件、灾难事件等的舆论引导中表现出了强大的影响力。

二、手机政务微博的内容呈现与发布形式探讨

（一）手机政务微博的内容呈现

在传统媒介场域中，公众对于政府行为的了解大多来自大众传播媒体的单向传播或者自身经验，与政府机构之间的交流渠道处于缺失状态，导致公众难以对政府形象形成综合认知。手机微博的技术个性使得交互实现了更多的可能，政府发布的信息被陈列在公共空间后，有阅读意向的受众会以读取、转发、评论、提问等方式将自己的思想呈现出来，并传导给更多的人，从而引发受众的认同和互动，政务微博的渠道价值因此而生。但是如何能够加强

用户与传播平台间的黏性是一个更为重要的问题，这是政务微博效能评价的首要指标。粘性的提升源于信息与用户需求的契合，因此不同政务微博应该有明确的定位，要在内容发布的形式与风格、运营和管理方式上不断创新，要体现个性进行差异化运作。从内容层面上看，要紧紧围绕本机构的具体工作内容、职责来发布，也就是主导信息应该明晰化。要丰富原创内容，重视信息发布的广度和深度，增大与社会民生问题相关的发文量。官方信息表述要平民化，凸显服务功能，彰显政府温度，以相互尊重的理念，将"俯视"转变为"平视"，拉近官民间的距离，力求成为网络多元化内容生态中具有较大影响力的力量，承担更大的社会沟通和社会治理责任。微博内容还应该多元化，多元主题的内容能够增大微博的知识容量，带给阅读者新鲜感。

从受众的认知上看，传统大众媒介具有潜在的官方舆论色彩，而手机微博的去中心化特点使它带有与生俱来的民间舆论色彩，这种没有隔阂的对话使得信息的到达和被收纳变得更加容易。互动带来的结果更强化了低姿态的意义系统，因为传者与受者没有了强权与弱者的对比，平等性对于构建与用户间长期稳定的信任关系具有积极意义。对于评论和私信的回复是微博互动行为的重要表现，它一方面可以倾听来自民间的声音，另一方面可以加强受众的存在感。从互动效果来看，低姿态的、认真的、诚恳的回复，容易得到用户的肯定和增进双方的情感沟通，有利于维护和拓展传者与受者的良好关系，从而达到提高政府美誉度的目的。因此手机政务微博的内容设计重在展示与互动，充分的展示可以帮助民众加强对政府工作的认知度，良好的互动能够使民众产生对政府工作的心理认同。

（二）手机政务微博的发布形式

为了吸引受众对政务微博的喜爱和长期关注，除了在内容建设上要体现个性化、实用性，如何从用户的喜好、情感诉求等方面去设计发布形式也是非常重要的。从手机微博的传播特点来看，碎片性、及时性、全景性、平民性、交互性是吸引受众的关键因素。用户对于手机微博的内心期待来自于通过随时阅读被聚合的微内容，及时填补现实环境中的信息缝隙。因此手机政务微博要注重发布规律和节奏，满足受众的阅读欲求。首先应该规划好单日发布量，或者形成发布规律，这容易帮助受众养成相应的阅读习惯，从而促进阅读承续。手机微博发布一定要做到持之以恒，才能满足用户的随时期待。从发布节奏角度分析，每日的微博更新也应当遵循一定的规律。手机微博发布需要考虑受众的作息和阅读习惯，应该设定一定的信息发布节奏，除去休息时间外，每一个时段都要有更新，这样能够让随时阅读的受众感受到信息的新鲜感，从而产生阅读期待。另外中午（12—14时）和晚上（20—22时）属于大多数阅读者阅读微博的黄金时间，应该在这两个时段之前各安排一定数量的微博发布，这样就容易与微博用户的使用节奏保持同步，获得更多用户关注。

　　简短的文字、有趣的图片和生动的视频是活跃在微博平台上的意义符号。为了让用户对微博内容产生更多的兴趣和认同，在文字表述的同时，将图片、视频、直播等加入其中，更加直观生动，易于理解，有助于增强用户对信息的注意、兴趣和记忆。手机政务微博的表现形式要尽可能轻松、活泼、有趣、生动，文字的组织、图片的配发、视频的分享都要精心构思，扬长避短，有效互补。只有通过多媒体手段的综合利用，才能充分满足受众视听感官的体验，扩大信息的传播广度。

　　手机政务微博是基于网络传播技术而生成的意在加强官民间沟通的社交媒体，为了获得民众的情感认同，应该摒弃传统的俯视姿态，以平等性作为沟通前提，因此政务微博在发布基调上应该避免"官腔"，要走亲民路线，采用网络化的发布风格。在语言风格上，要避免使用文件体、简报体、报告体这些官方文书的言辞，而要善于将专业化信息转化为通俗化信息，尽量让话语的表达更趋生活化。手机微博语言要简洁、概括性强，在编排上尽可能增加内容的趣味性，可以适当运用一些当前网络上的流行用语等表达方式来引发阅读者的共鸣。通过遵循网络传播规律，迎合网民口味的语言方式，逐渐形成个性化的微博文体，有助于生动传达内心情感，拉近政务微博与微博用户的心理距离。手机微博作为社交媒介，交互性是其重要的特性，如何运用这个平台来加强官民间的沟通交流是衡量政务微博效能的重要指标。因此不能仅仅将微博看成是信息发布平台，而应该把它作为一个服务民众的平台。针对用户提出的问题要认真对待及时回复，通过"零距离"的沟通交流，帮助民众解决实际问题，这样才能增进官民间的理解和感情。

例如在2019年底至2020年初，国内新冠肺炎疫情暴发。为了应对疫情带来的巨大冲击，国资委联合央企构建了以国资委新闻中心官方账号"@国资小新"为引领的国资央企微博矩阵，及时发布疫情动态，跟进抗疫进展，宣传广大央企从捐款捐物、组织生产防疫物资、助力防疫基础设施建设，到疫情平稳后引导企业复工复产、推动经济复苏过程中的积极行动。根据《国资央企抗疫微博白皮书》统计显示，2020年1月1日至2020年10月20日期间，国务院国资委新闻中心"@国资小新"发起#抗击疫情 央企行动#相关微博话题后，阅读量达24.5亿，讨论量达185.5万。分析话题相关博文的关键词语，"抗击疫情""央企行动"共提及12.9万次，"保障""加油""比心""中国赞"等高频词表明了舆论对国资与央企抗疫的积极态度，充分彰显了广大央企在提振抗疫信心、传播抗疫正能量、稳定公众情绪中发挥的重要作用和责任担当，也塑造了一个负责任的大国形象。[1]

三、目前手机政务微博存在的突出问题

虽然政务微博在促进信息公开、引导舆论、加强政民互动方面取得了一定的实效，但是由于在运作上的差异，导致政务微博传播效果存在社会影响力小、活跃度低、运营水平参差不齐的情况。有些政务微博成为政府与公众

---

[1] 微博、铀媒、微热点大数据研究院：《国资央企抗疫微博白皮书》，http://www.sasac.gov.cn/n2588020/n2877938/n2879597/n2879599/c15780478/content.html，2020-10-24。

的沟通桥梁，而有些政务微博则形同虚设。当前政务微博在发展过程中主要存在以下几个方面的问题。

（一）对手机政务微博的价值认识不足

在新媒体环境下，手机政务微博作为政府信息公开的平台、民意表达的渠道、官民沟通的桥梁展现出其独到的价值，这就要求各级政府和领导干部要与时俱进，掌握运用新媒体为民服务的技能，创新社会管理方式。但是目前还有部分领导干部长期受传统观念的影响，没有主动公开政府信息的意识，对于微博问政的内涵和重要性认识不足，重视不够，甚至对其公共监督平台的特性持有敌视和否定的态度，不愿意也不敢接受民众的批评。这就导致手机政务微博的建设处于自发和无序状态。一些政务微博虽已开通，但也仅仅是走形式，没有及时更新，内容陈旧空洞，与民众没有互动，有的甚至用关闭评论功能的方式来遮掩民众的意见。

（二）部分政务微博定位模糊

虽然现在越来越多的政府机构和政府官员纷纷加入微博大军，手机政务微博在数量上有了极大的增长，但是相当一部分手机政务微博的实际效能并没有真正发挥出来。政务微博建设在发布平台、发布内容、过程参与及机制建构等方面存在许多困境，从参与治理视域来看仍然缺乏长效性参与机制和常规化参与路径。首先表现在对手机政务微博的定位没有清晰的认识，没有体现出个性和特色，内容与本机构职能以及民众诉求的关系不紧密。其次是没有充分认识手机微博运营的重要性，没有将其列为一项常态工作来对待，信息发布没有规律，缺少节奏，有时信息发布密集，有时长时间失语成为"僵尸账号"，导致民众的关注度下降，逐渐对其失去兴趣，减弱了政务微博的影响力。

（三）部分手机政务微博与民众的互动程度低

手机政务微博除了是政府发布信息的平台，更重要的是了解民意、为民众答疑解惑、帮助民众解决实际问题的沟通交流渠道。但是有不少政务微博并没有认识到这个实质功能，而只是停留在形式层面，仅仅是单向灌输式发布信息，对在官方微博上的网民的言论意见不加理睬，对于网民的提问敷衍了事，甚至置之不理，没有及时回应群众关切的问题，缺乏与公众的有效互动沟通，这种互动的缺乏削弱了手机政务微博的传播价值和政民沟通效果。同时，政务微信、政务短视频等新型政务媒体的先行优势也在一定程度上削弱了政务微博的影响力，因此政务新媒体矩阵的建设就成为当下政府数字化社会治理的新要求。

四、提升手机政务微博效能的策略

（一）顺应时代潮流，树立微博服务理念

手机微博作为一种自媒体和交流工具，在促进民众信息分享、平等对话、参与社会管理等方面起到了一定的积极作用，政府应当重视这种符合社会发展需要和传播发展规律的新型媒介形式。更重要的是，要重塑战略定位，正确树立微博服务的理念，认识手机政务微博的本质意义，放低姿态，通过手机微博满足民众对信息的渴求，搭建倾听民众诉求、了解民意的平台，借助手机微博助推行政信息透明化，解决民众的实际问题。因此政府部门一旦开通手机微博，就要重视手机微博的建设工作，研究手机微博传播规律，通过建立微博矩阵的集群化发展方式增强政务微博之间的联动，不断提升传播效果。

(二)打造个性微博,优化微博交流方式

手机政务微博要有自己的特色,要围绕自身定位来设计完善内容和方式,注重差异化建设。从内容角度来看,展示与互动是政务微博内容设计上的两个着力点。首先要依据不同的职能定位来设置具体的内容,利用政务微博实时发布工作动态,及时解读国家决策和政策文件。在此基础上辅以多元的辅助信息,充分发挥微博的自主性、即时性、个性化、多元化的优势。另外互动是提升用户对政务微博使用黏性的重要支撑,要创新公众参与机制,开拓参与主体的参与渠道,多设计、巧设计互动内容。线上互动与线下互动更加紧密地结合,提升全流程参与度,全面升级服务水平。针对微博用户的网上声音要多加关注、及时回复,进行客观的汇总和分析,为下一步制定科学决策奠定坚实基础。还要注重民意的收集和分析,及时发现舆论暗流,及时消除隐患。总之,手机政务微博在内容呈现上除了注重事实层面,还应该注重满足用户的情感需求,突出公共服务和关系维护类信息内容,结合热点策划传播内容,帮助用户产生对政府部门的心理认同。在形式上,要研究受众心理,通过创新形式和技术提高传播效率,发布节奏要与受众的阅读习惯同步,培养受众群体。尽可能运用网络语言和多媒体手段,用网民认同的方式开展对话交流。

(三)加强微博管理,提高微博传播效能

手机政务微博是具有特殊身份的微博账户,它代表的是政府部门的形象,影响力和受关注度都很大,因此要架构有效的管理运营制度对政务微博进行严格的管理。首先,发布内容要履行必要的内部审批程序,防止涉及国家机密和商业秘密的内容外泄。其次,要指定专人负责微博的发布和回复反馈工作,确保手机微博发布不间断,内容及时更新,不断提升发布技巧。专人负责制还可以避免由于不同工作人员在言语表达方式、语气、立场等多方面的差异,对同样或同类问题的回复不同而造成的意见失序。另外,对于手机微

博的运行效率和成果，要定期进行量化分析，通过自身经验总结和先进经验借鉴，提炼出更加适合自身特点的手机微博运营规律，对微博平台要进行良好的管理和维护，充分发挥手机微博的"窗口"作用。

（四）促进手机微博互动，凸显手机微博渠道价值

从手机政务微博的渠道价值进行考量，手机微博的沟通价值应该是其价值核心也是优势价值。手机政务微博是在传统的不对称的信息生态环境中基于新技术力量而搭建起的赋予民众议政权的一个平台，最终要帮助民众完成由知晓、参与到监督的过程。因此手机政务微博不管是内容建设还是形式设计，如何增加互动和参与型信息内容、如何加强互动频率增强互动效果、如何真正了解和解决民生问题、如何提升用户体验等都是要认真思考的重要问题。公民通过手机微博渠道参政议政的目标包括表达意见、提供建议，更需要的是要依托这个平台有效地解决问题，因此是否能够实现线上问题线下解决是衡量政务微博是否成功的主要标准之一。普通手机微博用户对政府有关部门的意见和建议可以通过发送微博或者"@"相关部门的政务微博账号就能即时上传，手机政务微博管理责任人应该及时将民众关心的问题、提出的意见和建议进行分门别类，上报给相关部门，并及时将反馈意见告知公众，使之成为政府行为的有益补充。

第五节　手机微博意见领袖对舆论的引导效能

微博自2006年进入中国，中国的微博用户数量迅速膨胀，微博开始渗透人们的生活，在人际传播和大众传播场域中扮演越来越重要的角色。从公共舆论形成的机制看，微博的共享性挑战了传统媒体的一对多模式，公共舆论的制造不再是传播世界中握有管理权的机构的特权，而原本处于新闻信息边

缘的受众被激发出传播的创造力。它加快了新闻报道的速度、扩大了新闻影响的广度、丰富了新闻事件的维度、提升了民众参与事件传播的参与度，成为哈贝马斯所指的"公共领域"中的中坚力量。

在手机微博构建公共舆论的过程中，手机微博场中存在的意见领袖具有的层级影响力无疑是一股强大的力量，对于舆论的生成引导起到重要的作用。意见领袖（opinion leader）又叫舆论领袖、观点引领者，传播学者拉扎斯菲尔德在其1948年出版的《人民的选择》一书中提出，"意见领袖是指在人际传播网络中经常为他人提供信息、意见、评论，并对他人施加影响的'活跃分子'，是大众传播效果的形成过程的中介或者过滤环节，由他们将信息扩散给受众，形成信息传递的两级传播"。手机微博在日益成为信息时代主要传播渠道的过程中，一方面下放了传播权，人人都是传播者；另一方面，更多意见领袖集聚这个平台，产生的集权效力也得到前所未有的扩大。草根构筑的信息塔底与精英构筑的信息塔尖对于舆论形成和流变都产生着重要的作用。由于手机微博信息获取容易、互动简单、传受者之间的黏性高，使得手机微博世界中的意见领袖受关注程度高，影响面大，再加上一般民众对其的内心景仰，手机微博意见领袖言论的扩散度和引导力日趋强大。因此在舆情事件传播中，手机微博意见领袖成为推动舆论形成与发展的重要力量。

一、手机微博意见领袖的特点

（一）意见领袖有了集聚的平台

与传统传播生态中的意见领袖相比，集聚性是手机微博意见领袖的首要特性。传统意见领袖散落在舆论场中，影响力也被分散化。而手机微博为意见领袖提供了一个齐聚的平台，手机微博的名人认证标签加强了意见领袖的识别性，大大提升了用户对相关意见领袖的追随热情和追随黏性。手机微博拥有丰富的垂类社区，涵盖体育、财经、娱乐、科普、政治和家居等领域，社区往往拥有大量的优质内容、庞大的兴趣受众,头部大 V 就成为社区中的意见领袖。

(二)意见领袖的多元倾向

根据传播学家的研究,传统的意见领袖一般在社会地位、教育程度、知名度、专业性上有着一定的优势。而在手机微博平台上,意见领袖逐渐从单一化走向了多元化,从精英化转向了草根化。传统意见领袖依据已经形成的影响力通过其在手机微博的活跃表现,继续在微博平台上赢得关注。同时在传统传播场域中处于底层的草根也取得了成为意见领袖的可能性与机会。从大量实例可以看到,当草根以新闻发布者的身份成为新闻信息源时,就有可能赢得大量网民的关注和追随,从而成为影响广泛的意见领袖。

(三)意见领袖的影响力呈现叠加效应

手机微博传播的裂变效能使得手机微博平台上流动信息的扩散速度和广度都得到前所未有的提升,意见领袖由于其粉丝数量众多、触达受众广、活跃度高、交互性强,其发布的微博常常被粉丝大量阅读、转载和评论,其粉丝拥有的关注者又进一步将信息向外散播,形成了一个信息辐射的过程。意见领袖是整个舆论场的核心,受众既是传播的终点,又是下一个传播过程的起点,信息得到了最大限度的传播。在议程建构、异构、重构及舆情引导过程中以"中继人"的身份发挥着重要作用。同时在手机微博世界中,意见领袖之间的关系也变得更加紧密,言论相互关注、转播和评论,影响力互相借助,如此层层叠加,实现了信息的高到达率和强辐射力。

(四)意见领袖信息生产热情被无限激发

由于手机微博内容无须考虑复杂的形式、缜密的逻辑,可以利用一切零散时间进行创作。手机微博的碎片化发布方式自由便捷,意见领袖的信息展示逐渐摆脱了传统媒体环境的束缚，生产信息的热情被激发出来。而且手机微博空间中的围观效应是激发微博主创作热情的内在因素之一，受众热情高涨的阅读期待是意见领袖们表达愿望提升的驱动力。因此在手机微博所构建的传播环境中，发布信息和寻求共享的可能性被渐渐放大，这种良性循环使得意见领袖的诉求表达愿望被充分调动起来。

（五）意见领袖的亲和传播拉近了与受众的距离

在一定意义上，手机微博是一个自由话语平台，信息传播是处在随意放松的氛围中。手机微博意见领袖的表述不再是正襟危坐的庄重姿态，而是生活化的絮叨、自然化的感言，表现出前所未有的亲和力，这种微言文本的叙述方式极大地拉近了与受众的距离，使得意见领袖的信息更容易被接受和传播。同时手机微博的评论功能为受众搭设了一个与精英对话的平台，帮助草根实现了话语主体地位的转置，一定程度上摒弃了现实生活中对精英的臣属状态，这进一步提升了草根对意见领袖微博的黏性。

二、手机微博意见领袖的舆论引导作用

（一）手机微博意见领袖的舆论源头作用

由于手机微博意见领袖本身受关注程度高，用户的阅读黏性大，因此带有与生俱来的主体权威性，这种权威性帮助其制造的信息容易被快速大范围传播。因此意见领袖的微博往往成为舆情事件的发源地。源头作用具体有两种表现形态：一种是意见领袖自身与事件有着密切的关系，身为事件的利益相关方，了解事件的前因后果。由于事件的特殊性，再借助意见领袖本身的影响力，很快便成为舆情事件的中心，微博内容被竞相转发。同时还会引起传统大众媒体的关注，从而将传播影响无限放大。另一种是意见领袖本身与事件并无关系，但因为转发或者发表的相关评论，由于自身的影响力而成为舆论的始发地。

（二）手机微博意见领袖的舆论推进作用

从舆论的演进过程看，一般可以分为舆论酝酿期、舆论高峰期、舆论衰退期三个时期。当事件舆论中心一经形成，由于意见领袖发表言论的热情高涨，相互之间互相关注，各领域的意见领袖纷纷以各自的方式转发或者评论，继而带动更多的粉丝围观参与，将舆论进一步推进。通过手机微博发表言论的方式简单便捷，意见领袖随时随地都可以表达自己的看法，舆论推进的速度大大加快。同时意见领袖的手机微博也常常是传统大众传媒关注的网络讯息，手机微博的影响力也经常被延伸至传统媒体，继而借助传统媒体的权威性使得舆论能量进一步放大，最终走向顶峰。在舆论的流变过程中，手机微博意见领袖具有的专业性和社会影响力往往使传播效果产生叠合作用，从而影响舆论方向。例如在 2019 年末、2020 年初暴发新冠肺炎疫情以来，大量意见领袖积极分享相关科学知识，大大提高了用户对防疫相关问题的科学认知。微博疫情大数据显示，疫情期间医疗专家类微博受关注度最高，截至 2020 年 2 月，相关用户总涨粉量达到 2188 万，疫情相关话题数累计达到 24.7 万个。其中，肺炎专区日均浏览用户近 7762 万，累计曝光量达到 328 亿。

（三）手机微博意见领袖的议程设置作用

在舆情事件中，舆论的嬗变过程经常是由许多延伸议程构成，基于事件深层挖掘通常会决定该事件的走向。手机微博意见领袖在议程设置方面存在着很强的引导力，他们提出的新议程极易掀起新一轮的关注高潮，致使舆论发展层次更加多元和复杂。舆论形成和演变过程中，手机微博意见领袖的议题延展能力得到了充分的展示，他们发出的声音能够形成多个舆论中心，引发受众注意力的变化，从而放大事件的舆论规模，引导舆论方向。

三、充分利用手机微博意见领袖引导网络舆论

在新媒体时代，手机微博意见领袖增强了对舆论的影响力，成为推动舆论形成与发展的重要力量。因此如何发挥手机微博意见领袖在正面引导舆论方面的作用，减少手机微博意见领袖带来的负面网络引导，从而营造和谐有序的网络舆论环境就成为一个新的舆论生态环境下的重要课题。

（一）加强关于手机微博意见领袖的分析与研究

要充分发挥手机微博意见领袖的舆论引导功能，首先要重视这个活跃在网络世界的群体，要能够识别出手机微博中存在哪些意见领袖，并对其加以分析和研究。分析的内容主要包括诸如年龄职业等基本信息，影响的受众群特征，以及他们各自的兴趣点、关注的事件类型、态度倾向等。对于影响力特别大的手机微博意见领袖应该加以时时关注，及时了解动态，对其提出的意见和建议要及时加以回应与处理，对基于其舆论源头作用而正在形成的网络舆论要及时加以正确的引导，使舆论趋向有利的方向。

（二）加强与手机微博意见领袖的沟通

手机微博意见领袖的影响力巨大，能达到一呼百应的传播效果。因此与意见领袖之间可以架设桥梁，加强双向沟通。例如可以不定期地组织一些活动，邀请意见领袖座谈，对他们感兴趣的问题提供深入了解的机会。当出现舆情事件，尤其是一些影响较大的突发公共事件时，可以积极邀请意见领袖参加新闻发布会、座谈会等，让他们对事件的进程、处理措施等有更深入的了解，并解答他们提出的各种疑问。因为手机微博意见领袖在民众心目中区别于官方信源，它是"第三方声音"的代名词，因此被民众看成是基于独立客观的立场的舆论核心，具有一定的说服力。通过主动给意见领袖提供一手资料，再借助意见领袖的影响力最终到达公众，可以扩大重要信息的到达率和可信度，这对于舆情事件的处理能够起到重要的作用。

（三）加强手机微博意见领袖的培养

除了一方面要积极识别和引导手机微博上已有的意见领袖，另一方面还应该培养能够在舆情事件中起到积极引导作用的意见领袖。其中最重要的力量就是政府的官方微博和官员微博，也就是鼓励政府部门和政府官员以手机微博为平台，以平等的姿态，用民众喜欢的方式加强与民众的沟通交流，逐渐在网民中形成良好的公信力。尤其在突发公共事件中，政务微博中的意见领袖可以利用平时积累起来的关注度，听取民意，答疑解惑，畅通官民对话渠道，拉近官民距离，塑造政府机构亲民形象，从而起到正确引导舆论的目的。除此之外，还要重视在手机微博中表现活跃、关注度高的传统媒体从业者，鼓励他们理性客观地发言，运用其自身影响力积极正面引导舆论。

第六章 手机电视传播

随着数字通信技术的日益成熟，智能手机用户数量的日益增长，消费者对于新媒体的期待更加多元，单一的文字表达向全方位的视听体验、单向的信息灌输向交互式的信息循环、单纯的通信沟通向多层面的功能实现转变。传播学家麦克卢汉在《理解媒介——论人的延伸》一书中曾经预言：一旦电视业务与手机这种同人们生活黏性极高的"带着体温的媒体"结合，人们就能摆脱沙发的约束，极大释放自身自由度，随之而来的是随处延伸的全新的、多维的视听体验。手机电视的出现实现了麦克卢汉想象的美好图景，让人们能够随时随地得到娱乐。由于手机电视融合了电视的"声画并茂"和手机的便携性优势，迎合了随时随地获取移动化信息的需求，一经推出就迅速受到手机用户的欢迎，成为无线应用的新热点。虽然手机电视经历了从盛到衰的过程，已经被其他手机应用替代，但它仍然是手机发展史上不可抹去的文化记忆。

第一节 手机电视概述

一、手机电视的定义

关于手机电视，没有十分明确的定义。已有的关于手机电视的表述大多是从技术层面入手，也有一些表述从传播意义入手。中国人民大学匡文波教授在《手机媒体概论》中指出："手机电视是指以手机为终端设备,传输电视内容的一项技术或应用,是用具有视频支持功能的手机观看电视的业务。"董晓渝、蔡佶、张磊在《第五媒体原理》中指出："手机电视,顾名思义就是以手机作为载体工具来接受播放电视节目等视频/音频信号。"张锐、张金隆在《网络融合背景下的手机电视研究——手机电视国内外发展和研究综述》中指出："手机电视是指利用数字地面广播网络或卫星广播网络或移动网络,在具有特定操作系统和视频功能的手机 PDA、MP4 和 GPS 等手持终端上观看视频节目的服务。"赵子忠、王伟在《中国影视投融资的产业透视》中指出："手机电视业务,就是利用具有操作系统和视频功能的智能手机观看电视的业务,是通过移动电信网络实现的、在点对点或点对多情况下传送声音、图像、数据文件的实时性交互业务,属于流媒体服务的一种。"于燕枝在《手机电视媒体发展研究》中指出："手机电视即移动或广电运营商通过广电网或电信网以手机为试听终端,向手机电视用户提供视音频多媒体内容或服务,用户利用手机电视进行收看、反馈、互动作业的一种信息传播方式。"赵平喜在《手机电视产业:构筑文化产业发展新图景》中指出："手机电视是一种通过具有视频接收和播放功能的媒介,在手机电视网络内传播多媒体信息的传播方式。"

综合以上观点,本文认为手机电视的技术特点是其内涵核心,也说明了手机电视是技术革新的产物。但作为一种媒介进化形态,它对于媒介生态环境、传播世界中主客体关系以及人们分享信息的新习惯养成等方面也存在较大影响,其作为新型媒介形态带来的传播变革是技术变革的延伸。

二、手机电视的传播特点

（一）手机电视实现了信息空间的延展

电视作为大众传播媒介中的重要角色,自从诞生之日起就因其具有声音、图像、文字同时呈现的直观性和生动性的优势得到受众的喜爱,各种丰富多彩的电视节目也帮助人们获取信息、增长知识和得到娱乐。但是作为传统媒体的电视，电视机需要置放在固定的场所，比如家庭的客厅、单位的会议厅、公共场所的候车候机厅等。即使地铁、公交车上的移动电视，虽然具有了移动性，但一方面仍然表现为公共信息平台，人们不能自由选择节目，另一方面与个体之间还是存在较远的距离。因此机器的置放要求对人们的束缚是电视的一个硬伤。而手机电视功能的实现将突破传统电视的时空限制，将麦克卢汉所说的"人体的延伸"发挥到极致，人们可以通过随身携带的手机在任何时间和任何地点根据自己的喜好选择观看电视节目，进行视听体验，个人的信息空间开始摆脱有形界域，人们可以依从自身意志享受视听资源，信息触角得到更远的延伸，因此无论在传播方式还是传播达到率方面都体现出了得天独厚的优势。

（二）手机电视实现了与传统电视的同步

2004年4月，中国联通在全国范围内推出"视讯新干线"移动流媒体业务，与国内12家电视台达成了合作协议，为视讯新干线提供内容，其中包括央视频道、凤凰卫视等多套节目。2004年12月天津联通开通掌上电视，利用CDMA移动网络，在手机上成功地实现流畅清晰的视、音频传输效果，受众能轻松收看中央电视台、天津卫视和其他省市上星等多套电视节目。之后手机电视能够为用户提供上百套电视频道和音频广播直播。全国卫视、地方节目，以及新闻、影视、体育、综艺、纪录片、教育、美食等各类型专业频道应有尽有，观看效果也越来越清晰流畅。人们可以通过手机媒体终端同步收看传统电视节目，这种实时性满足了人们对于信息获取及时性的需要，比如能够第一时间看到新闻、最新的电视剧、体育比赛直播等，实现了将电视机随身携带的梦想，弥补了错过节目而带来的缺憾。这样的特点也使得手机电视在突发事件应对方面具有独到的优势，当有突发事件发生时，人们不需要有电视机或者电脑，只要利用随身携带的手机就可以看到电视台最新的相关报道，非常方便人们及时获知官方信息。

（三）手机电视实现了对电视节目的留存

收看传统电视节目除了受到机器固定的束缚之外，不能留存节目即信息的留存性差也是其一大缺点。观众不能将自己喜欢的节目保留以便今后反复观看，对已经播过的节目也不能延后观看，这就使得节目的有效利用率降低，也给观众留下了遗憾。而手机电视除了能够对电视节目进行同步直播外，点播功能还能满足观众的随时收看需要，用户可以通过分类查找来选择收看节目。点击"所有频道"按钮，手机电视会按频道类型显示所支持的所有电视频道，如电视直播、综艺娱乐、新闻资讯和影视剧场等。这样就大大增强了观众的视听自主性，打破了时间和空间对观众视听行为的限制。

（四）手机电视实现了交互传播

传统电视虽然也在探索与观众互动的方式，但是信件和电子邮件的滞后性大大影响了反馈的效果，虽然手机短信在一定程度上是成功互动的尝试，但交互的形式和内容都比较简单。而手机电视则搭建起了一个立体的网状结构，完成了多源流与多渠道之间的信息交互，将人际传播中的信息流通到大众传播系统中，削弱了大众传播媒介在传播世界中的绝对主导地位。手机电视带来的革命性变革在于给予电视观众参与感的提示，改变了电视观众被动的视听习惯，赋予了电视观众在整个大众传播流程中一定的主体地位。手机电视的交互特性受到越来越多的重视，方式上也不断推陈出新，并赢得了用户的认可。

例如智慕时代科技（成都）有限公司曾经推出的基于社交电视的手机应用"蜗牛电视"，不仅有电视直播、体育直播，还有不断更新的影视剧、电影、综艺、纪录片等供观众选择。除此之外，即时的交互功能是其一大特色，电子签到、节目评论、好友关注等功能，方便电视用户的沟通交流。观众通过发表随兴的观感和体会强化了现场参与感，使得看电视的过程变得生动有趣。

再如视玲珑（北京）科技有限公司曾经推出的电视 e 族，除了能够提供强大的电视节目预告单功能，方便用户快速知道当前播放的电视节目之外，还能了解节目幕后的故事，更有主持人、明星们的花絮八卦以及更多录制现场趣事与观众分享，同时它的交互特色也非常明显。用户只要晃晃手机就能把电视画面抓拍到手机上，及时进行保存或分享给朋友，还能参与有奖竞猜、投票，发表对节目的看法，参与节目互动，甚至有机会在电视上亮相。观众还可以将意见和建议同步到微博、人人网上，与好友一起分享。

传统媒体传播中大众传播者掌握的绝对控制权在手机电视出现后已经动摇，受众的地位发生了根本变化，受众的传者和受者的双重角色身份得到确立，去中心化的传播秩序已经形成。

三、手机电视的传播要素分析

作为传播学奠基人之一的哈罗德·拉斯韦尔（Harold Lasswell）在1948年发表的《传播在社会中的结构与功能》中，提出了著名的"5W"模式，将传播要素归纳为五个方面，即传播者、传播内容、传播媒介、受众和传播效果，这五个要素构成了传播学研究的五个基本内容，即控制研究、内容分析、媒介研究、受众研究和效果研究。手机电视作为一种新型传播方式，其传播要素表现出以下特点。

（一）手机电视的传播者

传播者又称传者，是传播行为的引发者，即在传播过程中信息的主动发出者。在手机电视推出伊始，手机电视是以传统电视媒体作为基础内容，就是将传统电视内容置于手机这个新媒介上，本质上是传统电视媒体的延伸，因此手机电视的传播者最初表现为传统电视媒体内容的生产者。随着手机电视技术的发展，受众表现出对于手机电视更加多样化的需求，手机电视的传播者队伍开始壮大。由于手机电视是在移动通信产业基础上发展起来的，因此通信企业如中国移动、中国联通成为手机电视最重要的传播者之一。另外，一些专门针对手机电视运营而成立的各种商业媒体也陆续加入手机电视传播者队伍中。无论是传统电视媒体、移动通信企业还是专门的手机电视商业媒体都拥有各具特色的信息平台，对细分的受众群体进行定向传播，并为用户提供丰富的信息内容，建立起用户交互系统，满足受众对视听的个性化需求。

（二）手机电视的传播媒介

传播媒介又称传播渠道，是讯息的载体，也是将传播过程中各种要素相互联系起来的纽带。手机电视是手机媒体应用的一种表现形式，因此手机媒体的先天优势也同样在手机电视上得到体现，例如小巧便携、能够随时随地进行沟通交流等。同时手机电视又表现为手机媒体与传统电视这两种媒介的融合形态，因此又兼具电视的生动直观多符号交织的特点。

在手机电视的发展过程中，手机电视技术的实现方式主要有三种：一种是基于蜂窝移动网络，一种是基于地面数字广播网络，还有一种是通过卫星广播网络来实现。通过蜂窝移动网络传送电视节目是采用移动流媒体的方式实现的。该模式中，移动运营商提供流媒体应用和管理平台，并对服务提供商（SP）提供的视频业务进行鉴权，对用户的定制关系、业务名称、资费、业务形态进行管理，从而形成了一种多层网络结构。该模式的优势在于实施很方便，但是用户所花费的成本比较高，如果遇到使用量大的时候容易造成网络堵塞和瘫痪的后果。基于地面数字广播网络的实现方式主要是利用现有的地面数字广播电视传输技术。基于卫星广播网络的实现方式就是将数字视频或音频信息通过DMB卫星进行广播，由移动电话或其他的终端实现移动接受。

(三)手机电视的传播内容

讯息是由一组相关联的、有完整意义的信息符号所构成的具体信息,通过讯息,传受双方发生意义的交换,达到互动的目的。在手机电视平台上流动的讯息或者说手机电视的传播内容一般有三种类型。第一种类型是传统的电视节目资源被转码操作后,转换成适合手机电视播放的格式进行播放。有些是直接播放,比如通过手机电视同步观看的正在播出的电视节目,有些是将其内容进行剪辑后再播出。第二种类型是针对手机电视运营而成立的各种商业媒体专门为手机电视量身定制的商业制作内容。第三种类型是由无线通信运营商和信息提供商合作制作的手机电视内容。

(四)手机电视的受众

受众,也被称为受传者,是指信息的接受者和反应者,传播者的作用对象。张海潮在《眼球为王:中国电视的数字化、产业化生存》中提到:"受众是电视业的生存基础,是最重要的战略资源,加强对受众的研究怎么强调也不过分。"在手机电视发展初期和鼎盛时期,因其带有一定的新鲜和前沿性,手机电视用户主要以年轻消费者为主,尤其是18—30岁的青少年成为手机电视用户的主导,手机电视用户表现出年轻化的特征。随着智能手机的普及,以及收看手机电视的方式更加简单方便,也吸引了许多中年人和低龄化用户加入受众大军。

(五)手机电视的传播效果

传播效果是传播对人的行为产生的有效结果,具体是指受传者接受信息后,在知识、情感、态度、行为等方面发生的变化,通常意味着传播活动在多大程度上实现了传播者的意图或目的。对于手机电视传播效果的衡量通常是将传统电视传播作为参照物的。总体而言,手机电视作为传统电视的延伸,在实时性、互动性、便捷性方面具有明显的优势。首先,手机电视借助手机媒体的便携性，使得视听信息的获取能够随时随地，这是传统电视无法达到的传播效果。其次，手机电视弥补了传统电视单向传播通道的硬伤，搭建的双向信息通道使得传者与受者的交流、受者之间的信息共享成为现实，同时也使得传者能够更加及时掌握受众的反馈信息从而做出修正，继而提升传播效果。但是与传统电视相比，手机电视屏幕小，观看的时间太长会造成视觉疲劳。手机电池容量有限，不能满足观众长时间观看的需要。同时受众还需要支付高于观看传统电视的观看费用，这些是在传播效果上逊色于传统电视之处。

第二节 手机电视的发展历程

一、国外手机电视发展概况

亚洲、欧洲和美洲是全球手机电视发展的三大重点区域。亚洲的日本是手机电视发展的先行者，最早提出手机电视的概念，并取得了较好的运营效果，韩国紧随其后。欧洲国家如英国、法国、德国、意大利等也在手机电视发展方面探索并积累了一定的经验。美国的手机电视起步略显滞后，但发展却非常迅速。全球手机电视领域执行的国际主流标准有四个，分别是韩国的DMB-T、日本的ISDB-T、欧洲的DVB-H和美国的MediaFlo。

（一）日本的手机电视发展概况

在手机电视的整个发展过程中，日本奠定了先行者的地位。2003年，日本两大移动运营商NTT DoCo-Mo（日本电信电话移动通信国营公司）和KDDI（日本第二电报电话国营公司）就分别推出了各具特色的手机电视服务计划。

NTT DoCo-Mo 在"元数据"概念的基础上推出了 OnQ 手机电视，用户使用这款手机就可以搜索和欣赏自己喜欢的电视节目，OnQ 手机一上市就受到热捧。KDDI 公司则在 2004 年 6 月，和日本放送协会 NHK 广播技术研究所共同研发出移动电话与电视接收机二合一的产品，2005 年升级后的产品不但可以接收地面数字电视信号，观众还可以点播选择电视节目。在此阶段，日本手机电视的技术基础开始逐渐趋于成熟。

2006 年 4 月 1 日，日本开始试运行面向手机用户的数字电视业务，在全日本三大都市圈（东京、大阪、名古屋）为中心的商业电视台以及部分地区 NHK 电视台同时开通，这是日本手机电视进入大规模商用的开始。日本的移动数字电视服务叫作"one seg"（单波段），one seg 采用手机内藏数字电视接收器的形式为用户提供服务，手机用户可轻松创建节目录像。由于采取的是全国统一制式、统一资源分配、统一开播，手机电视和地面数字电视拥有共享平台，运营商不需要节目制作投入就可以推出内容，保证了市场推广效果的最大化，因此得到了运营商的积极推动。而且地面数字广播频率属于公共财产，消费者可以免费获得服务，因此也得到了消费者的热情反响，日本手机电视进入了蓬勃发展期。到 2007 年 3 月底，日本手机电视用户已经突破了 700 万，2008 年 3 月更是达到了 2700 万，占日本手机用户总数的四分之一左右。

（二）韩国的手机电视发展概况

虽然日本是手机电视的先行者，但韩国却是促进手机电视大规模商用的国家。2003 年 2 月，韩国推出了"数字多媒体广播"策略，利用卫星和移动网络向公众传送视频和音频节目，并将其命名为 DMB，DMB 又分为 DMB-T（地面数字多媒体广播）和 DMB-S（卫星数字多媒体广播）两种类型。

DMB-T 手机电视服务于 2005 年 12 月正式商用，有"韩剧王国"之称的 MBC 公司于 2005 年 12 月 31 日正式进入 DMB 商业运营，但由于采用的是免费收看的运营模式，盈利完全依靠广告收入，而观众对广告的接受程度低，因此经营情况不理想。由于这种商业模式没有给运营商带来他们期望的回报，运营商的投资积极性受到打击，导致提供的手机电视内容质量下降，也导致出现大量问题，例如地下和建筑物内部的信号盲点，用户开始提出意见或者中断服务等，手机电视运营陷入恶性循环。

而在2003年12月，韩国的手机电视运营商TU Media（韩国第一大移动运营商SKT成立的一家合资公司）专门运营的DMB却大获成功。为了完善DMB业务系统，2004年3月韩国SKT与日本移动广播公司联合发射了专用卫星，主要功能是向移动电话、手持通信设备或者车载设备发射电视节目。同时韩国广播法也对DMB做出了修订，正式规定DMB为"移动多媒体广播"。

2004年12月韩国政府正式向TU Media发放了唯一的DMB-S牌照。有了技术基础和政府支持，TU Media公司推出了全球首个S-DMB手机电视业务，整个网络由地面发射站、卫星、地面增强放大器与用户接收端组成。TU Media在手机电视上能够同时提供电视、电台等40个频道的节目，包括新闻、音乐、电视剧、电影、体育、教育、游戏等内容。TU Media的手机电视运营收费主要由信息费和流量费构成，收费采用包月的方式，每月向用户收取13美元的费用，另外还开设了两个额外的付费频道。

（三）欧洲的手机电视发展概况

在欧洲，由于管制环境的开放，运营商在手机电视的经营许可上没有限制，因此手机电视的商业经营十分广泛。2005年3月8日至2005年6月20日，芬兰开展了"赫尔辛基手机电视试验"，手机制造商诺基亚与芬兰广播公司、电视四台、广告电视台、索内拉电信公司、埃丽萨电信公司等7家公司合作，向首都赫尔辛基地区500名使用"诺基亚7710"多媒体智能手机的用户发送电视和广播节目，进行了DVB-H（手持式数字视频广播系统）测试，测试涉及16个电视频道、3个广播频道。该试验的目的是深入了解用户对移动手机电视服务的意见，对移动广播所需的技术进行验证，并为有关各方进一步的技术和业务开发提供基础。

此外，英国、德国、法国、瑞士等国家也相继开展了基于 DVB-H 的手机电视业务测试。2006 年 5 月，意大利电信移动公司（TIM）推出了全球第一个基于 DVB-H 标准手机电视业务，随后意大利的无线运营商 3Italia 也在世界杯开幕前推出了自己的手机电视业务 Walk TV 移动电视服务，3Italia 是欧洲最大的手机电视广播商。德国 DVB-H 的标准手机电视业务在 2006 年世界杯期间得到极大的推广和应用，德国移动网络经营商 E-Plus、02、T-Mobile 和 Vodafone D2 联手在柏林、汉堡、汉诺威及慕尼黑 4 个城市开展手机电视服务，这些城市的用户通过手机可以观看 14 个电视频道和 6 个广播频道的节目。

总体而言，欧洲地区使用 DVB-H 系统是手机电视领域中起步比较早的，也取得了比较好的效果，成为全球手机电视领域四大国际标准之一。而且 DVB-H 系统是支持多媒体业务的集成服务系统，除了电视以外，还可以提供手机报纸、电子拍卖、旅游向导、手机游戏、视频点播和交互等多种综合性业务。

（四）美国的手机电视发展概况

美国在手机电视方面虽然起步比较晚，但是发展却非常迅速。2003 年底，美国 IDECIC 公司与美国无线运营商 Sprint 合作推出了 MobiTV，即移动电视系统。手机用户通过这个系统可以收看到 14 家电视频道的节目，但是当时的技术很不成熟，手机电视的收看效果非常不理想，画面时断时续。直到 2005 年，IDECIC 公司推出全新手机电视，才改善了这种收视效果不佳的状况。在这个平台上用户不仅可收看直播新闻、体育节目等内容，同时还能进行个性化节目的定制。美国的手机电视服务开始受到用户的关注。

2006 年，美国最大的移动通信公司 Verizon Wireless 推出了"Vcast

Mobile TV"手机电视,在美国的 28 个主要地区播出,为用户提供来自 8 个热门频道的节目,并实现了交互式多媒体传播。经过短短几年的发展,美国的手机电视行业快速发展。值得一提的是,虽然在手机电视的技术标准上美国并不处于领先地位,但是在手机电视节目的生产创新方面却可圈可点。

例如 2003 年,全球媒体巨星新闻集团推出了第一部专为手机制作的肥皂剧《弗兰克林酒店》,每集长度仅 1 分钟。2005 年 1 月底开始,哥伦比亚广播公司把收视率最高的电视节目《邮递员》改编为 60 秒微型系列剧,专门针对手机电视市场播出。英国大型移动电话公司沃达丰与 20 世纪福克斯公司合作创作了一部专为手机提供的系列剧,内容是基于美国电视观众熟悉的热播电视连续剧《反恐 24 小时》,首先投放于 13 个国家。ABC 电视网专门为手机制作的手机版《迷失》,被认为是一部完全跨媒体的电视剧。再比如 MobiTV 推出的《大卫·莱特曼脱口秀》、儿童节目《小小探险家多拉》等都是针对手机特点和不同观众群而开发制作的节目。

二、中国手机电视发展概况

中国手机电视的出现基本与日本、韩国同步,稍领先于欧洲、美国等西方国家,但是由于受制于政策、技术标准、商业模式等因素,发展过程中遇到较多阻力,存在较多问题,发展步伐逐渐落后。

(一)尝试服务的初级阶段

2003 年博鳌亚洲论坛期间,海南电视台新闻中心开始尝试向手机用户发送视频新闻,中国手机电视发展进入尝试服务阶段(如表 6-1 所示)。

表 6-1　中国手机电视发展尝试服务阶段大事记

时间	大事记
2003 年 10 月	博鳌亚洲论坛期间，海南电视台新闻中心通过中国移动、中国联通两大运营商，向用户发送了将近 70 条有关博鳌论坛的视频新闻，达到 600 分钟的播出时间，这是首次在中国推出的手机电视业务
2004 年 3 月	广州移动向全球通 GPRS 用户宣传推广"手机电视"业务
2004 年 5 月	广州移动正式推出定位于"未来生活的率先享受"的"银色干线"视频数据业务
2004 年 5 月	中国联通推出"视讯新干线"手机视频服务，手机电视节目包括中央电视台、BBC 和凤凰资讯等 12 个电视频道
2004 年 6 月	上海文广联合上海移动成立上海东方龙移动信息有限公司，共同开发移动流媒体及相关增值业务，被称为中国流媒体第一品牌
2004 年 12 月	北广传媒集成电视有限公司成立，宣布将采用独立数字广播网开展手机电视业务
2004 年 12 月	天津联通开通基于 CDMA 网络的掌上电视"GOGOTV"，用户可以收看中央电视台、天津卫视和其他省市电视台近 20 套节目
2004 年 12 月 17 日	空中网进军手机电视领域，独家发布手机版电影《功夫》，随后又通过手机直播该片在北京和上海的首映式
2005 年 1 月 1 日	上海文广新闻传媒集团和上海移动合作的手机电视"梦视界"试播，该服务提供 6 套直播电视节目及 VOD 点播
2005 年 1 月	上海移动推出免费试用手机电视的业务，广东、上海、湖北、四川等身份相继开通手机电视业务
2005 年初	新华社与中国联通签署协议，在联通"视讯新干线"平台上设立全天候新闻频道"新华视讯"，内容全部由新华社提供
2005 年 2 月	上海移动联合 SMG 推出中国第一部"手机短剧"《新年星事》

从以上资料可以看出，中国的手机电视业务开始于 2003 年，2003 年至 2005 年是初期的试行阶段。在这一阶段，电信系统先行一步，中国移动借助 GPS 网络，中国联通利用 CDMA 网络对手机电视业务进行试验。广电系统紧随其后，开始涉足手机电视领域。

（二）合作共赢的发展阶段

2005 年 3 月 22 日，上海文广新闻传媒集团（SMG）获得了国内第一张手机电视的运营牌照，标志着中国手机电视产业链的初步形成，中国手机电视进入发展阶段（如表 6-2 所示）。

表 6-2　中国手机电视发展合作共赢阶段大事记

时间	大事记
2005 年 3 月 22 日	上海文广新闻传媒集团获得了国内第一张手机电视的运营牌照
2005 年 4 月	由北京乐视传媒投资 300 万的首部用胶片制作的手机电视连续剧《约定》在京开机
2005 年 6 月	上海文广旗下的东方龙移动信息有限公司投资的中国第一部用高清摄像机拍摄的手机时尚剧《白骨精外传》正式开机
2005 年 9 月	中国移动开通全网手机电视业务
2005 年 10 月	东方龙手机电视开始全网运营
2005 年 11 月	上海文广新闻传媒集团与东方明珠投资 2 亿元成立合资公司，运用数字多媒体广播手机电视项目
2006 年 5 月	央视获得 IPTV、手机电视、网络电视等基于三个终端的 9 张运营牌照
2006 年 9 月 28 日	上海东方龙正式开通了"梦视界"，这是中国第一个面向全国用户的手机电视平台，中国手机电视真正从测试阶段进入运营阶段
2006 年 10 月 24 日	国家广电总局正式宣布将 CMMB 作为中国手机电视行业标准，从 2006 年 11 月 1 日起实施
2006 年 12 月 11 日	中央电视台联合中国移动、中国联通启动 CCTV 手机电视业务
2007 年 8 月	CMMB 率先在 6 个奥运城市开始试点播出 25 套手机电视节目
2008 年 8 月	中国移动与央视国际合作，为用户提供奥运视频服务，用户通过手机电视可以在第一时间观看，也可以点播，是奥运历史上第一次大规模手机电视的商用
2009 年 3 月	中国移动和中广传媒签订战略合作协议，双方共同推进具有 CMMB 功能的 TD 手机的发展，并约定在未来的三年中，中国移动是 CMMB 在终端方面的唯一合作伙伴
2009 年 5 月	中国移动和中广传媒签订了 CMMB 与 TD-SCDMA 的项目业务合作协议，约定双方的合作范围包括 TD 手机、TD 上网卡以及 TD 上网本
2009 年 6 月	CMMB 全国运营总公司"中广卫星移动广播有限公司"更名为"中广移动有限公司"，并将 CMMB 业务频道命名为"晴彩"
2009 年 9 月	新华社手机电视台正式上线播出
2010 年 3 月 22 日	中广传播联合中国移动对外宣布了 CMMB 移动电视的正式商用
2010 年 6 月	CMMB 手机双向业务试点启动，这意味着 CMMB 手机电视的业务模式不再停留在单向的广播式上，而是开始了双向、互动的创新业务模式的探索

从以上中国手机电视发展合作共赢阶段的大事记可以看出，此阶段的手机电视发展依托的是产业链条中各个环节的合作共赢。尤其是经历了 2009 年的"基础发展年"之后，中国手机电视获得了一定的发展，例如南非世界杯、广州亚运会期间手机电视的独特魅力让普通的老百姓感受到了惊喜。2010 年

后，手机电视双向互动的创新业务模式提升了对手机电视互动性的重视，也大幅提升了用户的使用体验，从而一方面推动了手机电视的发展，给运营商带来市场回报，另一方面也让用户真正享受到这种新媒体带来的前所未有的视听和互动乐趣。

（三）中国手机电视成熟阶段

2010年年初，国务院常务会议决定加快推进电信网、广播电视网、互联网三网融合。基于国家鼓励推进三网融合的要求，"广播电视播出机构负责手机电视集成播控平台的建设和管理，电信企业可利用互联网架设虚拟专网，为手机电视集成播控平台与手机终端之间提供信号传输和相应的技术保障。手机电视集成播控平台负责将各手机电视内容服务平台接入移动通信网内视听节目专用分发网络，并对节目信号实施端到端的管理；手机电视内容平台负责视听节目组织编排，包括内容采集、内容编辑、媒资管理、远端展示界面、节目单管理等，并将节目接入手机电视集成播控平台。"[1] 随着4G时代的到来，我国手机电视发展进入成熟阶段。在2014年，有6家广电机构获准运营手机电视集成播控平台，28家机构获准建立内容服务平台，中国移动、中国联通、中国电信获准成为分发服务机构。截至2014年底，中国手机电视用户达到5583万人。之后随着手机应用的普及，手机电视开始走向衰弱，慢慢淡出了用户的视野。

---

[1] 国家新闻出版广电总局发展研究中心：《中国视听新媒体发展报告2013》，社会科学文献出版社，2013，第20页。

第三节 我国手机电视节目的内容

美国学者尼古拉斯·尼葛洛庞帝（Nicholas Negroponte）在《数字化生存》一书中强调的观点是数字技术的最终目标就是要提供更多更好的内容，从这个观点出发，手机电视的内容生产应该是手机电视产业链中最为重要的一环。在手机电视发展迅猛阶段，手机电视平台上呈现出的内容信息主要包括新闻报道、生活资讯、娱乐节目、体育赛事、电影、电视剧、音乐MTV、游戏动漫、财经节目、电视购物这几种类型，其中用户对新闻报道、体育赛事、音乐节目、娱乐节目、影视剧的接触比较频繁。

一、新闻类手机电视节目

新闻类手机电视节目是在所有类型节目中是最先被重视和挖掘的。追溯我国手机电视的发展历程，最早将这种新形式表现出来并被受众认识的是2003年10月博鳌亚洲论坛期间，海南电视台联合移动和联通向用户发送的将近70条有关博鳌亚洲论坛的视频新闻。由于简短性是新闻的特性，这一点正好符合手机媒体短小精悍的文本要求。另外新闻还要求时效性，新闻信息更新速度快，新鲜感强，这一点正好与手机电视的便携性和信息及时到达的优势特点相辅相成。因此新闻类手机电视节目成为各地运营商抢先尝试手机电视业务的主要节目载体，也在用户中赢得很高的认可度。

二、娱乐类手机电视节目

人们观看电视节目的期待主要来自获取资讯和娱乐放松，作为传统电视延伸的手机电视同样一方面为用户提供更多更及时的资讯，另一方面也为用户提供了一种娱乐解压的方式，因此娱乐性是手机电视突出的媒介属性。而且与传统电视不同的是，人们希望通过使用手机电视能够得到即时化的娱乐享受，也就是实现"边走边乐"。在手机电视发展鼎盛时期，用户选择的手机电视节目形态中娱乐节目的认可程度只在新闻类节目之后，娱乐节目在年轻用户群体中的受欢迎程度是最高的。如果将手机电视中的娱乐类节目加以细分，大致可以分为手机电视剧、手机电影、音乐MTV、手机动漫等类别。

（一）手机电视剧

手机电视剧就是在手机平台上播出的电视剧，它有两种具体表现形态。

第一种是对传统电视剧作品进行加工后，用适合手机电视的格式播放，一般是以片段的形式呈现。例如2005年2月6日，由上海文广新闻传媒集团与上海移动联合策划制作的我国第一部手机短剧《新年星事》正式播出，每集3分钟，共10集。一些深受上海观众喜爱的明星比如豆豆、黄浩、陈蓉、戴军都纷纷在手机屏幕上亮相，每人演绎一段自己的过年故事。《新年星事》开创了手机电视剧的先河，但它只是在传统电视剧的基础上的再加工，因此还不能算作是真正意义上的手机电视剧。

第二种是根据手机媒体特点而量身定制的手机电视剧。例如2005年6月在第十一届上海电视节上亮相的手机电视剧《白骨精外传》就是中国第一部用高清摄像机拍摄的手机时尚剧，这部剧无论从剧本创意、结构、叙事方式，还是演出、制作和播出都注重了手机电视的媒体特点。全剧共有365集，每一集只有5分钟，非常契合用户利用碎片时间收看的需求。剧中使用了大量的"短信语言""网络语言"，与手机用户的主要用户群的喜好相一致。另外该剧还突出了互动性，手机用户在收看节目时，还能参与评论并且影响剧情发展。

（二）手机电影

手机电影一般是指以手机终端的观赏特点为设计目标，以电影的创作手法拍摄制作，时长限定在 10 分钟之内，主要面向手机通讯传播或基于网络传播供手机用户下载观看的视听影像短片。当时的手机电影也同样有三种具体表现形态。

第一种是将传统电影进行剪辑加工，通过软件转换成能在手机上观看和传播的影像，以电影片段的形式呈现。例如 2005 年，上海东方龙公司与星传媒等为第 58 届戛纳国际电影节获奖影片《青红》制作了手机电影，该部手机电影由 6 个 3 分钟的系列电影片段构成，用高浓缩的方式再现了影片的精华，使手机用户能够在短短数分钟内对这部影片的故事情节以及精彩片段有所了解，用户可以直接在手机上观看，也可以下载收看。还有像一些经典影片《如果爱》《搭错车》等都被制作成手机电影在东方龙手机电视平台上播出。这种形式的手机电影虽然有考虑到手机电视的媒体特点，但是在内容上没有创新，还仅仅停留在传统电影的内容平移。

第二种是用传统电影的常规技术拍摄和制作的，通过转化格式在手机上播放的契合手机媒体特点的电影。被称为是"中国手机电影发轫之作"的电影短篇集《这一刻》就是典型代表。《这一刻》由《寂静一刻》《西瓜》《星光之旅》《新娘》等 8 部短片组成，每部仅 3 分钟。该部影片以电影胶片拍摄完成，导演田壮壮担任艺术总监，8 部短片分别由王小帅、孟京辉、贾樟柯、刘浩等 8 位导演执导，每部短片有独立的名字和主题，用户可以通过手机或者网络下载观看。

第三种是用手机拍摄的电影，从拍摄到剪辑都没有借助手机以外的任何设备。这种形式的手机电影的代表是 2005 年 10 月由北京电影学院的陈廖宇制作的手机电影《苹果》。陈廖宇曾说："只要拥有一部具备摄像功能的手机，人人都可以用电影的形式来表达自己的想法，人人都可以用手机记录自己所看到的生活。"这种类型的电影将手机电视的传播价值从传播平台意义上升为内容生产和传播平台的结合体，衍生出一种全新的形式。

随着手机媒体智能化进程的不断推进，普通人的拍摄愿望被充分调动起来。使用手机拍摄短片似乎不再是专业导演和电影制作团队的专利，越来越多的普通老百姓加入这支生产大军队伍中，一些专业的自由创作人、大学生、大众拍客都开始使用手机记录生活趣事、旅行见闻等，虽然可能拍摄的内容粗糙、技巧也不成熟，但是这种方式为人们的文化生活带来了全新的意义。

（三）手机音乐电视

手机音乐电视（手机MTV）就是在手机电视平台上播出的音乐电视作品。音乐电视是运用电视技术手段，以音乐语言为抒情表意方式，以画面语言为烘托的辅助表现形态，给观众审美感的电视艺术片种。音乐电视诞生于20世纪80年代初的美国，在20世纪90年代初传入中国。音乐电视将音乐和视觉画面相结合，通过镜头语言呈现完整的音乐旋律，同时通过演唱者的表演、情节的设置将音乐作品有形化，从而表现出音乐的主题，抒发情感。由于音乐电视将音乐符号与电视画面融合，构成情景交融、声情并茂的音画关系，能够让观众得到全方位的娱乐体验，具有独特的艺术品位，受到观众的喜爱，也成为推广歌曲的一种有效方式。音乐电视的篇幅较短，一般只有短短几分钟，这与手机电视的短小精悍要求极为符合，因此也成为在手机电视平台上比较受欢迎的一种娱乐方式。

（四）手机动漫

21世纪以来，我国动漫产业发展势头迅猛，国产动漫产品无论从质量还是数量方面都有了很大的提升，涌现出不少动漫精品，动漫产业链基本形成并日趋完善，影响日益扩大。网络和手机都是非常适合动漫传播的优质载体，手机动漫是指利用手机平台播出动漫作品。我国手机动漫业务主要集中在 Flash 动画、小游戏和屏保方面。手机动漫依托的是手机媒体，便携随身的优势突出，再加上制作成本低，网络负载度小，受到内容制造商和运营商以及手机用户尤其是年轻用户的青睐。

2009 年 12 月 10 日，由央视网打造的国内第一部原创系列手机动画《绝对小孩》隆重上线，《绝对小孩》系列是中国台湾著名漫画家朱德庸先生的作品，这是首次将漫画家的漫画作品改编成手机动画，也正因为如此，《绝对小孩》成为第一部进驻电影博物馆的手机动画。为了方便用户下载观看，每个动画短片不到一分钟，十分有趣。《绝对小孩》的上线，是我国手机电视产业与动漫产业融合发展的一次成功尝试。

手机动漫之所以在当时受到欢迎，首先是因为手机电视用户中占据主导的年轻人正好也是动漫产品的主要消费者，他们好奇心强烈，追求时尚。利用手机电视平台观赏动漫作品是一种既方便又时尚的方式，能够为他们带来前所未有的娱乐新体验。其次，动漫节目一般短小精悍，造型简单明了，非常适合手机播出。

三、体育类手机电视节目

体育带有世界性，最能在不同种族、不同年龄的人群中引起共鸣，它的竞争性对于观看者具有强烈的吸引力。正因为如此，体育赛事成为各种大众传播媒介重视的媒介内容，并被赋予了各种不同的表现形式，因此体育与大众传播媒介之间存在先天的密切关系。一方面，电视运用丰富多彩的视听语言将精彩的比赛展现在观众面前，充分展示出体育的魅力，从而推动着体育事业的不断发展，刺激着体育的社会市场需求。另一方面，精彩的体育类节目也大大丰富了电视传播内容，吸引着观众的眼球，增强了电视的魅力。由于各国人民都对体育赛事有很高的热情，但许多人并不能到现场观赏，因此转播大型体育赛事就成为全球收视率最高的电视节目，尤其是奥运会、世界杯这样的大规模赛事。正是因为体育与电视之间如此密切的关系，直播体育赛事也自然成为手机电视节目中的重要内容。许多人因为受到各种条件的限制无法通过电视或者电脑及时观看到体育赛事时，随身携带的手机就成为他们最好的选择，因此体育赛事成为手机电视重要的内容类型。

2008年北京奥运会期间，央视国际专门推出"CCTV奥运手机电视台"，集成了手机流媒体平台、WAP平台、客户端交互平台和手机视频杂志平台。手机流媒体提供奥运赛事的直播、轮播及点播；手机奥运WAP网站提供图文资讯、互动分享以及与宽带互联网的互联互通等一站式服务；手机客户端平台"CCTV手机一键通"集成在线视频观看、PUSH推送与信息交互平台三块内容。央视国际与中国移动合作，开通了超过15路奥运直播节目，直播近3800个小时的赛事，并制作了各项比赛的精彩瞬间视频。这一平台的开通获得了良好的社会反响，仅仅是2008年北京奥运会开幕式就有近50万用户用手机观看了直播。

2009年10月16日，第11届全国运动会正式拉开帷幕。中广传播定制了手持电话终端，实现了可以随时观看山东全境内17个赛区的赛事直播的愿望。而且与奥运手机电视服务相比，此次的手机电视服务不仅可以提供各项赛事直播，使赛场内外的所有用户能实时收看比赛盛况，还可以提供全方位的全运信息服务。例如17个城市分会场的上百个场馆介绍、各场馆比赛赛程、42大项比赛项目介绍、全运知识、全运回顾、历届全运名将风采、全运会奖牌榜等方面的详尽介绍，还能提供山东省各城市天气预报、山东旅游景点介绍、旅游景点联系方式、位置、票价、酒店、餐饮指南、购物休闲场所、交通服务等服务性信息。2010年南非足球世界杯期间，用户不仅可以通过手机电视收看比赛直播，还可以通过手机电视平台参与世界杯赛事相关的互动问答竞猜活动。

第七章 微信传播

第一节 微信概述

美国学者尼古拉斯·尼葛洛庞帝（Nicholas Negroponte）在《数字化生存》中提出，在数字技术综合应用创新的时代中，人们工作、消费、娱乐生活都在数字空间中进行。腾讯公司在2011年1月21日推出的微信（WeChat）为我们提供了一个在数字空间中的生存平台。微信，英文名为WeChat，初始定义是为智能终端提供即时通讯服务的免费应用程序，支持跨通信运营商、跨操作系统平台发送免费（需消耗少量网络流量）的语音短信、视频、图片和文字的应用，可以在手机、电脑、移动平板上使用。

经过11年的发展，目前已经成为将即时通信、在线社交、信息传播、资讯获取、生活服务、娱乐休闲等功能集于一身的社会化媒体，不仅能够实现语音、图片、文字、视频、链接、位置等信息的交流，还兼具了支付、订阅等多种生活服务功能。用户通过微信可以添加好友、关注公众号，实现信息的即时交流和共享，还可以通过朋友圈分享个人动态和关注热点。

腾讯公司在2021年11月公布的第三季度财报显示，截至2021年第三季度末，微信及WeChat的月活跃用户突破12亿。微信以其多样的形式、丰富的内容以及强大的功能深受用户的青睐，成为中国用户覆盖最广的即时通讯工具和社交媒体，这个充满了互动仪式感的虚拟与现实交织的数字化生存平台代表了互联网时代的新生活方式。"大多数中国人的一天是从刷微信开始的"，这句话非常形象地描述了中国人的数字生活样态。微信创造了中国移动互联网的奇迹，在很短的时间里以国民社交软件的身份嵌入中国人的日常生活中。

毛玉希、罗迪在《掌媒：手机化生存》一书中说，"如果说，乔布斯的iPhone改变了世界，那么，张小龙的微信可以说改变了中国，改变了中国人的生活方式。"微信推出初始，仅以降低通信成本、分享照片和更换头像作为亮点，并未实现功能突破，关注度并不高。随着版本的不断升级，微信的服务功能越来越多样和强大，不断突破技术壁垒，为用户带来惊喜。同时，"5G+AI+大数据+算法+元宇宙"等概念的出现重构了媒体生态环境，用户与智能手机的关系更加亲密，微信平台成为共享共建的"社交家园"，用户通过"归圈"和"入圈"的方式增强了社交归属感。因此，微信不仅是网络社交工具，更是移动互联网时代的生活文化。

一、微信的发展历程

表 7-1 微信发展大事记

时间轴	发布时间	版本	新增功能	用户数
2011年	1月21日	1.0版本	读取通讯录、即时通讯、分享照片、更换头像、与腾讯微博互通私信、多人会话功能	
	5月10日	2.0版本	语音对讲、查看附近的人	
	10月	3.0版本	摇一摇、漂流瓶功能	5000万
2012年	3月			突破1亿
	4月19日	4.0版本	朋友圈、英文名更改为"WeChat"、多种语言支持	
	7月19日	4.2版本	视频聊天、发布网页版微信	
	8月		微信公众号上线	
	9月15日	4.3版本	摇一摇传图、语音搜索	

续表

时间轴	发布时间	版本	新增功能	用户数
2013年	1月			突破3亿
	2月5日	4.5版本	实时对讲、多人实时语音聊天、二维码、定位导航	
	8月5日 8月9日	5.0ios版本 5.0Android版本	表情商店、游戏中心、扫一扫功能升级	
	12月31日	5.0 for Windows Phone版本	绑定银行卡、收藏功能、绑定邮箱、分享信息到朋友圈	
2014年	1月28日	5.2版本	Android版界面全新改版	
	3月		开放微信支付功能	
	8月28日		微信公众号、公布"微信智慧生活"全行业解决方案（微信公众号+微信支付）	
	12月			突破5亿
2015年	1月21日	6.1版	附件栏发微信红包、更换手机时，自定义表情不会丢失、可以搜索朋友圈的内容和附近的餐馆	
	6月			突破6亿
2016年	3月			突破7亿
	4月18日		发布安卓版企业微信	
	8月			突破8亿
	9月21日		微信小程序正式开启内测	
2017年	1月9日		微信小程序正式上线	
	5月4日		微信支付宣布携手CITCON正式进军美国	
	5月18日		看一看、搜一搜	
	9月			突破9亿
	12月28日	6.6.1版本	小游戏	
2018年	1月31日	6.6.2版本	发现页管理	
	3月			突破10亿
	4月1日		支付宝、微信静态条码支付，每天限额500元	
2019年	10月		通过手机号转账	
2020年	3月21日	iOS7.0.12版本	深色模式下使用微信	
	6月17日		拍一拍	
	12月	iOS7.0.20版本	微信豆	

续表

时间轴	发布时间	版本	新增功能	用户数
2021年	1月21日	V8.0.0版本	微信表情动态播放、更新了视频号的附近直播、状态栏	
	7月2日	8.0.8版本	同时登录手机、PC/Mac设备、平板设备	
	10月11日	iOS 8.0.15版本	升级微信青少年模式	
	12月			突破12亿
2022年	1月15日	8.0.17版本	语音暂停	
	1月	8.0.18版本	朋友圈可以选择20张图片	

二、微信的特点

（一）人际传播的再转向

微信是在4G手机时代出现的新应用，是依托于移动互联时代的新技术，此时人们信息交流的重点终端已从PC机逐渐转为智能手机，因此微信是智能手机与信息化时代的产物。

首先，微信通过以通话时长付费转变为流量付费的新颖低廉的方式满足了用户降低成本的需求，抓取了用户的注意力。

其次，在语音通话的基础上实现了视频通话功能，这是关于"身体在场"的又一次转向。手机通话到手机短信是"身体在场"向"身体不在场"的转向，它一方面扩大了人际交往的空间距离，另一方面也带来了隐匿传播情感性下降的缺憾。微信视频通话的实现，是"身体不在场"向"身体在场"的转向，虽然是虚拟环境中的"身体在场"，但这种"在场感"重构了话语空间，外貌、表情、动作等人际交往要素从"脱离"到"回归"，强烈的现场社交体验给用户带来了新鲜的感受。

再次，朋友圈功能挖掘了用户自我形象呈现、分享互动的潜在需求，它改变了微博的"弱关系"传播模式，构建起了"强关系"传播通路，进一步模糊了现实社交与虚拟社交的边界,增强了数字化生存的"真实"性,融为一体的社交体验丰富了人际交往的广度和深度。

最后,微信的群组功能立足于共情这一情感支点,将强关系的优势充分发挥出来。有着某种共同点的人被聚合在一起,形成各种圈群。用户可以不断进入新圈,每一个用户的所属关系更加多元化。各种圈群交织在一起,对于现实生活交往关系的模仿和超越达到了前所未有的高度。人们的社会交往更加呈现"在线化、虚拟化、屏幕化"趋势,"屏社交"正在取代原始"深社交"模式。[①]

(二)大众传播的微缩化

从传者角度上看,微信公众号、视频号的出现为大众传播的传播媒介选择赋予了更丰富的选项,报纸、电视、广播等传统媒体在新媒体霸权下有了转型的入口,以《人民日报》、央视新闻等为代表的传统媒体纷纷在微信上发力,在优秀的内容底色基础上以微缩化、互动化、个性化的方式向用户呈现信息,重新获得了生机。政府机关、企业或者个人也可以在微信平台上向粉丝传播信息、互动交流,大大提高了信息传播的到达率、覆盖面和效率。从受者角度上看,丰富的信息渠道、多元的信息呈现方式、即时的新闻报道能力使用户获取信息的速度得到了极大的提升,用户对于信息的选择权力也在逐渐放大,信息自由正慢慢被实现。用户可以轻松完成对于信息的反馈,点赞、评论、留言和分享的功能释放了用户的表达欲,用户对于大众传播的态度从"旁观"变为"入境",时时处于线上网格中,形成了移动互联新景观。

(三)使用功能的丰富性

微信之所以能够使用户对其具有如此巨大的黏性和忠诚度,其中一个重要的原因就在于微信的功能非常完备和强大,即时通信、获取资讯、分享互

---

① 毛玉希、罗迪:《掌媒:手机化生存》,南京日报出版社,2019,第160页。

动、圈群聚合、生活服务等都能够在微信上完成，尤其是基于微信支付而实现的网络购物、线上外卖、在线旅游预订、同城配送等覆盖用户生活的服务都得以实现。中国互联网络信息中心（CNNIC）2022年发布的《第49次中国互联网络发展状况统计报告》显示，截至2021年12月，我国网络支付用户规模达9.04亿。手机支付已成为中国人的生活常态，微信支付是手机支付中的重要方式，微信支付以其便捷性快速替代了用户对银行卡实物的使用，也在一定程度上加深了人们对手机的依附程度。

（四）承载信息的私密性

手机作为用户的随身物品，带有很强的私密性。社会学家柯林斯认为对于群体之外的其他人设置限制是现代社会互动仪式产生的必要条件之一。微信作为用户的个人账号，与其他App相比具有更强的个人性和私密性。添加好友需要对方的同意、微信支付需要密码或指纹、朋友圈或视频号都设置了允许访问的权限，这都是放大用户对自生产内容掌控能力的表现。然而随着微信强关系壁垒被商业化浪潮浸染破防之后，"强关系"逐渐过渡到"强弱关系交织"，用户对于信息越界的担忧情绪逐渐弥漫。2017年7月，微信在隐私选项中增添了"允许朋友查看朋友圈范围"设置，是在线社交破防后用户对于自我保护的抗争，是用户对无效信息的过滤，因此微信在本质上是裹挟私密性的社交媒体。

第二节 微信公众号

一、微信公众号概述

微信公众平台是腾讯在2012年8月推出的一款新功能，最初是面向名人、政府、媒体、企业等的合作推广业务，开发者或商家可以申请应用账号，实现和特定群体的文字、图片、语音、视频的全方位沟通互动。这是以微信公众号和微信支付为表现方式的"微信智慧生活"全行业解决方案，旨在帮助传统行业将原有商业模式"移植"到微信平台，创造更好的用户体验，助推企业用户商业模式的移动互联网化转型，也是媒体、企业、政府、个人进入自媒体领域的试验场。

经过将近十年的发展，微信公众号以其使用便捷、精准传播、强联系、广泛适用等优势普及开来，目前已经成为法人组织、公共机构、企业、个人与其用户或粉丝交流互动的重要平台，也成为受众接收信息的主要渠道之一。虽然受到短视频和直播等新媒体形态的冲击，但因其在图文方面的内容优势，目前仍然处于比较稳定的发展态势中，是内容生产者输出优质内容和表达观点的重要平台。2020年3月，今日头条联合新榜发布《2020年内容创作发展趋势报告》显示，"公众号的数量已超过2000万，从主流媒体到商业产品再到个人开发，几乎涵盖了各行各业"。[①]

二、微信公众号的类型

2013年8月，微信公众平台分成订阅号和服务号，所有用户都可以申请订阅号，只有组织可以申请组织号。2014年9月，微信公众平台上线了企业号。

（一）订阅号

订阅号是为媒体和个人提供的一种新的信息传播方式，旨在更好地促进与订阅用户之间的信息传播沟通。订阅号发给订阅用户的消息，会显示在对方的订阅号文件夹中。

[①] 中文互联网数据资讯网：《今日头条：2020年内容创作发展趋势报告》，http://www.199it.com/archives/1015874.html，2020-3-6。

（二）服务号

服务号是为企业和组织提供更强大的服务与用户管理能力的公众号服务平台，还具备自定义菜单（栏目导航）功能。服务号发给订阅用户的消息，会显示在对方的聊天列表中。

（三）企业号

企业号拥有组织内部社交属性，主要用于公司内部通讯使用，用户需要信息验证才可以关注企业号，企业号旨在帮助企业和组织建立员工、上下游工作伙伴与企业 IT 系统间的连接。企业号发给企业内部人员的消息，会显示在对方的聊天列表中。

三、媒体微信公众号

随着新媒体话语地位在传播场域中逐渐增强，新互联网语境下的传统媒体在传播范式上受到全方位冲击，影响力逐渐式微。纸质报纸、电视、广播逐渐被用户尤其是网络原住民冷落或抛弃，Z 世代对于手机的依赖达到前所未有的程度。如何转变传播思维，创新传播形式，在手机这个看起来狭小却能量巨大的小空间中发掘出传统媒体的进化窗口，成为融媒时代传统媒体需要直面的难题。

美国学者埃弗雷特·罗杰斯（E·M·Rogers）在《创新的扩散》一书中指出"创新—发展一般都源于意识到问题或需求，因为它最能触动研发创新、解决问题及满足需求"。[1] 微信公众号推出后，麦克卢汉所说的"新尺度"的网络窗口效力逐渐显现出来，微信公众号迅速成为传统媒体网络化生存的落脚地，成为传统媒体智能移动端的阵地之一。传统媒体纷纷创建运营具有自身独特性的微信官方公众号，并打造微信品牌形象。在以《人民日报》、央视

---

[1] E·M·罗杰斯:《创新的扩散（第五版）》，唐兴通、郑长青、张延臣译，电子工业出版社，2016，第139页。

新闻等主流媒体的强劲示范作用下,媒体微信公众号逐渐抓取用户注意,造就了越来越高的"在场感",与用户之间的黏性也越来越强。

媒体微信公众号充分发挥其新闻报道的速度快、内容优质、公信力高等专业化优势,打破单向传播的桎梏,结合手机媒体的随身、竖屏、信息多形态、强互动的特点,帮助用户形成了通过移动端口获取信息的习惯和方式,改变了社会形态。微信公众号还打通了客户端、微博、视频号、直播之间的壁垒,形成全媒体传播矩阵。媒体微信公众号的特点体现在以下几个方面。

(一)传播覆盖率广泛、时效性强、受众范围广

随着4G网络在我国的普及以及5G网络发展速度加快,智能手机的功能潜力被充分挖掘出来,也为微信公众号的推文速度和推文质量的提升奠定了良好的技术基础。媒体微信公众号每天几乎会在固定时间向用户推送即时性和碎片化信息,传播频次和覆盖率都得到了很大的提升。智研咨询数据中心推出的《智研月榜:2021年7月全国政务公众号微信传播指数(WCI)排行榜单TOP100》数据显示,《人民日报》当月微信传播指数(WCI)为2179.39,超10万阅读量的文章有453篇,点赞总数为1412w+。"央视新闻"当月的微信传播指数(WCI)为2136.1,超10万阅读量的文章有481篇,点赞总数为3591w+。

同时,微信公众号的目标用户群体是细分后的圈群,因此可以利用大数据进行个性化管理,内容上既有重要新闻信息的推送,更有体现个性化的窄化信息推送。这种分众化信息推送大大提高了信息推送的精准度和接近度,"接近度,即接近读者心理情绪的程度,以及发现读者自身所处空间以及群体利益接近程度。"[①]也增强了目标用户的忠诚度和黏性。

保罗·莱文森的"补偿性媒介"理论认为,任何一种后继的媒介都是对

[①] 张丹琪:《新闻媒体微信公众号的新闻标题语言技巧分析》,《传媒论坛》2020年第3卷第23期,第39—40页。

前一种媒介功能的补偿与补救，文字的发明是对口语易逝的补偿，广播是对报纸无声音的补偿，电视是对广播无图像的补偿。[①] 媒体微信公众号向用户推送的信息是文字、图片、音频、短视频、链接、虚拟现实、直播等多元化的信息组合，弥补了传统媒体推送单一化信息的不足。信息篇幅偏向于短小精悍，满足了快节奏社会中人们快速阅读和收听的试听新需求。

信息报道方式的多元化大大提升了沉浸感，使新闻信息更加立体生动、丰富多样。语言风格从严肃化、正式化的话语特征逐渐倾向于通俗化、平民化、草根化、民间化、口语化，增加了网络热词、表情包等具有时代感的词语和语句，又兼具文采性和人文性。新潮时尚的对话方式不仅迎合了新媒体时代用户的阅读习惯，而且成功吸引了年轻用户的注意。推送的内容更加贴近用户生活，恰当运用修辞手法营造活泼轻松的信息氛围。创新互动模式，通过趣味性强、门槛低、沉浸感强的H5新闻、抢红包、投票、线上游戏等方式，给用户带来更好的参与体验，也强化了用户的转发意愿，凸显多级传播效应，扩大了传播的空间，延长了传播的时间，增强了公众号的黏性。

（二）互动性增强

微信公众号与用户之间的信息沟通主要有三种互动方式，分别是推送消息、答疑功能和点对点互动。用户可以根据自己的喜好选择订阅公众号，在媒体推送的自己感兴趣的文章下发表评论（文字、语音、表情包等），编辑会选择精彩留言内容公开展示，网友可以继续评论留言。用户还可以将喜欢的推文转发到朋友圈，实现了信息的再传播，进一步延展了传播范围。互动频次和反馈内容是衡量公众互动意愿和情感融入度的重要指标。用户可以将关键词发给媒体获得最想获取的新闻资讯，在这个过程中媒体与用户都享有信息选择权，自主性被充分激发出来。媒体对用户的关系在传统的一对多传播的基础上附加了一对一的传播关系，单个个体与媒体之间的互动建立起了排

---

① 保罗·莱文森:《数字麦克卢汉》，社会科学文献出版社，2001，第54页。

斥局外人的屏障。

基于媒体与用户在互动过程（转发、分享和点赞）中的共享情绪和情感共振使得人的情感（归属感和认同感）在虚拟网络空间中得以延伸。个体在参与仪式的过程中，与其他个体互动的频率越高，获得的信息量也就越大，产生的共同关注焦点的可能性越大，因此获得的情感能量也就越多。在媒体微信公众号构建的特定场域空间中，自由进出的虚拟个体被组合成一个不固定的圈群，实现了虚拟在场的完整互动过程。用户可以在多个圈群中穿梭，留下数字痕迹，空间和时间藩篱被完全打破，对信息的感知和接收效率大幅提升。

四、政务微信公众号

2016年，政府工作报告提出"互联网+政务服务"一词。同年，国务院先后印发了《关于加快推进"互联网+政务服务"工作的指导意见》和《"互联网+政务服务"技术体系建设指南的通知》等政策文件。2020年，党的十九届五中全会提出，"随着大数据、物联网等信息技术应用快速发展，政府治理方式也发生很大变化，数字政府的功能作用日益明显，越来越成为创新行政管理方式、提高行政效能、建设服务型政府的重要路径。"便捷、亲民、高效的微信公众号成为新媒体环境下数字政府实践的重要窗口和优先选择。

政务微信公众号是指由各级政府机构在微信平台上开设的官方公众号，旨在为公众及时全面提供相关的信息和服务。它是新媒体时代推动政务公开、加强政民互动、增效政府舆论引导、优化社会治理能力、打造政府新形象、拓展服务渠道、实现政府与公众双向沟通的有效探索和实践。通过与政府网站、政府微博等平台联动交互，取长补短，形成立体式、全方位的政府信息服务的系统化体系。

2012年8月上线的"广州应急——白云"揭开了我国政务微信公众号运营的序幕。经过十年的发展，政务微信公众号的数量和质量都有了飞跃式的发展，呈现繁荣之势。据中国传媒大学媒介与公共事务研究院于2020年不完全统计，我国目前开设的政务类微信公众号已经超过了11万个，而且每年还在以年均百分之五的速度递增。智研咨询数据中心推出的《智研月榜：2021年7月全国政务公众号微信传播指数（WCI）排行榜单TOP100》数据显示，"共青团中央"当月的微信传播指数（WCI）为2020.42，超10万阅读量的文章有308篇，点赞总数为127w+。"上海发布"当月的微信传播指数（WCI）为1947.07，超10万阅读量的文章有214篇，点赞总数为25w+。微信传播指数WCI是由原始数据通过计算公式推导出来的标量数值，是中国新媒体大数据的权威平台清博指数数据团队考虑各维度数据后得出的综合指数，WCI指数越高反映出该公众号整体的传播力越强、影响力越大。政务类微信公众号的特点体现在以下几个方面。

（一）权威的内容

政务微信公众号是由政府各级机构注册开设的，代表的是官方的身份。政务微信公众号发布的信息具有官方性的特点，发布的信息偏向于政务类的权威信息，一般有政策发布与解读类、时政新闻类（最新的国内外新闻、党政机关的重大活动、突发事件信息）、政民互动类（征集意见建议、及时公布督察进度和结果）、生活类（日常生活的信息和便民服务内容）这几种类型。这些信息在发布之前都要经过相关部门的严格审查，相比其他微信公众号，政务微信公众号的内容更加严谨和权威，公信力最强。同时政务公众号发布的信息还具有丰富性的特点，发布的信息涵盖面广泛。在政策发布与解读版块，通过发布主流价值观和主流思想，强化舆论引导作用，构建起思想宣传的移动互联新阵地。生活类内容版块覆盖公众生活的方方面面，比如便民服务内容、法律、文化、生活知识、防疫知识等。

（二）多元的形式

基于微信强大的信息呈现功能，政务微信公众号的推文也呈现出形式多样的特点。文字、图片、音频、短视频、直播、链接等可以自由组合，形成生动形象的视听内容，采用动画、动图、表情包、H5、互动游戏等来增强趣味性。话语表达也比较生动，更加符合新媒体语境，既严谨又易于理解。依托于新媒体技术，通过线上线下资源的有效整合，打造出多元化、矩阵化的新样态，改变了政务信息抽象晦涩、严肃单调的固有印象，使得官方信息更易于被公众理解和接受，有利于强化舆论引导功能。

（三）快捷的速度

政务微信公众号发布信息快捷、传播范围广，能够在第一时间发布、解读、宣传国家政策和国家重大新闻事件，还能够一对一解答问题和提供便捷的公共服务。尤其在遇到突发公共事件（如自然灾害、公共卫生安全事件）时，能够充分发挥其权威性特质，更快更好地与公众沟通，对于消解谣言具有重要的作用，也有利于增强公众对政府的信任感。

（四）积极的互动

政务微信公众号的普及和发展将政府为主导的社会治理模式向多元化主体参与模式转变，政府在社会治理体系中的角色表现出创新化和人性化的姿态，公众参与社会治理的积极性和主观能动性也被充分调动起来。手机用户可以根据自己的需要选择性订阅，可以选择不同的信息或服务页面，通过留言或分享内容来表达自己的看法和诉求。这种围绕共同利益的选择既帮助受众避免了无效信息的侵扰，又使得政务信息的指向更加明确、精准度更高，也间接扩大了政务信息的传播范围。同时，基于微信公众号的互动优势，政务微信公众号能够及时了解公众的看法和需要，听取民意，用权威、规范的语言及时回应，有利于与公众进行沟通交流，也消弭了传统官方信息发布单向性的弊端，构建起了一个互动平台，是政务服务和治理渠道和手段的创新。同时政务微信公众号的互动还模糊了公域与私域的界限，当面对广大受众发布政务信息时，信息处于公域空间中，共享性是显著特征。当一对一的交流进行时，信息就被包裹在密闭的私域空间中，私密性是显著特征。私密信息流动既是对公众知情权和参与权的保护，也是对公众建言献策、监督批评行为的鼓励。

第三节　基于微信公众平台的地方传统党报影响力的提升与再造

随着新媒体话语地位在传播场域中逐渐增强，传统媒体的市场空间被逐步瓜分，尤其是传统纸媒的生存遇到了前所未有的严峻挑战。新媒体的繁盛发展是导致传统纸媒衰弱的重要原因，但是新媒体与传统媒体虽有样态上的区别，但本质上又有着天然的联系。因此通过有效融合传统纸媒与新媒体来增强传统纸媒的生命力，应该是传统纸媒发展的必然趋势。近年来，传统纸媒陆续尝试利用微博、客户端等新媒体平台试水转型，也取得了一些成效。随着微信用户数量猛增，传统纸媒纷纷将融合重心转移至微信公众号。作为国家重要舆论阵地的党报也尝试利用该平台，创设主流舆论场。由于传统党报纸媒影响力和传播力的长期积淀，党报微信公众号在权威性方面具有一定优势。但在一般读者印象中，传统党报历来严肃庄重，这似乎与轻松活泼的微信平台有些格格不入。因此只有掌握微信传播特点，深入研究党报微信公众账号运营中的规律，才能使传统党报在社会化媒体环境中进一步提升公信力和影响力。

一、深入挖掘用户需求，精心选择发布内容

（一）发挥舆论引导者和权威阐释者的角色优势

党报微信公众账号是党报纸媒在新兴媒体上的延展，二者在传播价值向度上存在着天然的联系。党报纸媒作为微信公众号的母媒，在长期的新闻实践中已经形成了具有较强权威性和公信力的媒介形象，受众对其信任程度较高，而且在内容提供和采访资源上具有优势。因此党报微信公众账号要利用优势资源，改变过去将纸媒内容简单复制粘贴的方式，逐步实现信息集成式服务，增强内容的娱乐性、趣味性和可读性，延续舆论引导者和权威阐释者的角色优势。地方党报应该在对重大新闻事件的报道中发挥舆论导向功能，传播正能量，引导积极健康的生活方式。同时还应该通过对国家政策进行深入解读，使其成为党和政府与民众互动交流的重要平台。

（二）要以改善民生作为支撑

从受众对于信息的选择原则角度上看，利益相关是重要的判断标准，受众更加关注与己有关的信息。因此党报微信公众号在选择发布内容上要着眼于民众关心的问题，为他们解读事关民众生存的新政策、新法规，帮助解决他们的现实难题，这样才能增强受众对媒介的信任和依赖，提升其忠诚度。信息推送既要强调发布的重要，更要体现服务的价值，实现了由单纯的信息提供者向信息服务提供者的角色转换，加强与民众之间的相关程度，发挥出纽带的作用。

（三）内容要凸显地方特色

作为地方党报的微信公众号，由于针对的受众群体带有较强的地域性，因此在内容选择上应该接地气，凸显地域特质，充分挖掘地方特色，重点推送本地信息，建成一个服务于本地受众实用性强的信息平台。推送的信息才

能更容易引起共鸣，受到受众的关注，也更容易增强受众对媒介的好感。

（四）发布内容要适合平台特性

虽然地方党报公众账号是党报纸媒在新兴媒体上的延续形式，但是内容上要与党报纸媒有所不同。传统媒体微信公众号不能沦为母体的附庸或者仅仅作为母体的宣传营销手段而存在，而是要走出一条独具特色的新媒体运营新路径。微信是一种带有显著人际传播特点的新兴通信工具，轻松、富有人情味是其重要特质，在这个平台上传播的内容也应该体现微信传播的特点。党报微信平台的传播效果关键在于受众的订阅热情，以及通过层级传播所形成的传播影响力，因此不能仅仅是照搬纸媒内容或者转载其他平台的信息，而是要探寻受众兴趣点，并以受众喜闻乐见的形式来发布内容，追求内容深度与广度的挖掘。

二、变革表达方式，巩固用户关系

传统党报纸媒的新闻语言在人们的印象中历来是严肃谨慎的，但是在社会化媒体平台上，表达方式的变革已经成为时代要求。"只有讲读者想听的话、听得懂的话、听得进的话，主流声音才能深入人心，主旋律报道才能不断增强社会影响力"。

（一）恰当使用网络语言，凸显时代特色

由于媒体微信公众平台是一个基于人际传播基础而衍生出的带有定向性的大众传播平台，因此要重视和强化其人际交流的特点，使用读者喜闻乐见的语言形式和风格，才能拉近与受众之间的距离。基于微信平台的网络媒体属性，可以恰当使用网络语言，迎合年轻用户的喜好，凸显时代特色，用喜闻乐见的表达方式来增加趣味性和亲切感。推送信息要采用在网络上流行并被公众广泛接受的网络语言，由于它们来源于人们网络交流中的日常会话，十分具有人情味、接地气，有利于改变人们对于党报严肃呆板的思维定式。但是在灵活使用的同时也要谨慎使用，不能盲目跟风，不能使用那些带有不良意义的低俗的网络用语，做到通俗而不媚俗。更重要的是要挖掘流行文化下蕴含的精神价值，助力正能量的倡导和传播。

（二）转变表达风格，诱发读者阅读欲

在社会化媒体时代，要转变表达风格，将死板晦涩程式化的语言表达方式转变成为生动有趣个性化的语言表达方式，在注重新闻信息思想性的同时增加美学价值，有利于诱发读者的阅读欲。例如在新闻报道中多用口语中常用的人称代词，突出口语化特点，能够提升与微信民众话语空间特性的契合度。用话家常的方式拉近媒体与受众之间的距离，无形中给大众传播赋予了浓厚的人际传播意蕴，能够让受众觉得媒介提供的这些信息是从受众角度出发，为其设身处地地考虑问题。这改变了以往大众传播置身事外的传播姿态，有利于引发受众的心理共鸣，从而在无形中体现传播的力量，帮助舆论引导的最终实现。另一个值得注意的是地方党报微信公众号的内容呈现要大量运用口语化的表达方式，进一步凸显人际沟通的语言环境特色，努力做到"报道立场上的平民视角、价值取向上的民本意识、报道方式上的民众话语"。在微信传播中，受众的关注重点转向了信息与人的关系，因此要在接近性、趣味性、服务性等方面加以更多的重视。口语化的语言特点将严肃、呆板的信息内容变得生动活泼，打造出亲切自然的信息交流环境，这有利于调动受众的阅读欲，从而增强受众对媒介的信任和忠诚。

三、丰富互动形式，提升受众交流主动性

在移动互联网上，"阅读"功能需求没有平面媒体那样强烈，而"互动"需求则表现明显。[1] 微信作为一种新媒体形式，互动性是其天然优势。地方

---

[1] 谢征：《官方微信及其在报刊媒体中的运用》，《出版发行研究》2013年第9期，第72—76页。

党报微信公众账号应该充分发挥这种互动性的优势，提升受众在信息交流中的主动性，为受众提供发表意见和分享思想的平台。在传统大众传播环境中，单向性传播是主要的传播形式，而在以数字化和互动性为主要特征的新媒体环境中，拷贝复制传统纸媒的传播内容是不能得到受众认可的，因此要生产出更具互动性和参与性的信息内容。

（一）语言形式的互动

在语言形式上要体现出互动性，使受众有参与的兴趣或者欲望。例如标题的句式可以多加变化，不要只是单纯的陈述句，而要多用疑问句、反问句、感叹句等句式来调动受众的好奇心，激发其阅读热情。感叹句的使用主要是为了强化信息的重要程度，引起受众的关注。议程设置理论认为"大众传播往往不能决定人们对某一事件或意见的具体看法，但可以通过提供给信息和安排相关的议题来有效地左右人们关注哪些事实和意见及他们谈论的先后顺序"。这一点在媒体微信公众号平台仍然起作用，感叹句句式的使用在无形中会给受众暗示，这是一条很重要的信息，从而诱发受众加以重视。省略句句式的使用主要是将重要的信息或者是受众比较感兴趣的信息省略，形成悬念，这些信息只有通过阅读具体的报道内容才能解惑，目的是帮助受众产生好奇心理，强化探究意识，从而提高信息内容的阅读率，也在一定程度上使传递的信息更加生动有趣。疑问句句式的使用主要是通过设置各种问题来增强受众的参与性，受众在看到问题时一般会本能地加以思考，给出自己的答案，但对于自己给出的答案大多有验证的欲望，就会驱使受众去阅读完整的新闻信息来验证自己的答案，而且这个过程会比直接阅读信息更加有趣味。

（二）发布的信息要有利于受众的分享

著名学者詹金斯指出，不断发展的媒介技术使普通公民也能参与到媒介内容的存档、评论、挪用、转换和再传播中来，媒介消费者通过对媒介内容的积极参与而一跃成为媒介生产者。[1] 手机媒体的网状放射性传播方式使其成为一个"去中心化"的信息互动体系,人人都是信息源。在媒体微信公众号平台上游走的信息并不仅仅局限于有限的范畴,而是可以通过受众的转发分享而使传播范围得到延展。英国的约翰·菲斯克认为大众绝对不是"受文本或文本创造者控制的文化笨蛋,而是能够控制自己解读关系的人。他们是从文本中产生出自己意义与快乐的积极创造者"[2]。

因此,地方党报微信公众号要充分利用微信平台的分享功能通过用户的创造性活动来完成信息的裂变传播,不仅可以使单条信息的传播呈几何级增长,同时还可以扩大媒体自身在潜在受众中的影响力,从而形成范围更大、数量更多的受众群体。为了有利于信息的转发分享并能够激发受众的转发热情,信息的独家性、趣味性、实用性、接近性都应该得到强化。呈现方式上要简洁明了,恰当运用文字、图片、视频、音频等多媒体形式来突破纸媒局限,编排形式要有变化,语言运用上也要更轻松活泼、具有时代性。同时,除了在新媒体平台上发布信息外,线下的活动也应该与线上的活动结合起来。例如通过线上线下发布的订阅信息来激发受众订阅行为的热情,采用在线答题、发放红包、线下活动的网上招募或活动推介等多种多样的具体形式形成良性互动。通过有效的互动措施提升地方党报微信公众账号的传播力与影响力,助推品牌延伸与价值增值。

第四节 微信朋友圈

2012年4月,微信上线了朋友圈功能,微信用户可以将原创或转载的文字、图片、视频或链接分享至用户个人的朋友圈,只有微信好友才能互阅对

---

[1] 陶东风:《粉丝文化读本》,北京大学出版社,2009,第101页。
[2] 约翰·菲斯克:《电视文化》,商务印书馆,2005,第455页。

方发布的内容并点赞、评论或转发，同时还具备标签分组、定向呈现设置和可见范围设置等功能。聂磊、傅晓翠、程丹在《微信朋友圈：社会网络视角下的虚拟社区》中提出："作为虚拟社区的微信朋友圈，成员身份经过了严格的审查……高度的共享性和互惠性使得'圈子'成为一个较为私密的组织。"[①]由此看来，微信朋友圈是用户呈现自我、与他人互动的平台，并且用户倾向于向熟人呈现较为私密的信息。经过10年的发展，朋友圈成为兼具自我展示、信息传播、人际沟通功能的复合平台，使用微信朋友圈已经嵌入用户的日常生活。微信创始人、腾讯公司高级副总裁张小龙在2021微信公开课Pro版的微信之夜上指出，每天有10.9亿用户打开微信，有7.8亿用户进入朋友圈，1.2亿用户发表朋友圈，其中发表照片6.7亿张，短视频1亿条。

一、现实社交圈的延伸

1973年，美国社会学家马克·格兰诺维特提出强弱关系理论，认为强关系指互动频率高、感情深、亲密程度高、互惠交往多的交往，弱关系则相反。[②]微信朋友圈是基于熟人圈建构起来的传播场域，是侧重维系强关系的平台，是现实生活之外的半虚拟社交圈。用户倾向于向熟人呈现信息，同时微信朋友圈发布的似私密性内容与现实生活重合度较高，是现实社交圈在网络空间的延伸，因此相互融合且具有强烈情感性的社交属性是微信朋友圈最重要的特质。用户可以用极具个人色彩的符号自由分享生活动态，微信朋友圈是用户自我呈现、分享生活、社交延展的重要平台，内容具有相对的开放性、强烈的互动性和一定的平等性。

微信朋友圈一方面挖掘了用户的分享需求，鼓励用户发布自身认为有意

---

① 聂磊、傅翠晓、程丹：《微信朋友圈：社会网络视角下的虚拟社区》，《新闻记者》2013年第5期，第71—75页。
② 成春晖：《成年初显期青年微信朋友圈的中辍行为探究》，《当代青年研究》2021年第6期，第51—57页。

义的内容，积极表达情绪情感，形成以用户个体为中心的一对多、异步性、非对称关系的传播过程。用户在潜意识中也希望自己的分享能够让更多的人参与进来，这是尼葛洛庞蒂笔下的数字化生存的赋权。另一方面微信朋友圈又在一定程度上扩大了现实社交空间，模糊了前台和后台的界限，可见性空间的延展使许多后台信息不断地流向前台，构建起"身体不在场"的具有强烈参与感、虚拟真实感的微景观社会。这个空间消解了现实地理场域的藩篱，突破了时空交流上的局限，带来了社会情境的变化。诸如旅游打卡、生活点滴、节日庆祝、情感表达等基于现实生活的真实情境在虚拟空间中加以重构，并以碎片化、表演化等特定话语范式被呈现和传递，"生活里的场景"向"场景里的生活"转变。

来自不同地理场域的人群集合成虚拟共同体（社群），并时时在线。用户以另一种方式融入社交圈层，通过圈层化社交寻求情感归属。微信朋友圈中话语的传播是一条信息从一个圈过滤流向另一个圈的过程。微信朋友圈内容的传播较少存在层级关系，参与者的地位基本是平等的。用户通过发布动态的方式成为表演者，微信好友用点赞或评论的互动方式来强化群体身份。正向态度的表现目的在于强化"表演"与"观看"的关系，形成类似于有掌声的"剧场"空间，通过互动情境中流动的情感力量来维系现实关系。

二、形象建构从现实场景向虚拟场景迁移

移动互联时代，差异化、去中心化的信息场景在社交媒体平台逐步建立起来，也成为用户自我呈现和情感表露的"前台"。微信朋友圈让用户的形象建构和呈现有了场景迁移的可能，在现实社交关系呈现基础上附加了虚拟社交关系呈现的路径，具有虚拟可见性。微信朋友圈作为一个以展演（presentation）为核心的人际社交环境，提供充足的自我形象构建与获取社会

评价的平台，成为他们将自己心中关于理想成人的想象付诸实践的舞台。[1]

基于媒介场域更具隐匿性的优势，用户表现出较强主体性的角色扮演欲望，努力用各种网络化形态和数字化技术呈现自我和表达情绪，通过时间轴牵连的数字留痕方式积极寻求熟人圈的印象认同，达到形象管理与提升自我价值的目的。阿伯克龙比与朗斯特曾提出"观展、表演范式"，该范式认为世界成为一种表演和展现的存在，世间万物都是为了得到他人的注目而表演，用户沉浸于该媒介之中，认为理所当然。[2]微信朋友圈中的个人形象自我呈现是真实与打破的交织，意图在想象的观众面前呈现真实生活的初意下，用户拥有戈夫曼所说的"理想化表演"即微调的权利。在"表演"之前，用户可以进行戈夫曼拟剧论中提到的"舞台设置"。通过文字编排、修图处理、视频剪辑、场景特设、片段展示等反复排练"表演内容"，隐藏与角色预期不相符的部分，美化与社会总体认知不一致的内容，最终达到表达呈现意图、获得观众认可的目的。在前台向众多"观众"迅速有效地展示自认为是出色的形象，通过收获点赞等积极反馈来实现理想化的自我呈现，寻求社会存在感、满足感、愉悦感和身份认同。

1996年，美国学者约瑟夫·沃尔瑟在研究计算机中介人际交往时提出超人际传播理论，指网络人际互动中由于线索的缺失，交往双方会进行选择性的自我展示，侧重表现自己好的一面，使接收者在对信息发送者的理想化想象中产生"认知夸大"。[3]社交媒体时代，由于微信朋友圈是真实与虚拟交织的场域，用户可能会尝试在线上建立起与现实生活中具有一定差异性的新角色，进行个性化的自我呈现，这是社交媒体赋权下的角色转换。同时，微信用户对于分享的内容有足够的掌控权，有选择与隔离"观众"的权利。用户

---

[1] 成春晖：《成年初显期青年微信朋友圈的中辍行为探究》，《当代青年研究》2021年第6期，第55页。

[2] 文卫华：《美剧迷群 媒介消费与认同建构》，中国传媒大学出版社，2017，第63页。

[3] 张放：《想象的互动：网络人际传播中的印象形成》，北京大学出版社，2018，第19—22页。

可以根据关系亲疏和情境差异进行归类分组，限制私人领域的可见性范围，构建"圈中之圈"，通过圈层结构的再次切割形成"树洞"，针对细分的群组成员发布特定的信息，提高个人印象管理的精准度。朋友圈还成为新媒体时代用户获取信息的重要来源。在重要新闻事件、热点问题、重大赛事、娱乐盛典、节庆活动等节点上，用户会以角度不同、形式各异的方式参与到共同话题中，唤醒小群体的共同期待，共时性情感体验得到充分释放，形成集体狂欢盛况。

第五节　微信视频号

2020年1月，腾讯公司上线了微信视频号，这是微信在5G时代背景下推出的创作和发布视频内容的平台，可以发布视频、话题、定位、插入微信公众号链接、直播等。由于视频号是微信的功能项，位于发现页的二级菜单中，在微信朋友圈的下方，不需要另外下载，使用非常便捷。微信用户的高覆盖率也为视频号的发展提供了先天优势。用户只要注册视频号，就可以发布自创作的视频和观看别的用户发布的视频内容。用户可以在视频号下点赞、收藏和评论，也可以转发到朋友圈、微信好友、微信群等社交场景，还可以直接接入直播或者点击链接购买商品。

视频号在2021年一年之内迭代了21个版本，逐步建成了由公众号、小程序、企业微信、搜一搜、微信支付、直播等微信生态新闭环。自带流量的微信视频号起步虽晚于抖音、快手等头部短视频平台，但依托国民级App微信强大的用户体量和社交关系链、丰富的生态样式和多元的辅助工具，利用微信私域流量完成粉丝的精准转化，逐渐呈现出加速发展态势，实现深度圈粉，驱动用户参与，在短视频领域脱颖而出。

截至2021年12月，视频号DAU（Daily Active User）超5亿，人均使

用时长超35分钟，2022年将达到6亿。尤其是2021年视频号实现了与公众号、小程序、企业微信的全面互联，塑造了众多崭新场景，为公私域运营提供了丰富的流量链路，在规模化基础上加速发展。2021年，视频号爆款频出，点赞破百万的内容层出不穷，神舟十二号发射等热点直播场观人数屡创新高，爱尔兰组合西城男孩一场线上演唱会，吸引超2700万人次围观，最高同时在线观众数150万。

一、微信视频号的发展历程

表 7–2 微信视频号发展大事记[1]

时间	新增功能
2020年1月	开始内测、支持1分钟视频和9张图片；支持附上公众号链接；支持分享群聊、朋友圈
2020年3月	新增"邀请卡"玩法
2020年6月	支持@、收藏、转发、分享朋友圈；新增"个人关注""朋友推荐""热门推荐"等功能
2020年7月	新增"浮屏"和"暂停"功能；测试朋友圈大图展示
2020年8月	"视频号助手"开放内测；新增"私信"、私密账户功能
2020年9月	接入"搜一搜"；"视频号推广"小程序上线；视频号助手PC端全面开放
2020年10月	支持30分钟长视频；打通小商店；内测视频号直播；公众号支持插入视频号动态卡片；"视频号助手"数据中心上线
2020年11月	上线"朋友在看的直播"功能；直播内测朋友圈分享置顶，同月下线；新增"评论上墙"功能
2020年12月	推出推流、连麦、打赏三大功能；直播支持美颜、滤镜、抽奖；可在信息流中预约直播；新增"附近的直播和人"；微信个人名片上新增视频号入口；"搜一搜"上线"视频号名人专区"功能；推荐页视频改为上下滑屏
2021年1月	公众号图文支持插入视频号直播预约卡片；新增关注按钮；微信小商店商品链接支持分享至视频号
2021年2月	视频号推广全面开放；新增"活动"功能
2021年3月	视频号公众号主页可相互绑定；微信PC端支持观看、分享视频号内容和直播

---

[1] 资料来源：《2020年微信视频号生态趋势调查报告》，https：//36kr.com/p/1064037142504834，2021-1-22；《2021年微信视频号生态趋势调查报告》，https：//view.inews.qq.com/a/20220110A04WDV00，2022-1-10。

续表

时间	新增功能
2021年4月	新增"直播"任务；视频号机构管理平台上线；企业微信支持分享视频号
2021年5月	公众号打通视频号直播；视频号主页新增商品分类
2021年6月	视频号主页新增"创作者"中心；直播新增打赏等级
2021年7月	微信视频号互选平台上线；小程序支持跳转视频号直播间
2021年8月	直播评论区新增发布定位；订阅号直播窗口折叠
2021年9月	微信客服可接入视频号；视频号助手支持上传一小时内的视频
2021年10月	视频号直播间展示公众号关注按钮；公众号主页可展示视频号内容；视频号主页展示"添加企业微信"
2021年11月	视频号详情主页支持展示公众号身份；公众号后台新增视频号入口
2021年12月	视频号购物车支持一键直达购买页

二、微信视频号的传播机制

由于视频号是微信的功能之一，作为内嵌模块存在于微信成熟的生态体系之中，与母体微信有着天然的联系。微信视频号的运营逻辑是通过建立强连接与弱连接并存的社交关系来打通社交圈层的信息流入口，最终实现流量池的建构。[①] 视频号位于微信公众号的二级菜单中，二者的内容在时效、议题上会呈现一定程度的一致性，是公众号信息的视频化转换池。微信视频号的推荐机制是由基于用户社交圈的私域流量的强关系圈层推荐（社交分发）、兴趣算法推荐（算法分发）以及用户主动关注的视频号内容推荐构成，"社交＋算法"构建的强弱关系融合推荐链造就了其独特的传播机制。

首先，微信好友的圈层关系是视频号的重要基础，因此视频号具有很强的社交属性。用户可以将视频号内容转发至朋友圈、微信群或与微信好友的聊天场景，每一个点赞动作也会被提示给全体微信好友，熟人圈层推荐链传播机制使用户成为传播链的中心，这种交互设计打破了其他短视频平台和微信之间的分享壁垒。

---

① 陈瑶：《微信视频号中的自我呈现与身份重构——基于平台可供性视角的分析》，《青年记者》2021年第16期，第108页。

其次，微信视频号的传播又体现出"去中心化"的特点。基于视频号的社交推荐属性，用户的点赞行为会以"朋友点赞"的方式直接同步为展示，点对点的交互行为被展示在强关系网络中，共鸣式点赞又使信息完成了圈群内外的二次流动。由于微信用户所处的圈群众多，点赞提示帮助视频号内容从一个圈向另一个圈流动，形成"出圈"潮，信息也随着传播中心的游走而不断外扩，这在一定程度上又打破了仅限于微信好友的强关系壁垒，形成横向加纵向的裂变式传播格局，私域信息投向公域空间，推动着视频号内容的快速流动。社交分发模式第一次激活了在大众传播时代难以顾及的"长尾信息"，形成了对于信息服务的"利基市场"，实现了信息分发的个性化与内容的"千人千面"，个体开始具备"改造"所处媒介系统的能力。[①]

再次，微信视频号内容传播的一部分是基于微信好友社交关系进一步扩散的路向，算法推荐中重视了现实社交关系这个因素，对用户接触到的视频号内容趋向带来了一定的影响。基于强关系的分享行为会因为对信源的信任这一原因促进影响力，进而延长传播链条。微信好友如果在职业、性别、年龄、兴趣、爱好等个人特质上差异越大，那么到达每个用户的信息的差异化也就越明显。算法推荐与社交推荐的结合可以在满足受众偏好的基础上进一步拓展用户接收信息的途径，丰富用户接触的信息内容的类型，扩大用户的视野，有利于削弱基于算法推荐带来的"信息茧房"风险，拟态环境将更加真实开放。

最后，微信视频号传播是基于熟人圈群的向外扩散，与现实关系的紧密联系成为信息把关过滤的助手。基于用户与平台协作、互构的现实逻辑，用户的点赞行为会在一定程度上表现出用户的信息选择偏好，用户会比较重视点赞转发等动作给自身的现实社交带来的情感反馈，因此被用户选择的信息大多是用户认为具有较高传播价值的内容，在一定程度上建立起了对于低俗内容的屏

[①] 喻国明、方可人：《算法推荐必然导致"信息茧房"效应吗——兼论算法的媒介本质与技术伦理》，《新闻论坛》2019 年第 6 期，第 14—18 页。

障。兰德尔·柯林斯在2004年提出了互动仪式链理论，互动仪式链的发生需要具备四种组成要素："第一，群体聚集（身体共在）；第二，对局外人设置了屏障；第三，人们把注意力放在共同对象上；第四，共享的情感状态。"[1]微信视频号的优质内容传播可以得到强关系情感认同的助力，例如朋友圈、微信好友、微信群的点赞分享都能使作品从狭小空间跨入开放空间，被更多用户关注和赞赏，因此视频号传播在一定程度上是带有强烈互动仪式感的。

三、基于"5W"模式的视频号平台特征分析

（一）视频号的传播主体

从传播主体来看，传播主体主要负责信息的收集、选择、加工和传播，视频号的传播主体是视频号创作者和一些组织机构，基于微信实名制的基础，视频号的传播主体是具有现实身份，因此具有较高的真实性。智能手机的普及和内容生产的下沉挖掘了用户视频化表达的意愿，视频号创作者数量呈现出了井喷态势。相较于抖音和快手的用户偏向明显，视频号的用户分布比较均衡，用户标签更加多元，用户集聚自带社群效应。视频号借助自身的流量优势创设了激励用户的创作空间，用户在较大的创作自由度的鼓励下积极开展富有特色的短视频社交。

大量企业纷纷入驻视频号，布局新的营销计划，新生态将促进新商业格局的形成。以人民网、央视、新华社等为代表的大量官方主流媒体也选择入驻视频号，生动的短视频形式和便捷的分享机制给主流媒体的融媒发展推进和突围提供了崭新的发展契机，有利于凸显主流媒体的优质内容优势，提升主流媒体在智能时代的影响力和竞争力。中国人民大学喻国明教授认为："当下，公众注意力转移到短视频已成为不争的事实。政务号入驻短视频平台，

---

[1] 莫腾飞、唐立：《互动仪式链理论视角下"祖安文化"的生成逻辑与引导路径》，《当代青年研究》2021年第5期，第49—55页。

已经成为当下政务新媒体传播的一种趋势。"①

（二）视频号的传播内容

从传播内容来看，视频号的传播内容主要由 UGC（User Generated Content，用户生产内容）和 PGC（Professionally Generated Content，专业生产内容）构成，其中 UGC 占据主导地位。视频号内容具有直观生动、阅读时间短和易分享的特点，符合用户碎片化阅读的需求。2021 年，新闻资讯类内容在十万赞作品中占比最大，成为视频号用户最喜欢的内容类型。基于视频号的社交推荐机制，小众和垂直类内容在视频号更容易获得曝光机会。视频号平台内容的多元化也拓宽了平台内容生态的边界，扩大了覆盖范围。

2020 年 10 月，视频号上线了长视频功能。视频下方可插入公众号链接，公众号文章也可插入视频号动态，微信公众号二级菜单中并列有消息、视频号、服务三个选项，这就强化了视频号与微信公众号传播内容天然的关联性，弥补了公众号单一图文缺陷，以视频信息集散地的方式实现了与微信公众号的便捷联动，不仅拓宽了视频号的流量入口，也是对公众号的反哺，加速了生态体系的循环，也让内容拥有更多曝光触点。2020 年 12 月，视频号直播功能上线，直播战略地位也在日趋强化。直播支持美颜、抽奖、连麦、打赏等功能，直播能够链接商城。微信视频号直播会在分享视频号内容时置顶提示，实现了与微信用户浏览朋友圈的行为同步，不仅增加了曝光度，"社交+商业"的闭环引流还提升了用户体验。

（三）视频号的传播渠道

从传播渠道来看，微信积累的私域流量是微信视频号的重要依托，视频号的点赞功能不仅是对内容创作者的反馈，还能同步为收藏，并通过红点未

---

① 马志娟：《快手政务大 V 受热捧，中国长安网粉丝突破 200 万！》，http://science.china.com.cn/2019-01/07/content_40635588.htm，2019-1-7。

读和朋友头像分享给微信好友，搭建了"创作者发布—熟人推荐—陌生人接收"的社交推荐新路径。这种去中心化的信息流分发方式是基于朋友圈层进行的，它实现了私密社交与开放社交的融合，以反复出圈和入圈的方式完成信息传播的扩散，私域流量在社交层面的裂变传播基础上通过算法走向了公域层面，大大提高了内容触及频率，也打造出了具有特色的引流方式。

（四）视频号的传播受众

从传播受众来看，智能时代的受众不仅是传播信息的接收者，也是信息的传播者和再造者，而且能够对接收到的信息即时反馈。由于视频号是微信生态圈的成员之一，视频号的受众是基于微信用户形成的集合体，受众特质没有抖音或快手那么鲜明。微信是目前用户最多的手机应用，普适性优势为视频号提供了强大的公域流量和微信朋友圈的私域流量，这是视频号呈现迅猛发展态势的原动力。

（五）视频号的传播效果

埃弗雷特·罗杰斯的创新与扩散理论认为大众媒介与人际传播的结合是新观念传播和说服人们利用这些创新最有效的途径，大众传播提供新信息更有效，而人际传播对改变人的态度与行为更有利。

视频号的推荐版块是基于算法技术的信息分发，朋友版块是基于社交基础的信息分发，二者的结合对于创新信息的扩散具有实质性推动的作用。视频号拥有微信好友、朋友圈、微信群等丰富的分享路径，一定程度上激励了用户的点赞分享行为，扩大了信息传播的疆域，强化了信息传播的效果。一键操作的分享机制简单便捷，降低了用户的分享门槛，打破了不同平台间内容分享的壁垒，十分有利于优质视频内容的扩散，"强内容＋轻分享"的标签属性使其成为信息发布的重要渠道。

视频号内容的横幅呈现以及30分钟以内长视频的上传突破了对视觉叙事

性的限制，为传播内容的深度挖掘提供了技术支持，受到了传统主流媒体的青睐。微信视频号的社交属性使信息传播周期延长，优质内容通过点赞功能增大了反复曝光的可能性，裂变传播拉大了时间跨度，增强了传播效果。用户的评论呈现在视频底部，更加直观便捷，沉浸式体验促使受众从"旁观者"向"参与者"转变，有利于价值共同体的构建。

第八章　手机 App 传播

第一节　手机 App 概述

一、手机 App 的定义和类型

App 是英文 Application 的缩写，中文翻译为应用软件，通常是指安装在智能移动终端上的应用程序，旨在完善原始系统的不足，为用户提供更丰富的使用体验，还能满足用户的个性化需求。根据安装来源的不同，手机 App 可分为手机预装软件和用户安装的第三方应用软件。手机预装软件一般指手机出厂自带或第三方刷机渠道预装到用户的手机中，用户无法自行删除的应用或软件。第三方应用软件是指用户从手机应用市场下载安装的由第三方服务商提供的应用程序。目前提供手机 App 运行的手机系统主要有苹果公司的 iOS、谷歌公司的 Android（安卓）系统、塞班平台和微软平台。

按照 App 的功能进行类型划分，大致可以分为社交类、工具类、资讯类、游戏类、网购类、短视频类等类型。社交类 App 是指能够满足用户在网络平台上社交分享需求的应用，最具代表性的有微信、QQ、微博、Facebook 等。工具类 App 是指能够为用户提供生活服务（看电影、听音乐、打车、导航、修图、在线会议等）的应用，最具代表性的有美图秀秀、百度地图、腾讯会议、优酷视频播放器、百度手机浏览器、墨迹天气等。资讯类 App 是能够为用户提供各种及时资讯的应用，最具代表性的有今日头条、搜狐新闻、一点资讯、腾讯新闻等。游戏类 App 是指能够为用户提供游戏娱乐服务的应用，最具代表性的有王者荣耀、庆余年、和平精英、消消乐、开心蛇等。网购类 App 是指能够为用户的购物提供服务的应用，也是电子商务类应用，最具代表性的有淘宝、京东、唯品会、当当网等。短视频类 App 是指播放适合在移动状态下观看的短视频内容，满足用户碎片化阅读需求的应用，最具代表性的有抖音、快手等。目前对于 App 的类型归聚也没有绝对的界限，主要以突出功能作为划分依据，因为功能融合已成为 App 的样态特质。例如网购类 App 平台就是服务内容、短视频内容、直播内容等的聚合。有"超级 App"之称的微信覆盖面更加广泛，社交内容、新闻资讯内容、生活服务内容、网购类内容一应俱全。

二、手机 App 的发展历程

手机 App 的出现是 4G 时代的产物，是具有信息全覆盖特点的新兴媒介工具，是与公众距离最近的新媒介产品，集信息传播与社交功能于一体。它改变了传统的信息传播模式，逐渐成为信息传播的主要渠道。2008 年，只有 500 个应用程序的 App Store 在苹果终端上线，乔布斯就预测说："未来的手机将通过 App 来区分。"如今，他的预测已经成为现实。手机 App 拥有庞大的用户群体，操作简易化和功能综合化在一定程度上为用户的工作、学习、生活、社交、娱乐等活动提供了很大的便利，用户对其的依赖程度与日俱增，具有超强的用户黏性。它开创的分众化的社交模式和商业模式极大地改变了人类的生活方式和生产方式，也代表着桌面互联网时代向移动互联网时代的转变。

2022 年 2 月 25 日，中国互联网络信息中心（CNNIC）发布的《第 49 次中国互联网络发展状况统计报告》显示，截至 2021 年 12 月，我国国内市场上监测到的 App 数量为 252 万款，其中游戏类 App 达 70.9 万款，占全部 App 的 28.2%，居于领先地位。日常工具类、电子商务类和社交通讯类 App 数量分别为 37 万款、24.8 万款和 21.1 万款，分列第二到四位。从数量上看，2018 年以 452 万款 App 为历年之首，近几年因为网络整治等因素的影响，App 数量呈现下降趋势。纵观 App 的发展历程，可以分为 PC 端应用向移动端转移和基于 App 的新产业形态勃兴两个阶段。

（一）试探期

手机 App 最早可以追溯到 1997 年诺基亚在 6110 型号手机中内置的贪吃蛇游戏。由于用户无法删除贪吃蛇游戏，贪吃蛇游戏就被用户认为是手机功能的一部分，所以贪吃蛇游戏具备 App 的一些特性，可以视为 App 的雏形或者最原始的状态，但还不是真正意义上的 App。随着手机进入功能性时代以及移动设备快速更新换代，可供用户自由安装和卸载的应用程序迅速发展成熟，其中以游戏娱乐类为主，App 才正式出现。随着互联网的发展，以游戏娱乐为主的 App 开始向资讯、社交、工具等方向发展。尤其是智能手机的出现，Ios、Android 等智能操作系统促进了 App 开发标准化、操作流畅化以及表现多元化，App 进入了裂变式发展时代，资讯服务类 App 开始增多，用户开始适应并习惯使用 App。

随着移动互联网的网速不断提升、费用持续下降，PC 端应用开始尝试向手机端转移和升级。但是由于当时的移动网络速度和流量资费的限制，大数据量的应用无法上传，只有部分具有先天优势的 PC 端功能完成了向移动端的转移。在基数巨大的深度用户群体、用户日常使用频次高以及图文传输的技术门槛较低等优势支持下，IM（即时通信）App 如手机版 QQ、手机版人人网、微信等率先登场，成为用户最先使用的手机 App。

以淘宝为代表的电子商务应用 App 也粉墨登场，并迅速吸纳大量移动端用户，电子商务的发展也因此进入了快车道。2013 年全年，阿里的移动端商品交易额达到 2320 亿元，占平台总交易额的 15%。2014 年年底，阿里的移动端交易额占平台总交易额的一半。2015 年阿里的移动端交易额占平台总交易额 81.5%，移动端电子商务呈现出高速增长态势。随着智能手机的普及，不仅 PC 端应用向移动端转移，新增的手机 App 应用开始增多，推荐应用的主方式也从分类搜索、专题搜索向大数据分发方向演进。

（二）成熟期

随着 4G 时代的到来和智能移动终端的快速普及，手机 App 出现了爆发式增长态势。以移动电竞、直播、移动支付为代表的新产业形态搭建起了多屏全网跨平台的场景，逐渐渗透到用户的衣食住行各个领域，极大改善了用户的使用体验，即时性和交互性的多元功能深刻影响了用户的生活方式，以 App 为代表的移动互联网进入黄金时期，上演了一场 App 盛宴。2015 年到 2017 年，中国移动应用市场的总销售额增幅达到 250%，用户规模持续增大，中国成为全球移动应用增长速度最快的市场，大量用户也在此阶段完成了从 PC 端向移动端的迁移。例如手机游戏 App 使得手机单机游戏时代转向手机多人在线游戏，2017 年中国手机游戏用户规模达 5.44 亿人。映客、斗鱼、快手、抖音等拥有社交功能的视频类 App 开始成为最受用户欢迎的分享与社交平台。

同时，这个阶段移动互联网与大数据技术深度结合，大量的新业态层出不穷。O2O 商业模式的迅猛发展给生产和生活方式都带来了巨大的影响。O2O（Online To Offline）即线上到线下，泛指基于信息中介 App 的商业模式。1.0 阶段的 O2O 线上线下初步对接是以美团为代表的线上团购和促销，2.0 阶段的 O2O 线上线下对接是服务性电商模式的成熟，移动终端、移动支付、数据算法等环节的成熟以及资本的加持使其渗透到各类生活化场景中，上门送餐、滴滴打车等使人们的生活依托智能手机变得更加便捷，也使手机成为用户贴身用品的愿景得以初步实现。大数据技术冲破了商户与消费者、消费者与消费者、商户与商户之间的信息壁垒，信息投放、营销活动的精准度大大提升。互动性价值在新技术的支持下被充分挖掘出来，线下体验+线上发言成为品牌与用户互动交流的常态。以大众点评和口碑为代表的App能够将消费者的评价转化为消费行为中的重要环节，通过对消费者消费偏好的分析进一步提升精准度，为用户带来了前所未有的体验，也是对营销形态的重构和尝试。3.0阶段的O2O线上线下对接是垂直细分领域的商业模式的成熟。

（三）深入发展期

随着人工智能和大数据技术的快速发展，手机App的功能开始向联结万物方向发展，在服务业展现出强大效能的手机App向工业和农业扩展。App是随着Web技术的深入发展应运而生的，尤其是4G、高速宽带无线网络的快速覆盖和智能移动终端的快速普及，极大地改善了App的用户使用体验，随即呈现爆发式增长，也使得企业开发商、个人开发商参与其中的积极性空前高涨。App逐渐渗透到消费者衣食住行各个领域，包括支付、购物、团购、美食、娱乐、生活资讯、地图、旅行、天气、导航、影视、游戏等方面，潜移默化地改变人们的工作和生活。

三、手机App传播的特点

（一）新场景的构筑

美国资深记者罗伯特·斯考伯和专栏作家谢尔·伊斯雷尔在他们的著作《即将到来的场景时代》中最早提出"场景"的概念，认为"传感器、移动设备、社会化媒体、大数据和定位系统"是塑造场景的五个主要因素。清华大学新闻与传播学院彭兰教授认为：空间与环境、实时状态、生活惯性、社交氛围是构成场景的四个基本要素。[①] 在移动互联时代，碎片化成为传播基调，信息个性化需求也越发强烈，用户选择信息的主动意愿也逐渐增强，传播场

---

① 彭兰：《场景：移动时代媒体的新要素》，《新闻记者》2015年第3期，第20—27页。

景化趋势愈发明显。手机 App 的出现突破了时间和空间的界限，在手机端搭建特色场景，使得个性化的数字生存成为现实。手机 App 具有便捷性、可移动性、直观性、多样性、更新快的优势，信息传播更聚合，细分后受众的信息获取需求得到了较大的满足，也无形中培养了受众接收类别信息的习惯。

用户可以在应用市场中自主下载或者通过推送的信息了解最新或最畅销的手机应用，自我适配成为常态，用户手机界面的一致性被打破，应用程序的个性化放大了差异性，手机个人化倾向被强调。用户被置放于各种场景中，赋予了新媒体场域中自然意义背后更深刻的社会意义，信息传播走向互动化、虚拟化和多媒体化。这是新网络时代的赋权，权力的影响是双向的，不仅仅使得使用互联网的用户更加依赖网络，还会促使网络参与程度很低的消费者开始寻求互联网上的讯息，从旁观者转变为这场狂欢的参与者。[1]

（二）精准传播愿望的实现

从英尼斯的"媒介决定论"到麦克卢汉的"媒介即讯息"，再到尼尔·波兹曼的"媒介生态学"，都肯定了媒介的发展带来的传播方式的转变和影响。大数据技术的应用极大影响了传播活动，带来了传播时间的提速和传播空间的延展。在手机 App 场景中，手机用户被象限化、标签化，抽样到全样本的变化为内容生产提供了更为精准的数据支撑，深描式分析法可以多维度洞察用户的行为特征，从信息输出到受众信息反馈连接起的闭环使得场景传播效力得到极大提升。

通过分析受众浏览信息留下的数字痕迹和用户特征深描来推算用户偏好和习惯，掌握用户的核心诉求，勾勒用户画像，提升用户体验，增加用户黏度，提高交互性，大大增强了信息推送的精准度、影响力和动员能力，更好地满足了用户个性化需求。喻国明教授在《解读新媒体的几个关键词》一文中提出："传播语境的'碎片化'；话语权的'阅众分享'，新闻生产的传播模

---

[1] Emery Dan. Is marketing dead, *National Provision*, 2012（11）. p.32-33.

式由'少数人向多数人传播信息'逐渐演化为'多数人向多数人传播信息'；'全民出版'，无论是谁，只要借助网络等新媒介，都可以毫不费力地生产表达自我的产品。"①

（三）手机群族的形成

在去中心化的传播场景中，在多元化的用户需求引导下大众开始被分化，类型集聚成为传播趋势，用户看似被分割在各种虚拟社区中，实际上又是一个统一的整体。在以偏好为基础的 App 场景疆域中，具有共同价值观、趋同兴趣、使用倾向相近的用户被集聚成手机人族群或传播社区，呈现出蜂房般的结构状态，凝聚性、归属感、使用黏度不断被强化，形成团体力量。德国社会学家腾尼斯认为社区代表了一种基于血缘关系或自然情感的社会有机体。网络虚拟社区是互联网人基于共同的使用兴趣形成的固定交流圈子和集聚范围，人们可以在虚拟社区中分享经验、群组讨论、跟帖回复，增加社交关系链条数量，形成网络化半熟人关系，社交关系逐渐虚拟化。通过维护线上社群和发展社群文化来增加用户黏度，族群分类造就的分众传播成为时代趋势。

同时，App 的选择是基于用户的自主性意愿，用户在族群分类上具有交叉性和重叠性，族群的演变和蜕化打破了族群壁垒。手机人自由穿梭于不同族群间，虚拟社区之间的联系被建立起来，App 生态圈扩大了传播范围，增强了传播效果。族群交叉也使得族群的趋同性越来越高，平面化、趋同化和含混化成为数字化生存常态，传播行为转向了群体传播和分众传播形态。

（四）公共话语平台的搭建

App 的出现将传播媒介的表达功能激发出来，用户逐渐成为网络节点。在实时交互、透明开放的公共话语平台上，信息不断在平台与用户、用户与用户之间流转，信息获取、社交、展示、娱乐功能得到充分满足。

---

① 喻国明：《解读新媒体的几个关键词》，《媒介方法》2006 年第 5 期，第 12—15 页。

信息传受双方的地位和角色发生了改变，用户获得了平台赋予的话语权，从不同的维度感知信息环境，通过随身的麦克风表达个人见解的潜在需求得到挖掘，即时反馈的成本降低，成为传播中心的可能性被放大。实时对话的气氛营造激发了更多受众的场景参与意愿，充分发挥了新媒体语境下传播的多元多向、充分交互的效能。App场景之间的信息转换，多平台联动传播不仅模糊了场景边界，加速了信息的流动，营造了环绕式的传播氛围，传播关系复杂化和多维化，"人人都是传播者"的范式延伸了传播链条，扩大了受众圈。例如小红书App的信息可以通过用户分享跨界到微信好友、朋友圈、QQ好友等。

（五）沉浸传播的趋势

沉浸媒介是以人为中心的媒介，以满足人的需求为发展诉求，沉浸媒介的形态同时包含过去形态和现在形态，包含物理形态和虚拟形态，"遥在"与"泛在"融合，固定与移动并存。沉浸传播的内容是一个以人为中心的开放格局，让人的注意力集中关注某一信息，是沉浸传播要达到的最终效果。[①] 沉浸式传播的旨归在于让受众沉浸于某项信息传播中。从某种意义上来说，手机App也以沉浸式传播作为努力的方向，在数字化传播技术的帮助下，全方位信息展示、个性化定制服务、简单易行的参与方式为受众营造了凝神接收信息的沉浸式空间，凸显了延展产业链的商业价值、扩容个人信息空间的社会价值和优化传播系统的文化价值。

被誉为"数字时代麦克卢汉"的保罗·莱文森提出了媒介进化论思想。他从宏观角度解析了媒介进化的实质，认为媒介进化的根本是新媒介弥补旧媒介的过程。App的出现不仅继承了移动互联分众化、即时性、互动性的特性，还延展出媒体延伸化、体验个性化、内容聚合化等新的特性。它打破了

---

① 李沁：《沉浸媒介：重新定义媒介概念的内涵和外延》，《国际新闻界》2017年第39卷第8期，第115—139页。

传统的手机传播格局，模糊了传播模式间的边界，将人际传播、大众传播、群体传播、分众传播有效融合。例如电视 App 的出现就是以互联网的移动交互、可存储等优势弥补电视的固定单向的媒介进化过程，"视频+社交"成为可能，内容发布与传播更灵活、更多样、更智能，叙事更清晰、分析更明确、功能更人性，使得人们能以一种更加便捷的方式、一种新的角度去收看电视节目，传统的电视媒体没有在移动互联的冲击下失去生命力，而是以一种满足受众多元化收视需求的方式焕发出新的生机。

第二节 手机短视频 App

一、手机短视频 App 的概念

短视频是 Web2.0 技术和平台技术支持的媒介载体，作为一种新兴媒介，学界、业界对其定义不尽相同。Social Beta（社会化商业网）网站对短视频的定义是"短视频是一种视频长度以秒计数，主要依托于移动智能终端实现快速拍摄与美化编辑，可在社交媒体平台上实时分享和无缝对接的一种新型视频形式"。林卓君等认为短视频是指在各种新媒体平台上播放的时长为几秒到几分钟不等的适合在移动状态或碎片化休闲状态下观看的视频内容。[1] 关于短视频定义的表述虽然侧重点不同，但大家公认的是，短视频是相对于长视频而言的，短小精悍、制作简单、故事性强、适合碎片化阅读、易于分享、具有强社交属性是其主要特点。本文认为短视频 App 是指能够依托智能终端进行快速拍摄、剪辑、播放且具备强大分享功能的社交应用软件，可以是将长视频编辑为移动短视频，也可以是通过短视频拍摄工具拍摄、编辑、分享视频内容。

---

[1] 林卓君、冯海兵：《短视频节目内容策划与实现策略研究——以西部网"五味什字"视频工作室为例》，《东南传播》2019 年第 9 期，第 112—114 页。

二、手机短视频 App 的发展历程

（一）萌芽期（2004—2010）

2004年，乐视网成立，这是国内第一家视频网站，致力于打造基于视频产业、内容产业和智能终端的传播生态系统。2005年4月，土豆网创立，这是国内第一家视频分享网站，为互联网用户提供原创音视频的发布与分享服务。这两家视频网站的诞生拉开了国内网络视频发展的序幕，优酷、爱奇艺、搜狐等视频网站相继创立。用户可以通过视频网站观看原来只能在电影院或者电视中才能看到的电影和电视节目，观影的时空限制被打破了，用户体验感大大提升。但是在这一阶段，视频内容以电影和电视节目等长视频为主。

2005年底，20分钟短片《一个馒头引发的血案》被上传到视频网站，在网络上爆红。这是自由职业者胡戈整合了电影《无极》、央视社会与法频道的《中国法治报道》以及上海马戏团表演的视频资料而剪辑成的网络短片，下载率甚至击败了电影《无极》。虽然这样的剪辑涉及了侵权问题，但是也催生了微电影的新形式，此片被视为微电影的雏形。此后，优酷、土豆、搜狐视频等视频网站力推微电影创作，《青春期》系列、《老男孩》等大量优质微电影开始涌现，专业编导、艺人以及众多网友迅速形成了拍客族群，掀起了一股微电影创作热潮。微电影的普及在一定程度上推动了视频创作的草根化，形成了"人人皆拍客"的集体意识，为短视频的发展奠定了良好的群体基础，因此微电影可以被视为短视频的前身，它推动了中国短视频的发展。

（二）探索期（2011—2015）

2011年后，4G技术以及智能手机终端的普及为移动短视频的兴起提供了良好的技术条件。2010年，美国出现了最早的移动短视频社交应用——Viddy，用户可以通过Viddy对拍摄的短片添加音效、特效美化，最终剪辑成为30秒

钟的视频短片。2011年2月，具有便携观看、全民化视频社交分享优势的socialcam上线，正式开启了移动短视频的发展之路，从拍摄剪辑到发布互动的短视频生态体系开始初具雏形，短视频也开始从艺术创作转向记录生活。随着短视频应用在国外的火爆，短视频之风也开始吹到了中国。

2011年3月，GIF快手诞生，这是短视频平台快手的前身，最初是用来制作和分享GIF图片的手机应用。2012年11月，GIF快手从纯粹的工具应用转型为短视频社区。迅雷有料等短视频应用也纷纷上线，自此中国短视频App进入了探索期。该阶段的短视频应用用户参与度低，规模和影响力都比较缺乏。直到2013年，短视频发展迎来了第一个高峰期。2013年，新浪微博率先推出了短视频工具素材类应用秒拍，接着小影、微视等相继进场，优酷、土豆实现了突破1亿移动视频的日播放量。众多互联网企业纷纷加入短视频产业行列，短视频产业发展迅速，2013年因此被称为移动视频商业化元年。小咖秀（2015年5月上架，2020年因侵害用户权益未整改被下架）、快手等短视频平台在短时间内积聚了大量用户，短视频以最符合受众碎片化阅听习惯的新媒体形态，成为娱乐新端口。

（三）成长期（2016—2017）

2016年，手机短视频的发展迎来第二个高峰期。手机短视频App呈现飞跃式发展态势，手机短视频内容创作得到广泛关注，抖音、快手、西瓜视频为代表的手机短视频App成为最受欢迎的应用形式。资本也开始纷纷布局短视频领域，短视频现象级网红姜逸磊（Papi酱）、办公室小野、大胃王密子君等的出现，丰富了短视频的生产内容，激发了用户生产视频内容的积极性，用户开始挖掘商机，短视频行业迅猛发展。2016年9月，字节跳动推出了抖音（音乐创意短视频社交软件），用户可以通过这款软件选择歌曲，拍摄音乐作品并上传。今日头条在抖音上运用算法推荐优势提高其内容分发效率，使抖音在很短时间里迅速成长，成为头条战略级产品。这一时期，大量的个性化内容推荐大幅提升了短视频的影响力、用户参与度和用户黏性，2016年因此被称为短视频元年。

随着4G技术的发展、移动网速的提升、资费下调以及用户体验升级，短视频App在2017年成为中国手机市场的头部应用，作品数量和用户规模都突飞猛进，成为备受瞩目的全新业态。2017年国内短视频用户规模突破4.1亿，同比增长115%，短视频呈现全民普及化发展态势。视频内容消费和网络社交需求的持续增长，为短视频行业的发展提供了巨大的流量保障。短视频充分发挥其短平快优势，见缝插针的传播方式驱动着行业疾速向前，短视频行业成为火爆的商业投资风口。

（四）成熟期（2018年至今）

应用算法推荐技术实现的定制化推送极大满足了用户的需求，市场逐渐成熟繁荣，垂直细分模式全面开启。快手在2018年推出快影，抖音在2019年推出剪映，这两个手机视频剪辑软件包含各种特效、音效、贴纸、音乐链接、画中画等技术，能够帮助普通手机用户剪辑视频，技术门槛被大大降低，手机用户的短视频创作激情再一次得到强烈激发。抖音、快手等相继打造短视频商业平台，使得短视频产业链不断丰富起来，平台方和内容方不断细分，用户规模急剧扩大，商业化成为短视频行业的目标。[①]

2020年被称为视频社会化元年，呈现出"万物皆可拍、万物皆可播、视频服务社会"的特点。2020年10月，中国网络视听节目服务协会发布了《2020中国网络视听发展研究报告》，报告显示截至2020年6月，国内短视频用户规模达8.18亿，占国内总网民的87%，说明短视频在中国相当普及。在网络视听产业中，短视频的市场规模占比最高，达1302.4亿，同比增长178.8%。短视频以日均110分钟的使用时长超越了即时通讯，成为越来越多

[①] 邵泽宇、谭天：《2018年政务短视频的发展、问题与建议》，《新闻爱好者》2018年第12期，第33—36页。

网民获取信息的首选。

字节跳动算数中心于2021年发布的《2020抖音大数据报告》显示，截至2020年8月，抖音的国内日活跃用户突破6亿，在短视频平台中独占鳌头。截至2020年12月，抖音日均视频搜索次数突破4亿。抖音还催生了文旅打卡经济，6.6亿次打卡，遍及全世界233个国家和地区，其中"大唐不夜城不倒翁"相关视频播放量超23亿。快手大数据研究院于2020年1月发布的《2019快手内容报告》显示快手全年使用总时长突破500万年，国内日活跃用户突破3亿，活跃度非常高。短视频平台在视频广告上加速变现，2020年第一季度短视频信息流广告收入高于在线视频，达到81.25亿元营收规模。2020年，大量主流媒体机构入驻短视频平台，将短视频平台打造成主流价值宣传新高地。

手机短视频从2013年的商业化元年到2020年视频社会化元年，仅仅用了7年的时间，发展速度令人惊讶。2022年2月25日，中国互联网络信息中心（CNNIC）发布的《第49次中国互联网络发展状况统计报告》显示，截至2021年12月，我国短视频用户已达9.34亿，说明短视频行业目前仍然处于鼎盛阶段，发展势头十分迅猛。虚拟现实技术（VR）、人工智能（AI）、大数据和5G技术为受众沉浸体验不断赋能，短视频还向电商、直播、教育等领域不断渗透，不仅改变了网络视听行业的格局，还对国民经济的发展产生了持续深入的影响。

三、手机短视频兴起的背景

（一）时代背景

随着社会媒介化进程的不断加快和视觉时代的到来，影像化方式成为传播常态。影像化的呈现方式比文字化的呈现方式更加简明直观、真实具体、生动形象、富有趣味性、通俗易懂。米尔佐夫指出新的视觉文化最惊人的特征之一是它越来越趋于把那些本身并非视觉性的东西予以视觉化。而在视觉化的过程中，影像化又占据了主导性地位。[①] 短视频作为一种特殊形式的影像，图文视听一体化、短小精悍、表达形象生动、内容切换快速和丰富的特质十分契合碎片化的传播需求，优质内容提升了用户体验。海德格尔在论及"世界的图像化"时指出图像最典型的特征就是具有社会属性的视觉性，是解读看与被看的关系，是真实世界与意义世界人为图像之间的分辨与思考。[②] 短视频中的视觉符号是接近于实物真实意象的符号，这些符号通过组合编码，形成传递信息的图形，有效地促进信息的传播。

（二）技术背景

互联网的发展和移动智能设备的普及使信息传播向移动化、高效化、碎片化方向发展，为短视频的发展提供了强大的技术支持。当代文化高度视觉化把可视性和视觉快感凸显出来，视觉因素一跃成为当代文化的核心要素，成为创造、表征和传递意义的重要手段。[③] 5G信息技术的纵深发展、推荐算法的应用、智能手机的更新迭代改变了短视频生产的内容逻辑，助推了短视频的井喷式发展。用户可以随时随地观看、制作、上传、分享短视频，短视频逐渐成为人们社交和展现自我的重要方式，它帮助用户打破了使用影像的时空限制，培养了用户观看短视频的使用习惯。算法推荐技术将用户匹配度、视频热度和发布时间作为主要推荐维度，大大提高了信息推送的精准度，优化了用户碎片化的娱乐消费体验。技术力量的完美加持催生了各种视频网站和App纷纷上线，形成了App狂欢场景，因此技术更迭与市场需求是短视频发展的核心驱动因素。

---

① 尼古拉斯·米尔佐夫：《视觉文化导论》，倪伟译，江苏人民出版社，2016，第5页。
② 刘和海、饶红、王琪：《论符号学视角下的知识元可视化实践》，《中国远程教育》2017年第10期，第35页。
③ 周宪：《视觉文化的转向》，北京大学出版社，2017，第7页。

（三）商业背景

随着短视频平台吸引了大量的受众，短视频的商业价值得以凸显，受到社会资本的青睐，成为投资蓝海。大量社会资金强力注入，资本巨头纷纷抢夺用户和流量，社会资本的青睐使得短视频传播成为当下的潮流。主流媒体也纷纷投身短视频，打造精品竖屏内容，帮助用户培养了从短视频获取一手资讯的媒介使用习惯，短视频仍将是未来发展的趋势。

四、手机短视频 App 的特点

（一）生产简单化

随着智能手机的不断升级，智能手机的内存越来越大，像素越来越高，功能越来越全面。5G 网络建设的不断成熟，提速降费政策的实施，降低了流量使用成本，用户不再担心流量和网速的问题。用户既可以是内容消费者，也可以是内容生产者，形成了"传受合体"的新型传播主体。科技平权的进步创造了更加宽松自由的传播环境，它的包容性使得内容表达更多元，能够满足各类群体的需求。媒介生产的行业壁垒被打破，专业范式转向平民范式。短视频平台提供了简单化、便捷性、易操作性的拍摄工具和素材，无论是专业机构还是普通用户，都可以利用手机实现视频拍摄、剪辑、上传、分享和交互，短视频平台成为强烈草根性的大众创造与共享空间。在进入门槛极低的相对自由场域中，用户拥有了自我表达的独立空间和权利机会，人人都是传播者、发言人、评论者。由于专业机构和普通用户在短视频生产技术上的差异逐步缩小，轻逻辑、轻视点、轻卖点的短视频在内容生态上体现出高度"民主化"。传播领域的精英化色彩逐渐隐退，呈现出美国学者马克·波斯特（Mark Poster）所言的"去中心化"色彩氛围。

由于信息资源的泛化与传播权力的下放，日常生活审美与平民话语范式的复兴创造了全民参与的繁荣景象。生产内容的简单化、个性化、日常化充分激发了用户的创作欲和表达欲,尤其是非专业化生产者的创作意愿被充分激发,人人都可以成为传播者,大众文化权力得到广泛张扬,创造主动性与参与积极性延展了拟态环境的边界。短视频平台还提供了丰富的再造功能,通过字幕、音乐、滤镜、符号等特效设置帮助用户升级自有素材,呈现最优化成为用户发布作品时着重考虑的因素。通过文本再造和优化,使得用户的感官体验更立体优质。传输速度快、大众接受度高、社会影响力大的短视频对日常生活状态的卷入程度越来越高,真实生活圈景象被大量迁移至视频圈,呈现出崭新的参与式传播生态与欣欣向荣的内容景象,短视频平台的内容前所未有地增大,社会记录频率达到空前的水平。

（二）内容碎片化

随着人们生活节奏的加快和日益增长的结构性压力,人们开始寻求更加快速便捷的信息获取方式和缓解生活压力的释放空间,传统的"细嚼慢咽"式阅读方式逐渐被快速浏览、扫描、点击等碎片化阅读方式替代。短视频是以秒到分钟作为时长单位,表现出极强的碎片化、流动性、浅层次和互动性特质,体量浓缩但多元化的信息拼盘恰恰契合了当下追求效率与速度的生活方式,满足了当下人们偏爱的简单、快捷、直白的内容消费需求,也成为抽离社会现实的乌托邦。通俗化表达、精炼化表现、多元化体现、特色化内容与移动互联网的传播特性非常匹配。在移动互联语境下,人们形成了切碎完整时间的触媒习惯,随心所欲切换信息场景成为人们接受信息的新方式,短视频的碎片化、故事化、场景化、娱乐化、去深度的文化特质契合了用户触媒习惯的趋势。

戈夫曼在《框架分析》一书中指出"人们是将日常生活中的现实图景纳入不同的框架之中,以便对社会情景进行理解和反映,人们借助于框架来识别和理解事件,对生活中出现的行为赋予一定的意义,否则这些事件和行为就没有任何意义"。注意力稀缺的现实情境造就了"重形式轻内容"的短视频创作趋势，影像叙事逻辑向生活化、场景式、非线性的方向发展。短视频创作者在广大的创作空间中，通过对现实情境的模拟与重构，将接近实物真实意象的符号进行组合编码，形成片段式、点状化、跳跃性的场景化内容，打造契合平台框架表现要求的立体全景影像群。通过现实社会与虚拟社群的互动，个体叙事的多元化和差异化的相互补充，积极引导用户进行多重感官体验，通过趋向真实世界的虚拟空间的构建引发用户的情感共鸣，深化用户对多媒体内容的消费习惯，增强现实环境的还原度和主体参与感。短视频以沉浸式社交媒体的身份带给人们更多的体验升级和想象空间的拓展，成为一种粘连生活与媒介、影响人们现实生存和媒介表达的界面，提高了情绪共振性与社会动员力。

（三）交流互动化

短视频平台不仅为用户提供了多元信息渠道，也构建了无数的虚拟社群。短视频 App 具有很强的公共性，短视频内容被放置在开放的公共空间中，平台会运用大数据技术为用户推荐符合其偏好的内容，依靠用户的弱关系实现内容的广泛传播。短视频 App 还具有很强的互动性，用户可以通过点赞、评论、转发等方式实现多方位互动和多级传播，点赞行为与正向评论具有积极的精神力量，在事件见证、情感支持、身份认同中强有力地促进信息的流转。

随着社交化传播成为常态，用户在融合观点的场域中，接触到与个人意见接近的群体，并因为近似的需求、同质的表达、趋同的文化等相互吸引，建立深层次的互动回应，在共建共享的舞台上形成稳定的节点连接。随着屏幕与媒体终端的日趋多样，用户在虚拟时空中更容易获得群体归属感和身份认同感，"万物皆媒"已然是智能时代的崭新图景。短视频 App 的"一键分享"功能还实现了短视频平台与社交网络的融合，实现传播平台之间的联动引流，实现即时互动、适时交流和精准反馈。转发、分享、评论等社交属性给予多方主体充足的表达空间，激发用户二次传播的积极性，突破了强弱关系的界限，不仅完成了对于不同内容需求的用户的精准推送，还通过波纹式裂变传播扩大了信息传播范围，构建了独特的内容分发渠道，形成庞大的多平台矩阵。尼尔·波兹曼所预言的"娱乐至死"在电视时代未能成为现实，却在短视频盛行的当下找到了依据。

（四）传播主体和内容多元化

短视频App的传播主体类型丰富而泛化，可以细分为UGC、PGC和OGC几种类型。UGC（User Generated Content）即用户生产内容，传播主体是非专业和非职业的用户。这是短视频平台基数最大的传播主体，他们具有传者和受者的双重身份。他们创作自由，一般是根据兴趣爱好、个人认知和个人需求发布短视频作品，发布的内容、发布的时间等没有限制，参与热情较高，生产的内容极具个性。PGC（Professionally Generated Content）即专业生产内容，传播主体是具备一定专业知识背景的用户或团队，他们创作的短视频更专业化，内容集中在专业领域。他们对于视觉语言的掌控力更强，生产的内容更有深度。OGC（Occupationally Generated Content）即职业生产内容，传播主体是职业用户或组织机构，他们进行长期的职业化运营，内容生产规范性和专业性强，发布的时间、频次相对固定，可以通过内容生产获得相应的报酬。例如主流媒体进驻短视频平台的积极转型行为，强化了主流媒体在新媒体语境中的声音。短视频凭借简短精练、直观便捷的视听传播形态以及信息模式、政论模式和故事模式等特色构成，成为主流媒体在转型发展战略中开辟的崭新的实践空间。

（五）类型多样化

短视频App呈现出类型多样化的特点，根据短视频App的内容和功能来划分，目前短视频App大致可以分为工具型、内容型、社区型和垂直型四种类型。

1. 工具型：以强调特效、剪辑功能为其特色，主要是美化视频，降低视频拍摄门槛。可以更换视频滤镜、调整画幅、后期剪辑、音乐配比等，用户在编辑视频时可配字幕、自定义音乐，增强了其原创性，例如秒剪、剪映、全民小视频、极拍、快剪辑、时光小视频等。

2. 内容型：这是目前最为广泛的短视频类型，例如抖音、秒拍、快手、微视、美拍等。这类 App 的内容又可以细分为"UGC"（用户生产内容）和"PUGC"（Professional Generated Content + User Generated Content，专业用户生产内容）或"UGC+PGC"（专家生产内容）等类型，传播主体既有专业的内容生产者，也有自发生产内容的普通用户。

2016 年之前，短视频平台内容以 UGC（User Generated Content，用户生产内容）为主，部分 UGC 逐步发展壮大转化为 PGC（Professional Generated Content，专业生产内容）。2016 年后，随着 OGC（Occupationally Generated Content，职业生产内容）的入驻，短视频平台的内容生产机制逐步完善。例如 2019 年 8 月，《新闻联播》正式开设抖音号，入驻抖音，完成了长视频改短视频、横屏改竖屏的转换。各级政府也开始纷纷开设抖音号，到 2019 年底，政务抖音号就达到 17380 个。还有新闻型的短视频软件，在发布新闻、引领舆论方面具有明显优势，专业媒体常借助此类应用发布视频新闻。例如梨视频是国内资讯类短视频生产机构之一，主打专业、高品质的短视频。在每天发布的短视频中，有很大比例的短视频是拍客上传后再由专业的视频编辑制作发布。

3. 社区型：这类短视频 App 具有较为浓郁的社交氛围，凸显社交属性。

4. 垂直型：是内容型衍生出来的一个细分类型，垂直型 App 的内容特点鲜明，专业性强，涉及音乐领域、舞蹈领域、美妆领域、健身领域、教育领域等。垂直型 App 一方面有利于受众选择性收看，另一方面也有利于短视频内容生产机构实现对受众的精准推送。例如科普类短视频就是将科学知识进行精粹提炼，通过片段式、形象化、通俗化、动态化的知识表达创新学习场景，拉近与用户的距离，激发用户探索知识的兴趣，通过学与用的互动提升知识生产与传播效率，实现知识的普及。

五、手机短视频传播发展中存在的问题

（一）内容良莠不齐，侵权售假不断

从国内短视频平台发展来看，自从抖音、快手火爆起来后，众多短视频平台扎堆出现，使得短视频平台之间竞争激烈，也使得短视频内容良莠不齐。短视频平台为了在激烈的竞争中夺得一席之地，往往会根据算法推荐和流量走向向用户推荐吸引眼球的内容，以此来迎合用户的喜好。不少短视频平台用猎奇方式来吸引用户关注，如直播暴饮暴食、生吃异物、毁坏名牌车标志等不妥当行为来误导网民。有些短视频内容创作者为了成名，通过发布三俗内容、展示豪华消费模式和生活方式等来吸引用户注意，传播享乐主义和消费主义的不良价值观，浅层快感、感性愉悦的娱乐化内容大肆扩张泛滥蔓延，这些缺乏审美价值和教育意义的内容势必会对用户尤其是青少年带来长期隐性的负面影响，稀释拟态环境的价值纯度。诸如此类的短视频内容不在少数，这必然会对短视频内容的治理与监管造成一定的困扰。

同时，数字技术的发展在降低复制成本、带来信息获取便利的同时，侵权问题也呈现井喷式的增长。由于版权意识单薄，大量的短视频创作者在没有得到原作者授权或标注视频来源的情况下，使用了大量原始视频素材，这些行为在不断挑战短视频行业的监管力度。侵权问题如果没有得到有效的处理，将会对短视频的健康发展产生潜在和持久的负面影响。另外，短视频的时长限制生成了断裂式、跳跃性的信息流形式，信息带有残缺化的特点，后真相无法赋予用户充足的思考时间，有可能导致事件真相被埋没在仅存的线索下，浅表化的拼图可能误导用户，谣言星火被点燃的可能性越来越大。

（二）内容制作门槛低，平台审核有欠缺

由于短视频制作和使用门槛较低，社会需求极强，导致平台上存在着一定数量的"三俗"短视频内容。短视频平台中的用户定位虽不同，但用户均可以自由制作内容，短短几秒钟即可完成整个制作过程并进行跨平台传播，在高频、密集的生产态势和相对自由的创作空间里，容易出现鱼龙混杂、良莠不齐的情况。此外，由于互联网对于短视频画面的内容难以抓取和辨别，短视频的海量输入使得人工把关困难重重，导致短视频内容比较容易通过平台的审核。因此在短视频内容制作与传播极为容易且缺乏强有力的审核机制的情况下，把关困境使得监管难度逐年增大。

（三）加深用户媒介依赖程度

美国新闻评论家沃尔特·李普曼（Walter Lippmann）认为，"拟态环境"不是现实环境的"镜子"式的再现，而是传播媒介通过对象征性事件或信息进行选择和加工、重新加以结构化之后向人们提示的环境。由于这种加工、选择和结构化活动是在一般人看不见的地方（媒介内部）进行的，通常人们意识不到这一点，而往往将拟态环境作为客观环境本身来对待。[1] 拟态环境深刻影响着人们的认知与行动，有着强大的社会改造功能。由于短视频的观赏性、感染力很强，内容切换快速便捷，用户容易沉迷于新鲜、逗乐、猎奇的碎片内容中，试图在虚拟世界中寻找认同感和获得感，产生过度的媒介依赖。用户从虚拟环境转场现实环境时容易产生认知差异或行为不适，或引发孤僻、敏感、烦躁的负面情绪和上瘾行为等心理疾病。

短视频平台为了实现传播的精准化，会利用算法技术让用户沉浸在偏好性内容的获取与体验中，进一步加深用户的沉迷行为，还会限制用户接受信息的广度和深度，将用户桎梏在"千人千面"的信息茧房中，久而久之用户

---

[1] 郭庆光：《传播学教程》，中国人民大学出版社，2004，第127页。

将无意识地被束缚在短视频建构的视觉景观中，容易产生自负偏执的性格情绪，影响用户的身心健康。同时，短视频片段式、高速转换的信息呈现形式由于压缩了故事叙事的时长，容易造成情节粗糙和信息模糊的结果。泛滥的个体视角削弱了宏大叙事的声量，长期培养的快感体验方式可能会对用户的解读内容能力、深层思考能力以及信息视野带来负面影响。

在追求流量的利益驱使下，为满足功利目的或虚荣满足，创作者在人设塑造上不断找寻满足用户意愿的路径，创作者的虚拟身份与现实身份的差距在无形中被拉大，导致短视频真实性和日常性的创作本质受到挑战，失真信息的传递违背了展示秩序，本真与假象的矛盾扰乱了拟态环境建构的基本原则，导致环境建构的不完整。

六、手机短视频传播的对策研究

（一）提高手机短视频内容质量

2017年开始，大量资本进入手机短视频内容生产端，手机短视频的内容生产日趋多样化，出现了社交媒体类、资讯发布类、电商推广类等多元类型，娱乐化倾向成为短视频产业垂直发展的突破口，这也在一定程度上造成了娱乐化短视频的泛滥以及优质短视频内容的稀缺，因此优质短视频内容将成为今后各大手机短视频平台的核心竞争力。从手机短视频生产的社会语境构建上，在赋予手机短视频创作者广阔的创作空间和宽松的创作氛围基础上，要加强媒介素养教育，鼓励手机短视频创作者创作和传播正能量原创作品。手机短视频平台上的OGC（职业内容生产者）要创新内容生产机制，打造精品力作，通过有效的议程设置和热点精选清朗短视频场域，带动内容生产的优质化。在手机短视频生产的文化语境上，要提高审美趣味和丰富文化内涵，从中华优秀传统文化宝库中挖掘优秀素材，从西方的优秀文化中汲取营养，实现优秀文化资源全方位呈现，在内容建设上要充分融入主流价值观，注重世界观、人生观和价值观的正确引导。在手机短视频生产的意境语境上，要树立积极健康的创作理念，摒弃消极低俗的创作意识，将先进的思想文化通过短视频实现精准传播。

（二）加强手机短视频行业监管

虽然手机短视频平台赋予用户创造和传播内容的权利，但是也要在避免过度管控的前提下强化把关机制，严把审核关，防止不良内容、违法内容在网络空间中泛滥，抵制"泛娱乐化"之风的盛行。

2018年3月，国家新闻出版广电总局颁布了《关于进一步规范网络视听节目传播秩序的通知》，提及"坚决禁止非法抓取、剪拼改编视听节目的行为""严格落实属地管理责任"等方面内容，对进一步规范网络视听内容传播秩序做出了规定。2018年7月，国家版权局、国家互联网信息办公室、工业和信息化部、公安部联合启动"剑网2018"专项行动，意在打击网络侵权盗版，这几项内容也同样适用于短视频领域所出现的低俗化问题及各类侵权行为。

2021年，短视频行业制度体系和治理体系加快成熟定型，多部与短视频监管相关的法律正式实施，推动了短视频治理规则的提档升级。《著作权法》为解决短视频等新业态的版权保护、鼓励二次创作等提供了法律依据。《个人信息保护法》明确了短视频平台在个人信息的收集、处理、使用活动中应承担的义务。2021年，中国网络视听协会发布的《网络短视频内容审核标准细则（2021）》，对流量至上、畸形审美、"饭圈"乱象、追星炒星、无底线审丑和违法失德艺人等新老问题提出了更精准化地审核要求，为短视频平台一线审核人员提供了更为具体和明确的工作指引，还在推进短视频行业版权保护和短视频创作规范化方面提出具体要求。

在出现各种因沉溺手机短视频而广受关注的社会事件后，各大手机短视频平台也开始采取相关应对措施。例如抖音推出国内首个上线的"反沉迷系统",用户进入青少年模式后,每日使用时长将限定为累计 40 分钟,禁止用打赏、充值、提现、直播等功能,晚上 22 时至次日 6 时期间禁止使用抖音。同时在精选的青少年课程知识、科普类等教育益智性内容的基础上,增加了生活实用技能、正向休闲类等寓教于乐的精品内容。快手也搭建了全面的审核规范机制,包括由人力和服务器组成的全天内容评级团队、用户一键举报通道、人工智能审核技术等内容。

(三)开展专项整治,建立良好秩序

手机短视频平台创造出了一个"主体泛化,环境延展;视听结合,实时反馈;平民把关,微观叙事"的新型拟态环境,也在建构中存在对抗性矛盾与冲突。手机短视频平台构成了平台、制度与用户三者之间权力再分配的空间。平台的商业属性,制度的规范治理,用户的使用体验,三者在制约中保持平衡,才能使拟态环境的建构处于相对真实、合理的状态,为大众认知现实环境提供新的路径。[①] 针对手机短视频平台存在低俗、侵权等不良内容,政府监管部门应该加强对手机短视频行业的集中整治,清理低俗、暴力、血腥等不良内容,打击复制、表演、传播他人影视、音乐作品的侵权行为,对涉事手机短视频平台做出关停或下架整改的处理,遏制不良影响的蔓延,构筑手机短视频行业新秩序。

例如 2018 年年初,文化和旅游部严查了恶搞黄河大合唱的短视频源头制作公司,对其在网络流传恶搞短视频而造成极其不良的社会后果处以高额罚款。行业组织、平台等也应该多方联动协同发力,建构完善的平台规则,发布自律声明或倡议书。手机短视频平台应加大版权保护力度,通过购买版权内容、完善授权和结算机制、建立开放平台等方式,加强版权制度建设,完

[①] 冷淞:《"人间烟火"的景象迁移与"现实图景"的双向建构——新冠肺炎疫情下短视频与拟态环境重构》,《新闻与传播研究》2020 年第 27 卷第 9 期,第 125 页。

善版权投诉机制,加快形成良好的利益分配机制,努力营造共生共赢、清朗明净的手机短视频行业环境。

第三节 直播 App 新生态

直播技术发端于电台、电视台等传统媒体,广播电视直播就是制作单位运用专业的摄制设备、导播设备、卫星设备以及相关直播团队,对新闻现场、大型的体育赛事或者文艺晚会等制作和播出同步进行的播出方式,目的是消解滞后性、增强实时性、还原现场感和提升体验感。电视直播因为即时性强受到观众的喜爱,但是电视直播互动性差,无法与观众实时互动。网络直播的另一个溯源就是弹幕互动,弹幕最初出现在在线视频网站上,网友在观看视频时可以将评论叠加发表在视频上,这种实时评论实现了与视频内容的互动。网络直播集合了电视直播和弹幕互动的优势,在移动端创设了入口,使得实时观看和实时互动成为可能。

曼纽尔·卡斯特尔(Manuel Castells)在《网络社会的崛起》一书中认为以信息技术为中心的技术革命正在重造人类社会的物质基础,进而改变人类生活的社会图景。[①] 移动互联技术的更新迭代使得人类在社会、经济、政治和文化层面上发生了结构性转型与重构。在 5G 网络全面铺开、宽带增速、流量降费、直播工具快速普及、直播技术不断精进、资本持续注入的背景下,网络直播开始借助数字技术蓬勃发展起来。与视频和图像采集相关的硬件不断升级换代,能够更加清晰表现真实样貌和细节质感。芯片技术的升级能够减少观看直播过程中的卡顿,直播图像传输清晰度和流畅度大大增强,直播质量大幅提升,用户使用体验不断完善。直播技术不再掌握在专业媒体手中,主播身份的非专业化要求使得直播门槛被迅速拉低,某一个人或一个

[①] 曼纽尔·卡斯特尔:《网络社会的崛起》,夏铸九译,社会科学文献出版社,2006,第 1 页。

组织长期或临时开通的网络直播间应运而生。

一、直播概述

网络直播是指网络视频供应商通过流媒体的技术形式，提供给受众在线传递与接收视听觉内容的视频服务。主播通过在直播间里的"表演"获得关注和报酬，用户通过弹幕与主播进行语言互动或通过有形消费表达对主播的支持。各大互联网巨头与投资公司纷纷布局手机直播领域，直播被广泛运用到新闻现场、电商直播、发布会、体育赛事、游戏赛事等多元场景中，直播内容更加精细化、品质化，直播行业发展呈现出持续向好的前景。

智能手机的普及使得用户观看直播的设备实现了随身化、小型化和交互化，众多用户开始进入网络直播所建构的虚拟空间展示自我、虚拟交往或购买商品。直播的市场规模和用户规模从2015年开始迅速扩大，网络直播行业进入发展的快车道。2016年是网络直播元年，网络直播进入公众视野并开始了从崛起到蓬勃发展的过程，逐渐成为高成长价值的互联网文化业态和传播新常态。2018年直播行业的市场规模达到370亿元，而2015年只有100亿元，增长迅猛。用户规模从2016年的3.4亿发展到2020年的接近5.6亿。2019年天猫"双十一"成交额达2684亿元，其中淘宝直播表现亮眼，超过50%的商家都通过直播获得新增长，"双十一"当天不到9个小时，淘宝直播引导的成交额就突破了100亿，2019年也因此被称为电商直播元年。

2020年初，新冠肺炎疫情对传统销售渠道造成了猛烈冲击，人们居家时长大幅的增加为"宅经济"的发展提供了发展空间。"宅经济"一词最早起源于日本，主要指"以电子商务、在线娱乐、游戏等为代表的网上经济以及产业链上的关联行业"，是伴随着互联网的发展而出现的新经济形态，反映了社会经济与科技发展对人们生活方式的影响。[1] 随着网络直播技术的日趋成熟

---

[1] 李文明、吕福玉：《"宅经济"的发展状况与引导策略》，《学术交流》2014年第11期，第112—116页。

和社交媒体功能的日益完善,"边看边买"在技术的支持下成为现实。线下场景逐渐转换为线上场景,直播再次成为风口。直播既能满足大众的购物需求,又能满足大众的娱乐需求,"直播+"逐渐演变成一种无所不在的网络服务形态。同时主播的身份呈现出多元化特点,不仅有专业主播,明星、主流媒体、领导干部也纷纷参与到直播狂欢中,"万物皆可播"和"全民皆可播"的时代已经到来。

直播带货也成为媒体报道的热点话题,"直播带货"一词更是入选了《咬文嚼字》公布的2020年度十大流行语。QuestMobile在2020年发布的《2020年中国移动互联网"战疫"专题报告》显示,中国网民对移动互联网的依赖增加,人均每天花费在移动互联网的时长比2020年初增加了21.5%,尤其是直播平台用户的周人均单日使用时长均超过120分钟,远高于非直播用户,万物皆可直播的生活方式全方位进入大众视野,实时互动的直播成为用户线上生活中不可或缺的重要组成部分,观看直播成为人们在网络上休闲放松的重要方式。

直播场景快速促进行业转型,为企业提供了崭新的销售思路,有效帮助企业从亏损转为盈利,推动企业纷纷布局电商直播,也极大推动直播的高速发展。疫情期间火神山、雷神山的建设直播、云购物、云课堂、云办公、云招聘、云招商等全面助力各行业复工复产,直播不仅刺激了消费、拉动了经济增长,也提供了就业和创业的机会。直播行业也得到了政策扶持,2020年7月,人力资源社会保障部、市场监管总局、国家统计局联合发布9个新职业信息,其中"互联网营销师"职业下增设"直播销售员"工种。2020年9月,国务院办公厅印发《关于以新业态新模式引领新型消费加快发展的意见》,提出推动线上线下融合消费双向提速,引导实体企业更多开发数字化产品和服务,鼓励实体商业通过直播电子商务、社交营销开启"云逛街"等新模式。①

根据中国互联网络信息中心发布的第49次《中国互联网络发展状况统计报告》显示，截至2021年12月，我国网络直播用户规模达7.03亿，较2020年12月增长8652万，占网民整体的68.2%。其中，电商直播用户规模为4.64亿，较2020年12月增长7579万，占网民整体的44.9%。游戏直播的用户规模为3.02亿，较2020年12月增长6268万，占网民整体的29.2%。体育直播的用户规模为2.84亿，较2020年12月增长9381万，占网民整体的27.5%。真人秀直播的用户规模为1.94亿，较2020年12月增长272万，占网民整体的18.8%。演唱会直播的用户规模为1.42亿，较2020年12月增长476万，占网民整体的13.8%。从以上数据可以看出，直播的大众欢迎度与日俱增，电商直播和体育直播是2021年网络直播行业发展最突出的两个业态。随着传统企业的数字化转型以及用户对网络新业态接受程度的提高，直播走向了更加广阔的市场。

二、网络直播的特点

（一）实现了信息的实时发布和实时互动

随着移动互联网的发展，人类生存的社会分化为现实社会和虚拟社会，人类的生存方式也分化为现实生存和虚拟生存，两种生存方式交织融汇，实现了对真实世界的超越。手机网络直播间以便捷随身、内容多元、虚拟空间独立、视听感受立体、互动体验实时的优势逐渐成为新型的虚拟交往新部落，虚拟交往作为现实交往的延伸、丰富和拓展，对于用户的吸引力和感染力也与日俱增。作为亚文化生产实践空间的手机网络直播消除了物理距离和地域差距，打破了传统信息交流的壁垒与隔阂，真正实现了信息的实时发布和实

---

① 中国政府网：《国务院办公厅关于以新业态新模式引领新型消费加快发展的意见》，http://www.gov.cn/zhengce/content/2020-09/21/content5545394.htm，2020-9-21。

时互动。通过建构共在场景和营造体验空间,实现了跨越社会阶层与地理区域的跨时空交流与互动。

(二)形成基于趣缘的虚拟社群

网络直播在社会多元分化的基础上,通过对时空结构的重构,将散落的但具有共同需求、共同兴趣爱好或相似观点情感的个体集聚在同一云空间中,以多人同时虚拟在场的形式提高了围观场域的参与度和影响力,形成具有趣缘性、层级性、经济性、家园感、高参与度与互动性、边界性的虚拟社群,该虚拟社群具有共通意义、社会规则、相互认同性和群体归属感。虚拟社群作为网络社会中连接个体和社会的中间群体,一方面有效组织了趋于原子化的个人,另一方面也连接了不同阶层的群体。[1]

网络直播社群成员根据话语权的地位划分为核心成员、次核心成员、边缘成员和外围成员等。核心成员是直播间的秩序维护者,拥有最强的话语权,主播是直播社群中的意见领袖。次核心成员是积极参与直播间话题互动或支持行动的成员,拥有较强的话语权。边缘成员是偶尔参与直播间话题互动或采取支持行动的成员,这类成员的目的性不强,话语权也较弱。外围成员是为了特定需求偶尔进入直播间短暂停留的用户,对直播间的黏性较差,观看行为表现出偶发性和随机性的特点,与直播间的其他成员之间缺乏情感联系。

(三)积极的信息分享和互动行为

霍华德·莱茵戈德(Howard Rheingold,1993)指出虚拟社群的信息分享行为体现出自我形象与集体形象的流动性,个人自愿提供有价值的信息给社群成员,这一分享行为并无明确的预期回馈对象。[2] 直播间的核心成员通过群体性、表演性的实时交互构建文化符号,设立较为固定的流程和内容提高辨

---

[1] 张华:《网络社群的崛起 基于国家、社会、技术互动视角的研究》,复旦大学出版社,2018,第229页。
[2] Howard Rheingold. The Virtual Community: Homesteading on the Electronic Frontier, *Journal of Women's Health*, 1993(6). p.76.

识度，将丰富的专业知识分享给用户，网络化个人主义提升了核心成员尤其是主播的自我效能感和行业影响力。直播过程实现主播与用户之间的情感联系和情感共享，以媒介仪式的形式培养共同信仰，使用户的需求与主张得到群体认同，重塑自由平等的话语秩序，实现文化传播和社会维系的目的。观看直播的用户身体虽不在场但可以借助文本内容完成交流，他们通过具有团体倾向的自我呈现及主动观看，找寻与自己有共同兴趣爱好、有共同话题和相似价值观的同类人群，建立平等的话语权，并通过成为社群成员获得安全感、认同感和归属感。基于参与式文化观视角，参与直播活动的用户是积极的行动主体。

（四）群体规范保证了虚拟社群的有序互动

直播建构的虚拟社群存在群体规范性，社群成员需要共同接受平台规则和直播间规则的显性规训，也要接受凝视带来的持续围观下的隐性规训，否则可能被禁言或被清退。"虚拟共同体"的群体规范决定了个体是否得到群体认同，也是社群有序互动的保证。因此社群成员会选择自觉地以群体规范约束自我，以群体目标为标准认知和评价自身行为，在群体压力下产生趋同心理，与群体中的其他成员产生情感共鸣。同时，在直播构建的虚拟社群中的个体隐匿了真实身份，匿名性使其拥有了重塑新身份的自由。直播间具有独立、开放和流动的特点，成员之间的关系是自由和平等的，用户可以按照个人意愿自由选择加入或退出社群，无须背负任何道德愧疚和他人责难，自由选择权利的赋予也是激发用户参与热情的关键因素，基于公平和尊重的情感互惠是直播行业可持续发展的精神基础。

（五）媒体建构的新景观

网络直播是新媒体环境下依赖数字空间的传播活动和文化现象，也是新媒体技术和互联网空间不断发展的产物，是在媒体的建构下形成的景观效应。网络直播承袭了电视媒介的场景理念，通过特定的直播场景、后台场景和观赏式互动建构了更倾向于还原或再现的云空间，从接近日常生活的仪式维度实现了与用户的情感共建。直播间将有共同爱好的受众聚集于特定圈层或群体话题中，有明确的主题和清晰的边界，这是重建社群尝试的映照，也为流动时代的住民们在谋求归属感上提供了有效的路径。用户观看直播的过程是对主播构建的符号意义进行消费的过程，是将感官融入场景，感受共在、情感升温的过程。

在群体中，情感除了作为将成员联系在一起的黏合剂，也是一种动机力量，在使主观体验有序的同时也赋予人们行动的力量。[1]用户在主播风格化表演的牵引下，以身临其境的沉浸式体验方式实现情感的在场和升温，用户的空间临场感在感知易用性和交互响应速度等影响下得到提升，直播间的情感双向互动是无数个情感行动的总和。用户在长期稳定的场景融入中自觉地与场景内的共同认知达成一致，增强了其对传播内容的介入感、认同感和信任度。直播的互动环节强化了实时性，构筑了更加立体、高体验感和高临场感的传播场域，评论、点赞、提问、打赏等构成的弹幕景观烘托出浓烈的集体情感，主播、弹幕、直播场景三者的整体视觉呈现打造了虚拟舞台，不同观看者的精神自我共处同一虚拟空间。

（六）自我呈现方式的变革

和现实社群不同，直播间社群成员的年龄、性别、职业等都被隐匿，用户使用既可以描述又可以表达思想的文字弹幕来实现实时互动，重构了个体

---

[1] 乔纳森·特纳、简·斯戴兹：《情感社会学》，孙俊才、文军译，上海人民出版社，2007，第8页。

角色及地位。弹幕成为直播间中自我呈现和了解他人的唯一窗口。弹幕匿名性使得用户卸下身份包袱和阶层束缚，用户可以使用直播间中获得的新身份面具自由互动，实现对现实自我的美化或身份重塑，社群成员的广泛参与激发了虚拟社群的氛围和活力。社群成员的实时反应和节奏化互动带来了交互体验的升级，不仅满足了用户的情感表达诉求，更促进了情感能量在互动仪式场中的集聚和升华，提高了虚拟社群的凝聚力。用户的提问得到实时回应能够强化用户成员身份的自豪感和群体感，提升情感能量的积累效率，增强用户交换文化符号资本的参与感和沉浸感。情感的获得、资本的交换以及反馈及时传达的效果能够吸引用户参与互动循环，也能激发静默用户的参与热情与行动意识，达到更加活跃的传播效果。

三、直播场景构建

随着互联技术的发展和受众需求多样化，直播类型垂直细分化特质越来越明显，可以细分为电商直播、游戏直播、赛事直播、才艺直播、旅游直播、文化直播、教育直播、公益直播、秀场直播等。直播分类清晰了群体边界，在同一类型的直播里会对局外人设置屏障，用户会围绕与直播内容有关的焦点问题提问和讨论，分享并强化共同的情绪或情感体验，最终将群体情感转化为群体团结情感，这也是直播用户黏性维持和吸引新成员的关键。

（一）赛事直播

用户观看直播是为了观摩比赛、学习技能和模仿技巧动作等。常见的赛事直播有足球、篮球、网球、F1等大众体育赛事以及电子竞技等。赛事直播的主播需要具备一定水准的技术水平和语言表达能力。

（二）才艺直播

用户观看直播是为了娱乐消遣、寻求陪伴，直播内容主要是展示才艺、与用户互动交流，直播间氛围轻松，用户黏性强。

（三）电商直播

用户观看直播的主要目的是购买商品，直播内容主要是为用户介绍和推荐产品。

（四）游戏直播

用户观看直播的主要目的是参与游戏娱乐。《中国新媒体发展报告（2020）》指出，游戏直播是主流直播平台的核心业务，游戏直播由于职业化趋势，用户结构更加优化，增长率高于其他类型直播。虎牙直播、哔哩哔哩直播等是游戏直播的"主阵地"，游戏直播有明确且固定的有共同爱好的观看群体，游戏解说、景别、镜头运动等视觉呈现对用户产生了极大的吸引力。

（五）旅游直播

2020年全球暴发的新冠疫情使旅游业遭遇重创，旅游企业、景区、酒店、出行大交通等业务一度陷入停摆，直播成为旅游企业"自救"的方式。马蜂窝最先开始探索针对疫情的旅游直播业务。飞猪的旅游直播，在一个季度内累计了七千万的播放量。世界文化遗产布达拉宫、北京故宫等文旅大IP也纷纷开设直播间。旅游直播不仅促进旅游产品的销售，直观展示丰富的旅游资源和人文风光，还可以开展公益助农活动，是旅游业在新媒体时代应对突发事件的成功尝试。

（六）文化直播

《中国新媒体发展报告（2020）》指出，直播从本质上是以实时互动为核心的一种技术工具，在新的媒体技术生态和社会语境中，直播或将成为基础性工具，可搭载各种不同的产业模块进行重组和融合发展。[①]网络直播的社会责任意识在不断加强，直播不仅是公众娱乐休闲的聚集地，也将以更浓厚的文化内涵实现扩延增容。例如2017年大型非物质文化遗产直播节目《匠人与匠心》热播。2019年新华社新媒体中心推出的展现乡村建设辉煌成就的《看美丽乡村，庆70华诞》大型直播节目。光明网推出的展现少数民族的衣食住行、节庆礼仪、娱乐艺术等民风民俗的《可爱的中国》系列直播。北京网络文化协会邀请科学研究机构专家学者推出的科普教育直播《给乡村孩子的科学课》。2020年，上海市文化和旅游局推出的聚焦上海城市新形象和文旅新空间的"上海旅游直播间"活动。2021年，追忆中国共产党百年光辉历史，重温红色记忆的"红色文博密码"系列直播活动等都展现了网络直播承担社会责任和历史使命的未来发展趋势。

四、电商直播

电商直播是通过互联网平台构建场景化、社交化、生活化虚拟购物环境，职业主播或实体店铺使用直播技术进行商品线上展示、使用体验分享，与用户实时互动、咨询答疑、导购销售的新型服务方式。

（一）电商直播的发展历程

电商直播可以溯源到20世纪90年代出现的电视购物。1992年，电视直播购物方式进入中国。电视直播购物是具有一定资质的电视频道通过现场直播或录播的方式向观众详细展示和介绍商品，观众拨打订购热线购买商品，

[①] 唐绪军、黄楚新：《中国新媒体发展报告》，中国社会科学院新闻与传播研究所，2020，第412页。

卖家通过物流的方式将商品运送到消费者手中。当时由于这种购物方式十分新奇，引起了消费者的关注和热捧。但由于传统的电视直播购物平台出现了较多问题，如夸大产品功效、虚假宣传、售后服务没有保障等，导致消费者对电视直播购物失去信任，电视直播购物逐渐淡出了人们的视野。

我国电子商务的发展经过了萌芽期（1991—1999）、培育期（2000—2009）、竞争期（2010—2014）和稳定发展期（2015年至今），在政策扶持、市场需求、资本注入和技术支撑的多重因素作用下，电子商务逐渐繁荣。网络购物消费领域新场景、新业态不断涌现。在网络购物规模迅速扩容的背景下，基于直播技术的稳定，电商行业开始探索"直播+"模式。

2016年3月，以时尚女性消费群体为主要受众的电子商务平台蘑菇街将直播业务入口正式接入平台，首创直播功能。2016年5月，淘宝直播正式上线。2016年9月，京东商城直播上线平台。2017年11月，抖音开通了直播模式。2018年，快手也上线了直播功能，形成流量+电商对接模式，电商直播进入了探索期和加速期。电商直播只将销售商品作为直播的盈利点，主播的话术围绕链接里的商品或店铺促销活动展开，用户的弹幕内容也是围绕商品的主题，主播根据弹幕内容实时回答用户的提问，用户可以通过链接直接购买商品。电商直播的"交易性"特点和"社交沉淀+直播引流+电商转化"的创新模式引起了极大关注，并以销售流程直观、快捷、完整的优势成功引导了消费观念的改变，成为转换能力最强的购物平台，掀起消费狂欢浪潮。电商直播克服了实体店销售人流有限的局限，直播间的观看人数不受限，用户可以跨越物理时空藩篱自由穿梭在众多直播间，销售渠道大范围延展，商家的运营成本也大幅下降，为商家带来了巨大的收益，也标志着"全民直播"时代的开启。2018年是淘宝直播发展最快速的一年，全年销售额超过1000亿，平均每天开播的场次超过6万场，进店转化率为65%，这是线下实体店和传统网购模式无法达到的。

2019年电商直播呈现爆发式发展态势，进入真正的电商直播元年。拼多多等电商平台崛起，小红书、大众点评等内容社区也开始入局直播业务，腾讯上线内测直播小程序，微信试水直播业务。电商直播运营逐步专业化和精细化，供应链不断整合，"直播带货" GMV（Gross Merchandise Volume，商品交易总额）爆发式增长。2019 年"双十一"购物节当天，淘宝直播间成交额高达 200 多亿，成交额达到 10 亿的主播就有 10 位。淘宝经过多年发展已成为电商平台的翘楚，淘宝直播作为"电商+直播"的内容升级版块为不同行业的发展提供了新的机遇，也为淘宝的发展增添了新的动力。

2020 年，新冠肺炎疫情对传统线下销售方式产生了极大的冲击，也助推了电商直播媒介景观的出现。"电商+直播"的直播带货模式成为疫情催生的新形态，受到各大电商平台的热捧，呈现出爆发性发展态势。电商直播主体多元化形态产生，明星、政府官员、各级主流媒体也开始在各种直播平台直播带货，电商直播在帮助社会恢复经济活力、增加和稳定就业方面发挥了重要作用。国家也出台了一系列利好政策和规范文件，如 2020 年 3 月发布的《广州市直播电商发展行动方案（2020—2022 年）》、2020 年 5 月发布的《重庆市加快发展直播带货行动计划》、2020 年 7 月发布的《关于支持新业态新模式健康发展激活消费市场带动扩大就业的意见》等，都为电商直播行业有序健康的发展提供了制度保障。

2022 年中国互联网络信息中心（CNNIC）发布的《第 49 次中国互联网络发展状况统计报告》数据显示，截至 2021 年 12 月，我国电商直播用户规模为 4.64 亿，较 2020 年 12 月增长 7579 万，占网民整体的 44.9%。2021 年"双十一"直播电商平台销售总额达 737.56 亿。与以往的电商直播形态不同的是，越来越多的中小商户开始自建直播渠道，淘宝直播间近 1000 个过亿直播间里，商家直播间数量占比超过 55%，高于明星主播直播间的数量，私域流量对于直播交易额的贡献越来越凸显。本土特色商品通过电商直播渠道获得了良好的营销效果。随着相关规章制度的实施和监管体系的完善，电商直播运营更加规范。

（二）电商直播的特点

电商直播形态革新了传统电商平台的购物场景，重组了传统购物模式中"人货场"之间的关系，孵化出"直播+"的新型模式，促进了消费升级，体现了符号价值、社会价值和营销价值，实质是技术驱动下营销范式的迁移。通过"消费者主动购物+主播引导购物"的交易模式不仅降低了成本，还提高了转化率。电商直播基于网络通路的支持，打破了传统购物场景中时空界限，解决了传统电商难以实现多人在场互动的难题，消费者足不出户便可通过主播的专业介绍了解商品特性。电商直播平台具有共同体验、感知效能和同步特性，个性化、趣味性和体验感弥补了传统互联网销售仅靠图片、文字和小视频表达的单一性缺陷。

在移动终端上，主播通过视觉化形式构建类似线下实体店场景，在个性化的虚拟购物与社交场景中，主播通过一对多或多对多的信息传递方式，从专业性、技能性、互动性和吸引力角度吸引消费者，为消费者提供深度实时、富媒体形式的商品解析，从商品性能、商品特色、使用方法等角度多维展示和专业化讲解店铺商品，讲解的内容还可以录制留存，用户可以通过回访观看商品讲解，极大提高了信息覆盖面和信息留存度。专业讲解能够帮助消费者更直观、多视角、实时动态地了解商品信息，使消费者在虚拟购物场景中产生沉浸式、亲切感、远程在场感的购物体验，通过营销场景与购买场景的即时连接，达到培育消费习惯、激发消费欲望、转化消费受众的目的。网络支付方式的便捷性也为电商直播提供了强大的支付接口。极具特色的内容化消费场景营造出强烈的在场感和积极的同场互动，社会临场感增强了消费者认同，充分挖掘出消费者的潜在消费欲望，实现了消费内容升维和消费观念升级。

随着消费文化的盛行，商业逻辑已逐渐渗透至人们的日常生活中，需求消费导向转为符号消费导向。电商直播通过营造购物氛围、增强互动性有效吸引消费者，将流量转化为成交额的同时，增强了主播与用户的情感连接和受众黏性。用户可通过关注成为粉丝，可以通过完成每日任务获得亲密度提升粉丝等级，电商直播间通过奖励机制鼓励用户观看、点赞直播，完成符号消费和实现意义的过程。分享功能将消费变成一种共享式的生活体验，并达到扩散式流量膨胀的效果。消费者可以随时将自己的要求或者想法打在公屏上，主播可以随时根据公屏留言为消费者答疑解惑，还可以根据消费者的反馈及时调整直播内容和进度，充分实现了信息传播者与信息接收者之间的双向实时高效互动。这种传受共情的互动模式能够满足消费者的个性化需求，营造良好的消费空间和购物氛围，使消费者产生专注和愉悦的心流体验。内部的情感需求和外部的消费主义交织在一起，在一定程度上激发了消费者的价值相容消费体验和购物动力，实现了体验性消费与物质消费的融合。当观看量和点赞量达到一定数量时，主播会通过发放商品优惠券或定时秒杀的方法激发消费者的消费欲望。关注的设置保证了用户对直播间的黏性，在此基础上，通过创建微信粉丝群、微信公众号等方式将公域流量转化为私域流量，实时发布直播预告，多场域互动关系形成了巨大的流量景观效应，进一步增强了用户黏性。在算法技术的支持下，平台全面了解用户的喜好，用户的消费过程更加智能化和人性化。

（三）电商直播存在的问题以及治理策略

在利益化驱使下，电商直播平台也存在货不对板、售后服务满意度低、维权追责困难、体验差的问题，还存在刷单、数据造假等，暗藏灰色产业链等顽疾。部分直播对团队主播进行"包装"，对直播带货数据进行注水，对观看等数据进行造假、夸大产品功效、违反广告法滥用极限词进行夸大宣传等问题也层出不穷。以上行业乱象损害了市场公平，扰乱了市场秩序，也降低了消费者对电商直播的信任，严重影响了电商直播的健康发展。"冲动式"消费也带来了高退换率的问题。目前还没有完善的法律法规约束电商直播行为，新媒体广告管理主体多元也导致对直播平台监管不力，平台审核机制和监管也不完善。因此要基于整体治理观的框架，通过建立链条式电商直播法治化监管体制来规范电商直播的秩序，切实保护消费者的利益。

2020年7月，中国广告协会制定了《网络直播营销活动行为规范》，对直播带货的刷单现象和虚假宣传行为做出了明确规范。2020年11月，国家网信办发布了《互联网直播营销信息内容服务管理规定（征求意见稿）》，对数据造假行为进行了规范，并规定提供直播回看功能。2021年3月15日颁布的《网络交易监督管理办法》从网络交易经营者、监督管理、法律责任三方面明确了主播、商家、平台、品牌方权责职能，约束电商直播的法外生长，净化电商直播环境。对电商直播平台存在的虚假宣传、商品质量问题、售后不完善等问题加大处罚力度，增大对违规主播的惩罚力度。建立电商直播维权路径，降低消费者维权难度，形成多元监督的有效维权机制。建立健全售后服务体系，充分保证消费者的合法权益。2021年5月25日开始施行的《网络直播营销管理办法（试行）》着重对网络直播营销平台的责任、直播间运营者以及直播营销人员的要求、直播营销的监督管理和法律责任做出明确的规定。随着规章制度的实施，电商直播监管体系得到逐渐完善，消费者权益保护力度进一步提升。

五、网络直播导致的消费异化和个体迷失

（一）景观社会下的消费异化

法国思想家、情景主义创始人居伊·德波（Guy Debord, 1967）在其著作《景观社会》中说："在现代生产条件无所不在的社会里，生活本身展现为景观的庞大堆聚。直接存在的一切全都转化为一个表象。"在景观社会中，由于景观成为满足需求的起点，在商业机构打造虚拟景观的过程中，消费主义的蔓延与异化便不可避免。享乐文化和泛娱乐化麻醉和满足了受众的虚幻需

求，容易使受众对其产生身体和心理上的深度依赖，产生思考的惰性。在消费文化视角下，直播受众则是消极的工具性角色或物化角色。例如电商直播通过关键意见领袖输出消费意见，营造出特定的消费场域。受场域融合、工具理性驱遣与无形资本转移的影响，电商直播间以景观塑造的方式，逐步捆绑和桎梏消费者的身体和意志，使得消费者成为景观奴役下的奴隶和被操控的消费木偶，导致消费主义泛滥和集体无意识现象发生，严肃、理性、具有价值的公共话语被消解。主播的话语煽动以及限量、拼手速等群体效应影响到消费者的消费决策，引起符号意义大于需求意义的非理性消费行为，落入盲目跟风的消费主义陷阱，"种草党""囤货党""羊毛党"的形成就是不合理、无序的消费文化的体现。

内容多元的网络直播丰富人们的生活，但由于准入门槛低，也暴露出了一系列问题。主播的专业素质难以保证，网络直播在盈利模式上属于注意力经济，这就会导致部分主播为了吸睛和圈粉或迎合部分受众需求滥用直播工具，游走在道德与法律的边缘，直播中出现立意低、粗俗、宣传淫秽暴力、教唆犯罪、危害社会公德的内容，导致直播内容良莠不齐、直播质量参差不齐甚至直播内容违法违规的现象。作为新的媒介产业，网络直播的内核是"经济利益下的人际交互"，虚拟的狂欢圣地依旧充斥着各种资本生产商品符号意义，人们还是无法避免被各种符号的消费所裹挟。[1]

（二）符号幻象遮蔽下的个体迷失

在网络直播构建的云空间中，个体以虚化的代码和符号进行身体不在场的虚拟社交，情感交流被文字、表情包等替代，容易使社群成员陷入符号幻象的裹挟中，导致交往虚拟化和幻象实在化。对消费主义的追逐还会削减个体理性，个体在泛娱乐化的熏染下无意识地成为单向度人，迷失在虚幻的狂

---

[1] 徐舟：《表演、消费和讨论：网络直播间中的主体行为研究》，《传播力研究》2018年第17期，第231—233页。

欢场域中，成为技术的"奴隶"。过度使用、沉溺虚拟形象和非理性消费行为发生的可能性增大，从而产生主体消解和迷失自我，对现实生活产生一定的负面影响。

在现实生活中，职业、年龄、性别等符号附着在个体身上，对个体的现实社交产生影响。但在直播间中个体身份表现出虚拟性，网络身份标识、发送的弹幕等构建起的虚拟形象带有一定的欺骗性，虚拟形象的长久维持有可能遮蔽真实自我。如果现实生活中不能实现虚拟身份和现实身份的自由转换，可能会导致自我认知上的失当。直播间族群形成是以趣缘为基础，在交流高效的同时，也可能由于空间的狭小和对主播的盲目追随导致认知窄化，从而形成信息茧房。平台的大数据推荐和个性化推送，使得消费者极易被技术算法控制，消费者的个性被限制，并进一步导致观点和行为极化。在直播场域中，消费者的认知可能仅仅限于商品符号意义的粗浅层面，而忽略消费行为的必要性，弥漫的消费主义可能会激发非理性消费行为的发生。

六、网络直播治理策略

（一）加强监督管理，营造健康直播环境

政府是调控与整治直播环境的有力抓手，政府要全面了解直播行业现状，洞察问题与隐患，科学制定有效的规范条例，营造健康的直播生态。我国针对直播行业相继出台了相关的规范条例，不断完善直播行为和直播服务的管理。

2016年，国家互联网信息办公室印发了《互联网直播服务管理规定》。2020年，《网络直播营销行为规范》正式施行。2020年，北京市场监管部门发布了《网络直播和短视频营销平台自律公约》。2021年2月9日国家互联网信息办公室、公安部、商务部、文化和旅游部、国家税务总局、国家市场监督管理总局、国家广播电视总局等七部委联合发布了《关于加强网络直播规范管理工作的指导意见》，从主体责任、导向正确、内容安全、制度规范、综合治理等方面对网络直播行业提出具体要求。2022年，国家互联网信息办公室、国家税务总局、国家市场监督管理总局联合印发《关于进一步规范网络直播营利行为促进行业健康发展的意见》。这些规范条例对直播账号管理、信息安全管理、直播营销行为规范、直播纳税行为、未成年人保护、消费者权益保护等问题提出明确要求。

此外，政府方面还应该加强监督管理，做到高效监管与实时监管。大力查处平台违规行为，加大处罚力度。还可以通过建立信用制度来实现多部门联动管理，着力构建跨部门协同监管长效机制，促进网络直播行业在发展中规范、在规范中发展。还可以结合利用大数据技术、人工智能技术、云计算等提高监管的反应速度和精准度。加强对平台与主播资质的审查，定期检查平台与直播机构的运营资质，适当提高直播准入门槛。

（二）平台要自我优化，创设良好网络空间

网络直播平台应加强自律，主动承担社会责任，为用户创设风清气正的网络空间。网络直播平台要加强平台监管队伍建设，实现有效监测，识别屏蔽违规内容。设置便捷的举报功能，健全平台举报渠道，完善举报监督机制，及时核实举报内容，警告和查处不合规平台和直播。网络直播平台要树立健康、文明、有序的直播风气，不能追求流量或一味逐利而任由不良内容在直播空间蔓延。

（三）提升主播职业道德，传播积极内容

主播是直播间的核心成员，拥有最大的话语权，主播传递出的价值导向会对社群成员产生潜移默化的影响。主播的专业化和职业化是未来的趋势，直播平台可以组织定期的主播技能培训，帮助主播提升职业道德、社会责任意识和专业素养，主播要努力通过直播活动传播正确的价值观、娱乐观和消费观。

（四）提高用户的媒介素养，平衡个人虚实生活

媒介素养指的是人与媒介打交道的能力，即公众认知媒介、参与媒介、使用媒介的能力。用户在参与实时互动的直播活动时要具备平衡个人虚实生活的能力，避免在媒介使用中迷失自我。用户应该认识到直播活动的虚拟性，电商直播活动是美化后的消费符号，是刺激消费的手段，用户应采取理性消费的行动。对于低俗的直播内容要主动拒绝和屏蔽，或者向平台或监管部门举报。用户还应避免过度依赖虚拟交往，增强现实交往机会，达到现实生活和虚拟生活的平衡。

第九章 算法传播

第一节 算法的溯源和发展

从算法的历史发展来看，算法从最初的数学方法逐步发展成为研究范式。其发展历史经历了数学算法、计算科学算法和智能算法三个阶段。

一、数学算法

算法起源于数学概念，具体表现为数字的运算法则。随着数学的发展，算法的范畴逐步扩大，演绎推理的逻辑步骤也成为算法的具体表现形式。公元前5世纪，毕达哥拉斯创立了算术，泰勒斯和阿克西曼德创立了几何，人们开始运用抽象的数学推理解决实际问题，算法完成了从计算向推理的转变。17世纪，英国的牛顿和德国的莱布尼兹各自独立研究，发明了被视为近代数学标志的微积分，形成了典型的算法模式体系。现代数学中的算法不只是单纯的计算，而是为了解决一整类实际或科学问题而概括出来的、带有一般性的计算程序，并且通常力求规格化，便于机械化的重复迭代，它们是一种归纳思维能力的产物。[1]

---

[1] 李文林:《数学史概论第2版》，高等教育出版社，2002，第12页。

二、计算科学算法

17世纪，近代科学之父意大利科学家伽利略·伽利雷（Galileo di Vincenzo Bonaulti de Galilei）将数学与物理学等自然科学进行了结合，提出自然数学化。英国著名的物理学家、数学家艾萨克·牛顿（Isaac Newton）建构了物理科学，主张通过算法预测和制定现实生活的经验规则。被称为"实验科学前驱"的英国自然科学家弗朗西斯·培根（Francis Bacon）建立了科学实验体系，强调了实验数据在算法中的重要性。被称作"现代算法之父"的德国数学家戈特弗里德·威廉·莱布尼茨（Gottfried Wilhelm Leibniz）提出"思维可计算"思想。1854年，英国数学家乔治·布尔（George Boole）试图定义一种将人类推理活动分解成可书写的数学表达式的思维语言和用来进行普通运算的符号，计算机科学和算法得以发展。1950年，被称作"计算机科学之父"的英国数学家、逻辑学家艾伦·麦席森·图灵（Alan Mathison Turing）提出著名的图灵测试，为人工智能的发展奠定了基础。20世纪，随着计算机的发明和广泛应用，算法作为技术创新的核心工具被广泛应用于各种领域。

三、智能算法

1956年8月，在美国汉诺斯小镇的达特茅斯学院中举行了一场意义非凡的会议，与会的科学家们提出了"人工智能"一词，用机器来模仿人类学习以及其他方面智能的想法就此诞生。随着大数据、人工智能等信息技术的发展与成熟，算法以技术范式的身份逐步渗透到人类社会生活的各个环节中，发挥越来越重要的作用，呈现出主宰之势。

在数据化社会中，人们的行为通过社交媒体、移动通信等被转化为海量数据。数据的海量化和计算机算力的升级化为算法技术的发展提供了重要的基础，基于海量数据创建模型的逻辑进路大大提升了算法的精确度和智能度。算法实现了在数据汪洋中分析现象和总结规律的愿望，通过自动高效分析数据做出相应的决策，具有极强的预测性。算法不仅深度触达人类的各种生活图景，还影响了人类的思维模式，成为人类生活的支撑型力量，促进了广泛的经济和社会变革。正如美国著名传媒法学者、耶鲁大学讲席教授杰克·巴尔金（Jack Balkin）提出的那样，人类社会即将进入算法社会，届时人类无一例外都被算法围绕。

第二节　算法的定义和特征

一、算法的定义

在数学范畴中，算法可以理解为数学中的运算法则和推理的逻辑步骤。在计算机科学范畴中，算法是指通过向计算机输入具有一定规范性的程序代码，获得所预期输出结果，帮助解决某种复杂问题的技术性方法或策略。在智能时代，快速迭代的算法作为解决问题、决策、满足需求的技术工具，以独立实体的身份被广泛应用于丰富的生活场景和公共话语体系中，通过对人脑思维和智能的模拟，有效提高人类处理复杂信息的能力。美国学者迈克·安妮（Mike Ananny）将算法定义为"物的集合"，即由规定的计算机编码、人类实践和规范逻辑构成的物的集合。[1]

二、算法的特征

作为智能时代新兴的资源配置范式和技术架构，算法传播技术吸纳了机器学习、高性能计算、模式识别、数据可视化等诸多领域的技术，具有智能化的特点。算法的作用在于有效解决信息过载难题、缓解信息噪声、提高信

---

[1] Ananny M. Toward an ethics of algorithms: convening, observation, probability, and timeliness, *Science, Technology & Human Values*, 2016（41·1）. p.93-117.

息分发效率和用户获取信息效率。推荐算法被广泛应用于资讯、电商、搜索引擎、短视频等互联网平台中，基于大数据池的数据基础，通过信息过滤机制匹配用户和信息内容，实现精准的内容推送和场景适配。

在算法构建的技术生态环境中，"人找信息"的传统模式被"信息找人"的新型模式替代，传统的"受众"向新兴的"用户"转变。基于用户行为的个性化推荐和基于热度指标的热点推荐是实现"信息找人"的两种途径。个性化推荐通过分析集聚用户行为的大量数据，例如用户的浏览记录、阅读时间、阅读习惯、职业、年龄、性别和兴趣等个性化特征，借助同类信息聚合的手段将用户喜好聚类，经分类、排序、匹配等计算后形成用户特征画像，用留痕的方式临摹用户的生命痕迹。对用户的显性兴趣、浏览与交互行为进行自主运算，旨在判断用户的兴趣爱好和潜在需求。将内容偏好、用户关系、地理位置等作为推荐基础，精准匹配用户需求，实时、海量推送为用户量身定制的信息内容，并根据用户的反馈，动态调整推送内容。

算法通过预测和追踪的驱动逻辑以及优化推荐的方式深度挖掘用户需求，揣摩用户的心理，全面勾勒用户喜好，从而将信息内容特质由"千人一面"转化为"千人千面"，实现信息的个性化。在技术代替知识劳动的过程中，算法成为用户与内容的中介，将传统的"实时推荐"转变为高效的"适时推荐"，使得不同用户拥有完全不同的信息获取时间线。通过不断提示用户注意的内容和注意的时间，最终决定内容到达的效率和质量。热点推荐是通过算法提取集体关注焦点，即特定时间或特定群体浏览、转发、点赞、评论等交互行为最活跃的议题，以"热搜"或"热门话题"等形态推荐给用户。该类议题具有高参与度和非常态的特点，热点推荐是以提示的方式唤起用户对该议题的关注，进一步增强该议题的传播力和影响力。

在掌控内容流向和流量的过程中，算法正取代人工成为分配注意力的重要机制，极大地解放了人力，还大大提高了人们获取信息的效率。算法成为智能时代的核心逻辑，它通过温和的赋能形式，丰富了人类的生活，影响了公众议题，建构了新的社会秩序，改造了社会图景，形塑着用户的认知养成、认知方式和认知习惯，甚至在一定程度上主导了用户的思想和行为，呈现出偏好原则、隐性运行的商业逻辑。在庞大的社会技术系统中，社会数据化产生的大量数据在各个子系统间传导，算法具有筛选、推送、存储数据的特殊权力，算法对于数据的挖掘、处理和分析使得数据发生了质变并产生新的价值。高度权力化的技术力量将各个子系统组合成一个完整的系统，信息与决策被直接联系起来。

算法本质上是一种崭新的管理模式和技术权力，具有特定的文化权威，是人类活动中引入量化、程序化和自动化机制的表现，推动了舆论圈层的形成。它在虚拟空间中搭建的行为准则正逐步影响和改变现实社会秩序，解构了传统的传媒生态和权力模式，带来强烈的社会变革和人类生存方式变革。在万物皆算法的世界中，算法作为技术效率和力量的集大成者，以技术力量的方式嵌入人类生存世界的方方面面，影响着人们的选择、想法和机会。当人类沉浸在由算法构建的虚拟环境中，人类就越来越依赖于算法进行决策和预测，按照算法思维去行动。当人们的思维、行为、组织和表达方式纷纷被融入算法的逻辑之中，算法权力和算法文化就此产生。正如美国学者詹姆斯·亨德勒（James Hendler）所说，以算法为核心的智能技术正快速全面介入个体生活、社区治理以及人类面对的全球问题等多个层面，万物都将"全数落网"。[①]

[①] 詹姆斯·亨德勒、爱丽丝 M. 穆维西尔：《社会机器 即将到来的人工智能、社会网络与人类的碰撞》，王晓、王帅、王佼译，机械工业出版社，2017，第 13 页。

第三节 算法伦理问题

算法伦理指的是过于强调算法的功用而导致的伦理问题。从动力层面上看,算法技术推荐机制的主要内在动力是迎合用户需求和获取流量支持。当算法权力过大,传统把关机制被严重弱化,用户兴趣图谱和流量至上的商业逻辑成为主导的情况下,技术理性的缺失就难以避免,诸如算法黑箱、安全风险、算法偏见、算法歧视、隐私侵犯等伦理问题浮出水面,成为狂欢下的隐忧。

一、算法伦理问题

(一)算法黑箱

在控制论中,黑箱通常指的是不知的区域或系统,也可以表示过于复杂的机器或过于复杂的指令。著名社会学家布鲁诺·拉图尔(Bruno Latour)借用此概念表示那些影响科学知识和科学理论产生的各种不透明因素的总称。随着算法的功能越来越强大,算法的自主性也越来越高,具有数据化和自动化特性的算法已然成为具有主宰性的后台运行规则。

但是,算法是基于大数据、机器学习和神经网络等先进技术,由机器程序自动执行,内部运行机制过于复杂且十分隐蔽,对于用户来说是不可见的,用户无法认知算法内在逻辑,无法了解算法编程的内容和结构,无法了解算法是如何过滤和排序信息的,无法理解算法是如何推导结果的。用户在使用其功能享受便捷服务的过程中,无法了解算法设计者的真实意图,无法明确算法应用对自身的影响程度,诸如隐私被获取的程度和目的等,因此透明度极低的算法对于用户来说犹如一个密闭的黑箱或牢笼，用户未获得关于算法权力运作的充分知情权，困于其中却又无可奈何。

算法营造了一个由其主导的拟态环境，即维兰·傅拉瑟在其媒介进化论中提到的数字世界，"数字幽灵"时时刻刻通过信息权力左右着用户的价值观念。由于算法黑箱的存在，一旦决策不合法造成危害，可能出现无法认定责任主体的责任盲区，某些使用算法的主体可能会利用黑箱属性转移或逃避责任，造成难以监督和追责的结果。

（二）算法偏见

偏见是对某一个人或团体所持有的一种不公平、不合理的消极否定的态度，是人们脱离客观事实而建立起来的对人和事物的消极认识与态度。算法是基于统计的相关性进行推理的，从现实世界中抽取的数据必然携带着社会文化和价值的意识形态色彩。当人类文化中的偏见价值以多种形式进入从数据收集到决策应用的整体关联环节中，最终输出的就是有偏见的结果。算法偏见是算法在信息生产和分发的过程中，由于信息多样性和开发者局限性导致客观中立立场缺失，从而影响公众对于信息认知的客观性与全面性。

算法偏见的形成首先来自于数据偏见，即作为算法基础的数据中包含了人类的各种隐性偏见。其次来自于开发者偏见，即开发者带有一定的倾向性的价值选择而形成的显性或隐性的主观偏见。开发者基于其所置身的社会文化、道德准则与知识背景形成的价值立场会体现在数据选取、模型设计等环节中，其意识形态色彩在这一过程中将不断被强化。由于众多开发者参与其中，这一因素引发的偏见程度被进一步扩大。最后来自于技术偏见，即算法运算过程中带有的显性或隐性的偏见。

算法偏见已成为一个显著的社会问题，尤其是算法权力膨胀时，算法偏见对公共空间的话语认同、价值认同和个体价值认同产生了侵蚀性影响。用户长期处在信息窄化的传播场域中，容易产生单一圈层认知，固化并放大已有偏见。认知偏执和思想极化现象悄然显现，理性思辨能力下降，甚至对主流意识形态内容产生抗拒心理，社会的凝聚力和引领力将在潜移默化过程中被稀释。

（三）算法歧视

随着算法"润物细无声"地渗透到我们的生活世界，应用的领域越来越广泛，触达的生活场景越来越丰富，算法的决策系统可能导致潜在的社会歧视从而固化阶层并加剧社会不平等。诸如性别歧视或种族歧视等问题也在算法技术框架中浮现，并产生不可忽视的影响，算法歧视现象已成为算法社会面临的又一个重要伦理问题。

算法歧视是指数据驱动的算法决策会导致歧视的做法和后果，算法决策可以再现已有的社会歧视模式，继承先前决策者的偏见从而加深流行的不平等。[1]简言之，算法歧视就是指算法系统由于各种因素而造成的不公平的结果。以用户标签化为特征的算法歧视现象见于就业、信用、投资、公共服务等领域，表现为算法对于种族、阶层、性别等的刻板印象，显性或隐性歧视存在于信息采集、特定推送和个性定价等方面。

莱普利·普鲁诺（Lepri Bruno）将算法歧视分成了以下三种类型。一是社会中预先就有的偏见导致的算法歧视。个人或机构将人类社会已存的社会、文化和价值偏见无意或有意地嵌入算法系统中，算法将其反馈为不合理的歧视结果或行动，导致算法歧视现象的产生。二是在使用算法决策过程中导致的算法歧视。由于算法系统是基于用户的数字脚印进行聚类，赋予用户算法身份，这种算法身份的赋予从本质上看就是一种先天歧视。三是算法本身的框架和权重不同，从而有可能导致间接的歧视行为。例如惠普公司曾经设计了一种人脸定位算法，但是此算法是依赖于白色皮肤等特征的识别模式，无

---

[1] 孟令宇：《从算法偏见到算法歧视：算法歧视的责任问题探究》，《东北大学学报（社会科学版）》2022年第24卷第1期，第1—9页。

法鉴别黑色皮肤。另外美国警方部署的人脸识别系统，在识别非裔、妇女以及其他少数族裔时错误识别率远远高于白人，因此人脸识别技术存在算法种族歧视的问题。

造成算法歧视的原因之一是算法对用户画像的简单化，通过将用户线上社交行为或浏览动作与用户注册信息中的元数据进行融合，形成的用户画像可能是粗糙或表层的，算法并不具备对人类复杂情感的量化能力。由于算法在识别用户高阶内容需求上存在先天不足，基于用户非真实需求的算法推荐不仅会抑制用户真实的、多样的和高阶的信息需求，还会进一步强化用户的被歧视感。同时，歧视性标签内容的增多将加剧社会层级和秩序的固化，引发更多新的不公正行为。

（四）茧房效应

基于用户兴趣和偏好调整权重的算法推荐本质上是属于类型性推荐或相似性推荐，诱导用户持续消费契合其偏好的内容。由于针对特定用户推荐的内容过于个性化和精准化，注重用户体验，"投其所好"的原则使得内容多元化缺失。在不同平台上，用户获知的议题、关注的事件产生了极大的区隔，信息流转的区域限制性使得用户的视野逐渐变窄，久而久之用户将被困于封闭狭窄的单一信息空间即信息孤岛中，网络生存空间被挤压。异质化内容被排斥在用户阅知范围之外，盲目排他的认知态度悄然形成。用户无法获得大众议题以及特定阶层或圈群外的信息，与其他圈层的交流也会逐步减少。用户的认知视野受到限制，引发认知狭隘、认知片面、认知极化和群体固化，因信息窄化导致的茧房效应随之出现。

信息茧房是对用户处于封闭的信息空间的一种形象化描述。算法推荐表面上看是从用户需求出发，实际上是弱化了用户的选择意识和选择权利。认知极化会使得圈群内的用户排斥不符合圈群偏好的信息，阻挡共识性信息进入特定的认知空间，阻碍了主导思想共识和共同视角的生成。算法依据用户偏好来权衡信息价值，虚假或庸俗的话语形态便有了分发优势和分发路径，而一些客观或严肃的话语形态则因其在算法价值体系中的弱势地位而被抛弃，最终导致思想和文化的禁锢。在标签化显著的群体圈子中，持一致偏好的圈群内成员相互认可，茧房中的同类认同会进一步强化自大、狭隘的心理特质，加深认知极化程度。因此，算法在一定程度上将公众由人异化为资源，成为消费控制的工具。

（五）隐私侵犯

用户在使用算法服务获得优质生活体验的同时，对已经被智能算法全方位监控的事实并不知情。在数据化、算法化社会中，个体的一举一动逐步被数据化，算法以隐蔽或强势方式获取了用户数据。用户为了获得更加精准的信息推送或享受更便捷的服务，不得不让渡一部分数据使用权。在基于社交关系的算法推荐中，由于算法技术本身存在缺陷，用户发布的信息内容或社交关系隐私也可能以数据化的形式被泄露。平台将用户数据共享给其他平台或合作者时，必然存在数据外泄的风险。正如美国学者马克·波斯特（Mark Poster）所说的那样，信息技术的发展诞生了数据库，由此导致了社会场景受到了全面的监控。他用"超级全景监狱"形象地描绘了人类所处的数据化社会。在"超级全景监狱"中，监控范围越来越广泛，数据记录能力越来越强大。当与用户相关的数据被翔实收集后，算法能够借助预测、计算、解释以及剖析等不透明手段清晰还原用户的真实生活场景，介入个人隐私，数据利用与隐私保护之间的冲突便日渐凸显。

二、算法优化的路径分析

随着由算法技术主宰的智能时代到来，相应的伦理和价值观导向问题也越来越受到关注。算法优化的动力机制需要政府、行业、平台、用户等多方主体的共同参与，从市场逻辑向公益逻辑转变，使用户既能享受科技进步带来便利的同时，又能构建清朗的传播生态。

（一）增强平台的社会责任

针对算法的伦理失范问题，行业协会要积极引导算法价值，使算法运行逻辑努力达到商业伦理和社会伦理的一致。应用算法的平台应主动承担社会责任，加强行业自律，规范自身行为。平台应该努力完善和优化算法技术，在用户偏好内容和异质性内容推荐上寻求价值平衡，兼顾个性化和多样性。平台应提升内容与用户的匹配度，不能仅以流量作为衡量指标，要注重内容质量。平台可以在内容推送中加大人工介入的比重，倡导人机结合的推荐机制，为用户筛选推荐更优质和更多元化的信息内容。平台应该赋予用户更多的知情权和控制权，帮助用户更多了解算法的工作原理，向用户提供完整全面的隐私信息使用说明和风险提示，为用户提供可以自主控制个人数据和信息的有效路径。

（二）培养用户的算法素养

信息茧房效应的形成与用户的认知心理和认知行为有密切的关系，因此要利用多种形式进行思维培养和风险教育，培养用户的算法素养和良好的信息消费习惯，提升用户的主体性和自主性，提高用户的隐私保护意识和能力。"算法素养"（algorithmic literacy），是指媒介使用者在面对算法时的认知、知识、想象和可能采取的策略。从用户的角度看，用户可以通过扩大兴趣范围、屏蔽劣质内容、举报违规内容等方式增强自身对信息的选择能力。用户不主动发布或搜索低俗劣质内容，从而降低算法推荐同类信息的概率。用户在使用平台功能的过程中，对隐私设置加以重视，保护个人隐私。

（三）加强算法的审查与监督

要实现算法的系统性优化，需要倡导算法理性和算法向善，需要管理者、平台与用户的多方参与共治。监管部门要从制度、政策法规和行业规范层面加强监督，对算法设计的潜在缺陷和风险定期审查，加强用户模型和用户标签管理，对泄露用户隐私、越权收集个人信息、算法歧视等问题严格管理，保障用户权益。建立和完善举报机制，强化约谈、罚款等行政手段的辅助作用，才能充分发挥算法技术的工具价值。

第十章　手机广告传播

第一节　手机广告概述

一、手机广告的定义

随着智能手机的普及，在庞大的用户使用规模以及互联网、大数据等技术加持下，手机媒体以大面积覆盖且精准定向的绝对优势，逐渐成为商业广告的新型营销利器。中国人民大学匡文波教授在《手机媒体概论》一书中认为："手机广告是基于手机媒体所提供的商业广告，实质上是网络广告的一种新类型。"这个概念强调了手机广告与网络广告的一种内在关系，认为手机广告是网络广告的一种特殊形式，具有网络媒体广告的特征，同时它又比互联网更具时间和空间的优势，让用户能够随时随地接受广告信息。马晓梅在《手机广告的多模态话语分析》一文中认为："手机广告是电信运营商或服务商通过移动通信网络（传播媒介）传播，向手机终端用户（信息的接受者）传播的商业信息（传播内容），旨在通过这些商业信息影响受传者的态度、意图和行为（反馈）。"这个概念强调了手机广告的传播学意义，通过对手机广告的传播要素的阐释来加以定义。高鹏在《手机广告：风生水起，其路漫漫》一文中认为"手机广告是指基于手机的媒介特性，以文字、图片、特殊图片

(优惠券、二维码)、视频、电话号码、手机外呼等作为传播形式,以各种业务为传播载体,包括短消息、WAP、语音等,向手机终端用户传递广告信息。"这个概念强调了手机广告的技术要素和内容要素。许之敏、徐小娟在《手机广告的兴起与发展趋势》一文中认为:"所谓手机广告,是由广告主向目标受众通过手机终端投放的产品服务相关的品牌广告或销售信息。"这个概念强调的是手机广告与其他广告形式的不同之处主要在于平台的差异。

综上所述,无论从技术要素和内容要素加以分析,还是从研究手机广告的传播学要素入手,手机广告作为一种基于新媒体技术应运而生的新广告类型,既具有广告的共性,又带有独特的个性。本文认为手机广告是广告主以付费的方式,运用文字、图片、视频、二维码等综合手段将广告信息通过手机媒体传递给消费者,以此达到影响消费者的态度、意图和行为的新型广告类型。

二、手机广告的表现形态

从手机广告的发展过程来看,手机广告主要表现为手机短信广告、手机语音广告、手机视频广告、WAP站点广告、手机电视广告、手机内置广告、手机二维码广告、终端嵌入式广告、视频广告、积分墙广告、原生广告、手机App广告等多种类型。

(一)手机短信广告

手机短信广告(俗称短信群发)就是通过发送短信息(SMS)或彩信(MMS)的形式将企业的产品、服务、概念等信息传递给手机用户的广告形式。这种形式作为手机广告的最初形态,一问世就受到广告主的青睐。手机短信广告在当时之所以受欢迎,是因为它与当时别的广告形式相比有着一定的优势。

第一,短信广告制作和发布都非常简单,资费低廉。短信以文字为主,篇幅短小，短信广告非常容易制作，短信群发的功能让发布更加容易和快捷，尤其适合于发送打折、活动等信息内容。而且相较于别的广告形式，短信广告的发布费用非常低廉，这就大大降低了广告主的广告发布成本。第二，因为手机短信广告是一对一的传播方式，广告信息内容直接发送到受众的手机上。手机现今已经成为每个人随身携带的生活必需品，短信的阅读率非常高，因此发送到受众手机上的信息基本都会被阅读，手机短信广告的阅读率高。第三，由于手机的私人性很强，手机用户的个性特征也非常鲜明，容易对其进行分群。短信广告可以根据小众群体的不同特点和需求来发送广告，针对性强。例如许多商家针对会员定期发送促销信息、优惠信息等，达到不断激发消费者购买欲的目的。第四，手机短信的转发功能还能帮助信息的散播，接收者如果感兴趣可以将信息转发给亲朋好友，滚雪球效应极大提升了广告的传播潜能。第五，手机短信广告还具有很强的互动性，传者与受者可以及时沟通交流，这是短信广告之前的传统广告形式无法比拟的优势。

虽然手机短信广告具有许多优势，但是手机短信广告制作发布简单、资费低廉的特点也带来了负面效应，那就是许多诈骗、虚假短信充斥其中，无休止的短信广告轰炸让消费者不胜其烦，最终引发了消费者对于垃圾短信的抵制行动。

（二）WAP 站点广告

WAP（无线通讯协议）是在数字移动电话、因特网或其他个人数字助理机（PDA）、计算机应用之间进行通讯的开放全球标准，通俗地讲就是移动互联网。WAP 站点广告就是将广告嵌入用户所浏览的 WAP 门户的页面中，这与我们在电脑上访问网页时看到的广告类似。但是手机 WAP 站点广告的优势在于能够做到精准传播。

点告即点而告之，这是与广告的广而告之相对的一个概念，它追求的不是受众群体的单纯数量效果，而是受众的针对性和精确性。手机媒体的私人属性为点告模式的实现提供了条件。手机 WAP 类网站可以根据用户具体的身份信息以及浏览信息的情况进行类型细分，建立起用户数据库，然后有针对性地进行广告投放，克服了传统广告信息与用户需求不一致而导致用户产生抵触情绪的弊端，达到潜移默化影响目标受众的效果。例如在 2006 年 8 月，宝马汽车就进行了 WAP 手机广告的尝试。宝马推出新款 BMW3 系，广告投放并未选择报纸电视，而是通过分众无线在新浪、空中网、乐讯、TOM 等多个知名 WAP 站点同时投放手机广告，手机用户不仅可以欣赏 BMW3 系轿车的视频广告，还可以下载经典壁纸和铃音。由于此次广告投放利用了分众无线的先进技术手段，做到了精准智能匹配，也就是只有手机上市价在 3000 元以上，爱好时尚汽车资讯的网民才能看到本广告，这部分手机用户正是宝马的潜在消费群，实现了效果的最优化。

除了点告模式外，WAP 站点广告还有一种模式叫直告模式。直告即手机直投广告，指的是广告主直接推送到目标客户手机上的广告，用户接收到含有广告内容的 WAP 网站地址的链接，根据需要决定是否打开。直告模式虽然具有高到达率，满足了广告主的要求，但因为采用的是强行推送的方式，容易引起用户的反感。

（三）手机语音广告

手机语音广告就是利用移动通信网络和数据库技术将广告信息加工存储后，通过运营商的语音通道，传递到终端用户手机上的手机广告形式。这种广告的信息符号只是语音，它是以彩铃作为基本的表现形式。具体来说，就是企业通过定制具有自己公司特色的铃音，让拨打公司电话的用户在接通等待时收听到体现企业形象或传播企业产品信息的音乐和语音，进而达到展现和宣传企业形象的目的。这种手机广告形式主要作用于与企业存在联系的群体，针对性强，能够增强老客户对于企业的认知，也能够帮助新客户建立起良好的第一印象，因此也是一种直接有效的一对一广告传播方式。

（四）终端嵌入式广告

终端嵌入式广告，也叫手机内置广告。一种手机内置广告形式是广告商通过与手机制造商合作，将广告信息以开关机画面、壁纸、视频、图片、屏幕保护、铃声和游戏等方式嵌入新出产的手机里，使用户可以多次观看。另一种手机内置广告形式就是第三方广告平台与应用开发者合作，将广告插件内置到智能手机的应用程序（App）中，其最基本的表现形式是应用程序界面下方、上方的横幅广告以及弹出式广告，用户点击这些应用程序时就会出现广告。

（五）手机电视广告

从一定意义上来说，手机电视广告是传统电视广告在手机媒体上的延伸，它的基本原理与传统的电视一样，就是把广告内容嵌入电视节目中间。但是由于手机电视在对目标消费者进行分众识别和互动实现的能力方面要明显优于传统电视，因此手机电视广告与传统电视广告在运作模式上有着明显的差异。

手机电视广告可以利用拥有客户资料和消费行为分析的数据库，了解用户偏好，提供适合"小众"的广告信息，做到精准传播。同时在数据库的支持下还能够以量化的形式评估手机电视广告的传播效果，从而对广告进行动态的调整，力求效果最大化。从手机电视广告的呈现形式来看，由于用户对于手机电视的接触习惯表现为离散时间里的观看行为，一般时间较短，因此手机电视广告也表现出凝练的特点。例如上海文广广告经营中心在东方龙手机电视的广告招商形式中，规定了LOGO角标、滚动字幕以及节目前后的贴片广告等形式，这是国内对手机电视广告运作的首次尝试。

除了传统的插播式手机电视广告之外，手机电视广告还可以在互动性和精准性方面开拓创新。例如在手机电视节目中植入广告，将产品、品牌标志等设计为电影、电视、游戏中的道具或者背景，避免了对消费者的干扰，让观众在观看生动有趣的节目中潜移默化地接受产品或者品牌信息。例如 2005 年 10 月，由国内最大的无线互联网门户网站 3G 门户投资制作的《大话 G 游》正式上线，这是国内第一部超过 100 分钟、可以同时在手机和互联网上下载观看的 Flash 大片。用户可以在手机上免费在线收看，还可以访问 SOHU、腾讯、网易、TOM、新浪等互联网门户娱乐动漫频道下载观看，该剧播出后受到在校大学生的热烈欢迎。该剧中就很好地运用了植入广告，3G 门户网站、Google、爱乐运动等品牌都有无缝嵌入的广告内容，大学生在观赏有趣的剧情的同时，对这些品牌也有了更加深刻的认知。

（六）手机二维码广告

传统媒体如平面广告、海报、电视广告等由于受到时间和空间的限制，广告信息容量小，消费者如果想了解商品的功能或者活动的具体方式就比较困难，要到商场实地询问，或者上网进行搜索，这种时间的不延续和地点的转移会因干扰因素的存在而大大削弱消费者的探寻热情，手机二维码广告的出现就为这个问题的解决提供了出路。

手机二维码是用特定的几何图形按照一定规律在平面（二维方向上）分布的黑白相间的矩形方阵记录数据符号信息的新一代条码技术，由一个二维码矩阵图形和一个二维码号以及下方的说明文字构成，具有信息量大、纠错能力强、识读速度快、全方位识读等优点。手机二维码可以印刷在报纸、杂志、图书、海报、名片等载体上，用户只要用手机扫一扫二维码，就可以链接到与之对应的 WAP 地址。手机二维码广告就是把广告内容以文字、图像和影音等文件形式浓缩在二维码里，印制在报纸、杂志等平面媒体或者灯箱、路牌、墙面、海报等户外媒体以及企业印刷的宣传单、促销券、产品说明等各类传统广告媒体上，手机用户用手机的摄像头对准二维码，就能登录到对应的 WAP 网站进行延伸阅读，获得海量的相关信息。

例如 2006 年 9 月，卓越网就开始运用手机二维码广告来配合网络购物，他们在北京 60 块地铁广告牌上印制了卓越网优惠券的移动二维码，感兴趣的手机用户可以通过扫二维码获得卓越网提供的优惠券图片，在卓越网购物时输入获得的优惠券号码和密码就可以使用，这次成功的尝试使之成为中国首家使用手机二维码广告的电子商务平台。再比如印度新德里的 Turquoise Cottage 酒吧将进店印章上的传统图案换成了二维码，顾客只要用智能手机对准二维码，就能访问 Turquoise Cottage 的网站。当顾客在晚上 8 点到 10 点扫描二维码的时候，他们能享受到某些饮料的折扣。许多来酒吧消费的客人都使用智能手机扫描了二维码，并且积极地将这一独特的体验分享到 Facebook 上。这种广告形式从广告整合的理念出发，实现了传统媒体与 WAP 网站的有效链接，从而为消费者展现出最大化和立体化的广告信息，也为广告主开辟了一条更为精准和有效的广告路径。

随着智能手机普及率不断上升，手机二维码广告在许多行业中被广泛应用。手机二维码广告具有的先天优势表现在以下几个方面。

第一，与传统广告方式不同的是，传统广告带有较强的强制性，受众对于广告信息容易产生抵触，而手机二维码广告的侵入性弱化，用户只有在对内容感兴趣和有所期待时才会扫码访问。这样一方面使得传播更加精准，另一方面激发了消费者主动探寻的欲望，提升了用户的自主性，也改变了人们对于广告的固有成见。

第二，用户在扫描二维码后进入的是与之相对应的专属 WAP 网站，省去了在海量信息中筛选的麻烦，操作方便简单，省时省力。

第三，传统的广告由于受到时间和空间的限制，比如报纸的版面限制，电视广告的时间限制，户外广告的空间限制等，信息承载量都非常有限，消费者只能了解很少的信息，这也直接影响到广告效果。而手机二维码广告能够帮助用户快速进入该产品的专属网站，网站的信息容量非常大，产品的详细信息、优惠活动的具体内容、产品的各种广告等都能呈现。表现形式也非常多样，大量的文字、图片、视频等都能得到充分的运用，广告的表现力和感染力大大增强。因此手机二维码广告既解决了传统媒体广告的内容受限问题，又实现了广告的立体传播，还为广告主大大节约了广告成本。

第四，手机二维码的使用是基于一对一的基础，因此可以对于使用者有更加精准的了解，例如访问者的手机机型、访问时间、地点、访问内容、兴趣偏好等，通过相关数据的记录和分析，一方面可以更加准确地评估广告的效果，另一方面还能为广告主的广告投放策略的制定提供更加客观具体的数据依据，为广告主选择最佳媒体、最优广告位、最好的投放时段提供参考。

第五，使用二维码还可以让用户非常方便地完成支付，缩短购物时间。

（七）手机 App 广告

手机 App 广告是指广告主利用手机应用平台，以文字、图片、二维码、音频、视频等信息形态，向手机用户推送产品信息、服务信息、品牌信息的广告模式。手机 App 广告满足了不同广告主的广告投放需求，提升了广告传播效果。常见的手机 App 广告包括以下几种类型。

1. Banner 广告，又称横幅广告或旗帜广告。通常以静态或动态图像、动画、文字链接或互动广告的形式呈现在手机 App 界面的最上方或最下方。

2. 插屏广告。通常以静态图片或动态视频的形式呈现在用户打开、暂停、退出 App 的过程中。用户打开 App 时出现的插屏广告也被称为开屏广告或启动页广告，用户可通过主动点击跳过按钮进入 App 主页面或等广告展示结束后自动进入 App 主页面，用户也可通过点击广告页面直接跳转至广告主指定的第三方页面。由于开屏时用户注意力集中，广告展示时机优越、广告可占据整个屏幕、广告能实现与用户双向互动，广告效果相对较好。用户在关闭 App 时出现的插屏广告也被称为退屏广告。

3. 信息流广告。这类广告通常是杂糅在用户浏览的新闻类应用或社交类应用的信息中。

4. 视频贴片广告。这类广告主要用于手机视频 App 中，在播放视频前展示的广告。

三、手机广告的特点

（一）手机广告的到达率高、传播范围广泛

相较于传统媒体广告，手机的随身携带性是其独一无二的优势。手机已经成为人们的生活必需品，每天都会随身携带，手机用户对手机的依赖程度也越来越高，手机是对用户影响时间最长的媒体，因此通过手机广告介质传送的广告信息能够覆盖最广泛的用户群体，具有很高的到达率。同时手机对于信息的留存能力强，对信息的时效性要求低，手机终端延迟处理信息的优势有利于用户的延后阅读，这进一步扩大了手机广告的高到达优势。手机内嵌广告一定程度上减少了用户对广告的规避，具有较强的用户黏性。从传播范围看，庞大的手机用户数量为手机广告提供了良好的受众基础，而且只要有手机信号的地方手机都能接收到信息，因此手机广告的传播范围广泛。再加上手机广告还具有转发功能，消费者可以将信息转发给亲朋好友，这就更有利于扩延传播范围，增强传播效果。

（二）手机广告的针对性强，广告投放精准

美国学者唐·佩博斯曾说："一对一营销未来的趋势是对消费者数据的掌握，与消费者建立长期的、有效的一对一关系的互动交流。"这种一对一关系的建立在手机广告领域得到了实现。手机属于私人用品，它的身份性非常明确，手机广告不仅具有广泛的受众人口，同时也具有良好的定向传播能力。大数据为手机广告的精准传播奠定了技术基础，手机广告可以根据手机用户的个人信息、行为习惯和兴趣偏好等进行市场细分，确定明确的消费群体继而实施个性化的广告影响，实现广告的精准智能投放及管理。另外，广告主

还可以通过对每一位手机用户的消费行为进行追踪和分析，了解和掌控用户的真正需求，有针对性地提供他们需要的个性化广告信息，为他们提供周到的信息服务，使得广告内容更加精准，增强了手机广告的营销效果。手机广告的受众和内容的精准特征避免了广告资源的浪费，也让消费者真正获得实惠，这也是手机广告的一个突出优势。

（三）手机广告的交互性强，信息回馈及时

互动性强是手机广告的一大特点，这充分弥补了平面广告、电视广告的互动困难的缺陷。

手机广告的信息发布和信息回馈都实现了一对一的模式，人机交互界面的设计具有很强的互动性。智能手机改变了消费者被动接收广告信息的传播方式，实现了企业与目标顾客的实时接触。手机用户可以获得更多对他们有用的广告信息，广告主也可以及时得到用户的反馈意见，广告主与用户之间的互动交流更加深入。例如手机用户在接收到广告信息后，可以通过点击反馈的方式即时参与互动。手机用户也可以将自己喜欢和认为有用的广告信息转发给亲朋好友，带来广告集群效应，扩大了广告的受众范围。手机用户还可以通过手机扫描商家提供的手机二维码轻松获得各种优惠券，参与商家组织的活动。这些互动方式大大提高了用户的自主地位，为消费者与广告主之间建立起了更加和谐互助的关系，为线上线下的互动营销提供了更多的可能性。

（四）手机广告的成本低，表现形式多样

与传统广告的高成本相比，手机广告的制作流程相对简单，成本较为低廉。随着手机的智能化水平越来越高，手机广告的表现形式也越来越丰富，文字、图像、视频、音频等表现手法都可以在手机广告平台上实现，从而能够全方位调动消费者的感官，吸引消费者的眼球，激发消费者的购买欲望。

互动方式的运用也让消费者更加乐于接受广告的影响，让传受过程更加生动有趣，进一步提升了广告传播的效果。

例如2006年美国快餐业巨头汉堡王投资推出的三款以汉堡王套餐为主题的Xbox和X360游戏，游戏的内容相当简单，售价也都只有3.99美元，只要到汉堡王店中消费指定套餐就可以获得。但是这款汉堡广告游戏年终时获得了320万套的惊人销量，汉堡王的季度财政收入也一跃攀升了40个百分点。

又如2007年丰田汽车公司授权开发的一款叫《Yaris》的手机游戏，《Yaris》中的主角是丰田公司Yaris系列家庭型轿车在美国上市的三款全新车型。玩家要操纵可爱的Yaris们在神奇的扭曲赛道中行驶，使用车子引擎盖前方的机械手臂射击赛道上各种稀奇古怪的敌人，收集关卡中出现的刻有丰田标志的硬币，顺便再开启12个Xbox Live成就点。这款手机游戏推出后吸引了大量的年轻用户，短短一个月时间参与该游戏的用户数就达到了15万。虽然用户普遍把该广告看作是游戏内容，但是用户在玩游戏的过程中潜移默化地接受了广告内容。

综上所述，我们可以看出手机媒体广告在很多方面优于传统媒体广告，如：成本更低、信息传递速度更快、受众到达率更高、传播内容和对象更精准、传递的内容更丰富、互动性更强、个性化更突出等，这是手机广告近年来发展迅猛的重要原因，但它也仍然存在不足之处。首先，由于手机是个人用品，消费者对于手机广告的排斥心理比较严重，尤其是对手机短信广告、手机电视广告和终端嵌入式广告的反感程度还很高。其次，手机屏幕小影响了图片广告和视频广告的收视效果。最后，保证传统广告效果的一个重要原则是重复性的实现，而个人对于手机的控制力非常强，用户会按照自己的喜好来选择信息，遇到不感兴趣的内容可能规避或者删除，这就无法做到让消费者的多次感知，这也影响广告的传播效果。

第二节 手机广告的发展历程

手机广告是伴随着手机媒体的升级换代而逐步发展起来的，手机广告在中国的发展过程大致可以分为以下四个阶段。

一、萌芽期

在这个阶段，手机广告的概念还没有真正形成，或者说对于手机广告的认识还是非常模糊。一方面，广告主还不了解手机广告的具体市场运用方式，只是从自身需求出发强制输出广告信息，对于用户的心理感受、需求兴趣根本不加重视。另一方面，由于用户只是被动地接收手机广告，因此对手机广告的认同度低，抱有很强的抵触心理。这与这个阶段单一的手机广告表现形式有很大的关系，这时只有手机短信这种方式能够称为手机广告的形态。

1998年，手机短信业务开始起步。2000年，手机短信业务呈几何级增长，短信群发功能的出现为广告主搭建起了一个移动广告平台，并由于其成本低廉、达到率高等优势迅速发展起来。2001年，我国手机用户超过1亿，成为全球手机用户最多的国家，这为我国手机媒体广告的快速发展打下了重要的基础。但是在2000—2005年，群发短信开始泛滥，消费者开始将未经许可、多次发送、内容无关、干扰用户正常生活的短信广告称为垃圾短信并开始抵制。

这种抵制行为在2008年由于主流媒体的大力介入而最终使得手机短信广告陷入低谷。2008年3月15日，中央电视台对垃圾短信群发行为进行了曝光，揭露了短信广告市场的非法操作和治理混乱的局面。2008年6月11日，工信部发出通知，开展垃圾短信息专项整治行动。2008年7月，30多家企业共同签订《中国互联网协会反垃圾短信息自律公约》。2013年，工信部发布了《深入治理垃圾短信息专项行动工作方案》，再提专项治理垃圾短信，加强移动终端应用软件管理。

因此在中国手机广告发展的初期是以手机短信广告作为主要的表现形式，虽然短信用量的大规模增长为手机广告带来了广阔的发展空间，但由于短信广告存在的单向盲目特性也带来了严重的负向效应，因此需要寻找更加丰富并能够被消费者接受的手机广告方式。

二、成长期

在这个阶段，由于手机技术较为快速的发展，手机功能越来越多样丰富，手机广告的表现形式也开始从单一的手机短信广告开始向更加多样化的方向发展，出现了基于手机彩铃基础的手机语音广告，手机电视广告也在这个阶段逐渐兴起。2005年，Push类和WAP站点类手机广告也开始出现。"2006年3月22日，中国移动数据业务运营支撑中心联合飞拓无线科技有限责任公司在北京宣布，中国移动将和飞拓无线合作为国内企业提供无线互联网的广告业务，这使得移动梦网成为中国最大的无线门户网站后，又成为中国最大的无线发布平台。"[①] 由于中国移动梦网的建成具有重要的历史意义，因此2006年可以看作是我国手机媒体广告的元年。

在这个阶段，无论是广告主还是手机用户也开始对手机广告形成了概念，由完全陌生转变为初步了解。广告主开始对手机广告产生了浓厚的兴趣，并逐渐摸索出初级的商业模式，分众无线、联通时讯、亿动传媒等手机广告代理商纷纷涌现，李宁、蒙牛、联想等品牌也纷纷开始利用手机广告开展营销活动。

2006年3月21日，分众传媒正式宣布完成对凯威点告的全盘收购，手机

---

① 朱海松：《无线营销——第五媒体的互动适应性》，广东经济出版社，2006，第59页。

定向广告服务商凯威点告更名为分众传媒无线。同年，飞拓无限科技有限公司也宣布与中国移动建立全面合作伙伴关系，并与中国移动数据业务运营支撑中心联手推出手机互动广告平台。飞拓无限负责整个平台的销售和市场推广，这一举措标志着国内手机广告平台正式启动。2006年6月，北京分众无线传媒技术有限公司推出点告与直告业务，点告就是通过多个无线互联网站将客户的广告精确的投放到其目标消费者手机上的定点广告投放模式，直告就是建立在手机用户许可的前提下的，将广告直接投放到用户手机上的广告投放模式。这一阶段，手机广告形态逐渐成熟。2006年7月12日，中国联通在北京启动其手机广告业务的商用计划，推出四款手机广告产品——PUSH类、WAP类、语音类以及置入类产品。

手机用户对于手机广告的被动接受模式在运营商的引导下逐渐转变为主动接受模式，开始依据自己的偏好主动订阅。但在这个时期，我国手机广告无论从形式还是内容都与发达国家存在较大差距，站点界面简单粗糙，站点进入速率低。

三、成熟期

2007年出现了更多新鲜有效的手机广告形式，WAP门户类和free wap，铃音类、植入式广告、视频类、二维码广告开始以崭新的姿态进入人们的生活。新浪、3G门户网、搜狐、WAP天下网等手机无线门户网站在此之后纷纷开始为广告客户投放广告，宝马、上海通用、TOYOTA、联想、东风雪铁龙等国内外知名品牌纷纷选择手机广告开展营销活动。2007年12月，亿动广告传媒的子公司亿动商道发布了中国首个内容相关的无线广告产品。

2008年是手机广告快速成长的重要一年。在这一年，一方面短信业务总量达到7000亿条，短信群发业务超过2000亿条，短信广告仍然占据主导地位。另一方面其他形式的手机广告如雨后春笋般发展起来，势头迅猛。广告主的观念有了很大的改变，手机广告不仅仅是简单的文字，而是将无线技术与广告创意巧妙结合在一起,手机广告开始走向富媒体化,手机视频广告走进了人们的视野,用户体验感得到提升。手机广告的强制模式逐渐被互动接受模式取代,手机运营商认识到用户需求的意义,开始在对用户数据库的资料进行分析的基础上有针对性地进行广告营销。手机广告的表现方式更加多元,广告主开始尝试使用有趣的方式来开展广告活动,也逐渐改变了消费者对于广告的陈旧看法,参与度得到大幅提升。

例如知名运动品牌 NIKE 在推广 NIKE ZOOM 系列时就运用了让认知变得有趣的广告策略。NIKE ZOOM 系列是有顶级全掌 AIR ZOOM 气垫配置的运动鞋,在运动中可以为使用者提供绝佳的减震和反弹力。推广活动利用的是消费者的手机,首先在活动地点设置蓝牙发射器,参与活动的人要先来到活动指定的灯箱前,打开自己手机的蓝牙,就能收到活动的提示信息。参与者按照提示启动计时功能,然后快速跑向耐克专卖店,蓝牙会自动记录其用时并发送验证码。用这个验证码登录活动网站注册就可以了解成绩,每天跑得最快的参赛者可以赢得一双 NIKE ZOOM 鞋,并在活动灯箱和活动网站上同时公布,成为快跑传奇。同时还建立了活动的无线互联网主题网站,全程无缝更新赛事信息,新颖的广告方式在当时受到众多爱好运动的年轻人喜爱。

同时手机广告的互动性得到重视和挖掘,开始调动受众的主动性。例如 2008 年 3 月,诺基亚 6500S、6500C 系列手机开展了上市推广活动"精钢轮盘"活动,"精钢轮盘"互动活动是针对手机社区中年轻时尚的用户而推出的。活动主要在 3G 门户网站的"社区"频道以及用户的手机个人空间"魔法空间"进行,用户通过首页的活动链接就可以进入活动专题,用户 A 需要邀请一位异性网友 B,就能一起参与"6500 精钢轮盘"互动活动。当用户 A 通过转动"精钢轮盘"获得了 6500S 的图标时,用户 B 就可以通过"精钢轮盘"获得了 6500C 的图标。此时,用户 A、B 都将赢取一枚"6500 金币"。活动结束时赢取金币最多的用户,将获得诺基亚 6500S 或 6500C 手机一部。这个互动游戏很好地诠释了手机传播的互动性。通过用户之间相互邀请,鼓励用户的踊跃参与，创新地实现了6500系列"精钢佳侣"情侣手机的概念，并在活动中完美植入了6500系列手机"精钢"的产品特色。正是由于活动的新颖，极大调动了参与者的热情。活动期间，参与活动的独立用户数达到797 146人，活动页面总PV点击数达到52 770 274次。参与者在游戏中对诺基亚6500系列手机的特色有了深入的了解，增加了用户对产品的好感，进而促进了产品的销售。

四、高速发展期

2009年，3G时代开启，手机广告的发展也进入了高速发展的阶段。2008—2009年中国无线互联网广告市场调查报告数据显示，短信广告已经成为无线广告受众接触最多的无线广告类型，达到73.8%；WAP广告则位居第二，仅占31.7%。2009年中国无线广告市场的整体规模为13.5亿元人民币。2010年智能手机受到消费者的青睐，由于手机媒体具有传播范围广、交互性强、实时性强、成本低等众多优势，手机广告越来越受到广告主的重视，手机广告的发展也呈现出井喷之势，手机网页广告在2010的市场规模接近7亿元，呈现惊人的增长态势。微博广告等崭新的手机广告开始被人们熟悉并接受，手机广告的互动性被充分挖掘出来。2011年，腾讯推出了社交软件微信，极大便利了人们的生活，改变了人们的生活方式和沟通方式。微信逐渐庞大的用户群为手机广告提供了良好的用户基础，二维码、H5广告、微信小程序等手机广告形式促进了手机广告的发展。2012年，手机游戏广告、手机应用广告成为该阶段手机广告的主要形式，手机广告也逐渐成为我国广告的主流。

2013年底到2014年初，我国正式进入4G时代，手机视频广告、手机网页广告、手机游戏广告、手机定位广告、手机社交广告等丰富的表现形式使得手机广告投放从粗放化转向精准化，手机广告独特优越性进一步凸显。2015年利用手机微信红包的广告形式受到热捧，如泰康人寿、京东商城、海尔空调、招商银行、雪佛兰、伊利等知名企业纷纷与央视春晚合作，取得了非常好的广告效果。在这一阶段，植入式手机广告在4G网速的支持下得到广泛应用，手机视频、手机游戏、手机网页浏览、微信朋友圈都成为植入式广告的阵地。而且在这个时期手机广告也逐步呈现多元化的发展模式。

4G 网络为手机提供了强大的数据传输能力和社交互动能力，2016 年之后随着 App 的数量越来越多，手机 App 广告逐渐成为手机广告全新的载体。横幅广告、插屏广告、信息流广告、视频贴片广告等是主要的形式。还有以文字的方式滚动呈现的公告广告，常被用于抽奖开奖通知或发布紧急公告。在手机应用内展示各种积分任务，用户完成任务和分享的过程之中能够得到效益的移动积分墙广告也受到关注。手机广告近年来越来越受到广告商和广告主的追捧，整体广告投放数呈上升趋势。手机广告的市场规模从 2014 年的 375 亿元增长至 2021 年的 5677 亿元。

随着 5G 时代的到来，移动互联网整体产业快速发展，移动终端更新迭代，多屏交互的互动广告将打通从推广到转化的完整通路，手机广告业务将进一步深化推进。优质内容、精准传播、沉浸互动和场景营销将成为未来手机广告发展的趋势，场景和内容的有机结合也将为手机广告的效果最大化带来更大的机会。

第三节　手机广告的发展对策分析

手机广告在中国的发展大致经历了二十年的时间，从最初的手机短信广告到之后的点告广告、终端嵌入式广告，再发展到 WAP 站点广告、二维码广告、手机 App 广告，手机广告从一种初始形态开始发展成为一种复合形态，并逐渐深入人们的日常生活。手机广告在为企业推广服务的同时也方便了人们的生活，给人们带来了更多新鲜的感受。手机广告行业进入稳定发展期，步入政策监管加强、内容竞争为王的阶段。如果我们能够从受众的需要入手，不断完善运营机制，手机广告应该有很好的发展前景。

一、重视用户体验，削减用户对手机广告的反感

从手机广告的形式来看，手机短信广告、语音广告、点告广告、终端嵌入式广告、手机 App 广告等都带有较明显的强制性，是在对用户需求不了解的情况下，一味追求到达率而盲目推送的，容易让用户感到反感，产生较为严重的排斥心理。因此手机广告商应该重视用户体验，想方设法让用户认识到手机广告中的信息是他们所渴望了解的有价值的讯息，最终改变手机用户厌恶手机广告的态度。要做到这一点，就需要更合理地设计广告的内容。在内容设计上，要体现出相关性，保证为用户提供的广告信息是用户感兴趣和需要的有价值的信息，只有这样才能引起顾客的关注和兴趣。对手机用户要有更深入的了解，广告商可以通过大数据分析，提供给用户最关注的广告信息。只有在内容设计上有针对性，才能够被用户认同，削弱用户对手机广告的反感程度，甚至可以提高用户对手机广告的关注度。根据手机广告到达、收看与反馈等数据来衡量广告活动的效果，为后续的活动改进提供依据。

二、增强互动性，提升用户对手机广告的热情

除了要削弱用户对手机广告的反感程度外，更重要的是可以通过互动的强化来提升用户对于参与手机广告活动的热情。手机广告相较于传统广告形式的优势在于其拥有实现与用户互动的诸多机会。例如随着智能手机普及和识码软件大量的出现，手机二维码广告逐渐流行起来，二维码迅速成为移动互联网时代的跨媒体通道，逐渐渗透到我们生活的各个方面。

2012 年 9 月 11 日，马化腾在互联网大会上就提到"二维码将成为连接线上线下的关键入口"，用微信引燃了二维码营销的热情。新浪微博也积极推出了二维码相关服务。在网站上浏览新闻时，扫描二维码就能获取更多的扩展信息。在超市购买食品时扫描二维码，就可以获得食品安全信息。在百货商场扫二维码就能即刻免费成为会员，在手机里自动生成会员卡，凭会员卡可

在二维码信息内列表的各个优惠商家获得优惠，首次加入二维码会员的顾客还可凭手机会员卡获取一份精美礼品。在百货商场扫二维码还可以非常容易地了解商场中各家店铺的折扣，有助于消费者享受到购物的优惠。

2013年，包括湖南卫视、山东卫视等许多电视台的节目中都加入了二维码，用户只要用智能手机扫描屏幕上的二维码就可以参加互动游戏获得奖励。湖南卫视在《我是歌手》的总决赛中，就将参与的三大主体——电视台、院线、手机客户端紧密联结，形成了电视屏幕、影院屏幕和手机屏幕的三屏联动。观众用手机通过"呼啦"扫描电视屏幕下方的二维码完成在线任务，就能获得呼啦徽章，兑换到所在城市影院的电子观影券，用电子观影券可到影院换取纸质电影票，进入电影院观看直播。

这种方式在当时之所以受到欢迎，就是因为其强大的互动性。一方面用户不用被强制接收信息，而是可以根据自己的需要去选择信息，并在能够获得利益的前提下被激发了参与热情。另一方面，由于手机具有唯一性，因此能够帮助企业了解每一个访问者，真正实现精准传播。

三、创新表现形式，吸引用户对手机广告的关注

随着传播技术的飞速发展，人们接触的媒介形式越来越丰富和新颖，人们对于使用体验的要求也越来越高，变化也越来越快。因此手机广告的表现形式也应该顺应潮流不断推陈出新，才能不断吸引手机用户的关注。首先可以充分发挥手机多媒体优势，将文字、动画、视频、图像、音频等进行合理地组合，创作出丰富多彩、生动有趣且能吸引消费者进行深入了解的广告作品。其次，由于喜新厌旧是人的天性，因此不能固守旧的模式，而应该不断推陈出新，新的广告形式能够增强手机用户的新鲜感，甚至还能成为潮流。最后，广告表现形式的选择仍然要重视用户体验，不同用户群对于表现形式会表现出不同的偏好，例如年轻用户尤其是大学生用户对于新颖的方式非常敏感，是时尚的弄潮儿，因此针对他们的表现形式要多变有趣，并充分发挥

他们的引领作用。而对于中老年用户，方便实用的广告表现形式更加合适。

四、完善手机广告功能，增强用户的使用体验

手机广告的发展过程也体现出了广告主对于用户使用体验重视程度的变化，一开始的短信广告、Push 推送、终端嵌入等方式都是通过信息的单向传播来达到广告覆盖的效果，此时更关注的是手机广告的到达率，而忽视了用户的因素，并没有考虑到用户的使用体验，也因此造成由于用户反感而形成的手机广告瓶颈。会员定制广告、WAP 站点广告、二维码广告等方式的出现使得手机广告进入以广告定制和信息互动为主的阶段，此时用户的体验开始得到重视，用户的自主性得到发挥，也使得用户对手机广告的刻板印象有所改变，高参与性提升了用户的热情。现今，手机广告已经不满足于告知的功能，对于用户购买行为的直接引导作用越来越受到重视，将手机广告与真实的线下场景进行融合以提升用户体验的需求正在上升。

例如广告牌中显示出各种我们常见的商品信息，使用二维码扫描后就可以了解该商品的详细信息以及购买者的评价信息等，如果觉得满意就可以利用支付宝等方式完成订购和支付，完成买卖双方的互评，然后商家就可以通过快递送货上门，非常方便。在这个过程中，手机已经实现了信息流、资金流、物流的统一，手机广告功能的进一步完善将会给受众带来更多的便捷，让生活更加轻松，也让手机广告与用户的关系更加亲密。

五、健全法规制度，保障用户的合法权益

在手机广告快速发展过程中也存在着相随而来的一些问题，例如垃圾广告问题、手机用户隐私权问题等。为了保障手机用户的合法权益，应该出台全国性的立法以及地方性的手机广告管理方法，通过健全法规制度规范手机广告行为，为行业的发展创造良好的环境。同时还要求行业自律，运营商利用拥有的详细客户资料是为了分析客户的消费行为，为提高广告效果提供

依据。在利用这些信息的同时还要加强自律，要保证客户信息不外泄，切实做好客户信息安全保护工作。相关立法部门和运营商应该在建立和健全相关法律、法规和行规的过程中，合力促进手机广告行业这一新领域的健康发展。

总而言之，随着手机技术的快速发展和智能手机用户数的快速增加，手机广告的内容和形式将更加灵活多样，个性化、互动性和精准化将更加突出。手机广告也将越来越渗透进人们的生活，隐藏着巨大的市场潜力。在手机广告今后的发展中，只有广告主、广告代理商、运营商以及手机用户之间相互协作，才能达到共赢，使手机广告拥有良好的发展环境，快速前行。

第十一章　手机媒体在突发公共事件传播中的价值

21世纪以来，各种突发公共事件在世界范围内不断出现，如2004年的印度洋海啸、2008年的汶川地震、2011年的日本大地震等自然灾害事件，2003年的SARS、2009年的甲型H1N1流感、2020年的新冠肺炎疫情等公共卫生事件等，这些突发公共事件极大地影响了人们的生活和社会的安定。由于突发公共事件具有偶然性、紧急性和高风险性，危害范围和程度都很巨大。尤其在新媒体时代还充斥着大量难以辨别的信息，信息的传播形态呈现复杂化趋势，防御和处理突发公共事件异常困难，因此各国政府和研究者对这一问题越来越关注。突发公共事件处理中的信息传播沟通起着十分重要的作用，如何使得信息传播沟通高效化成为一个具有现实意义的研究课题。

手机媒体具有传播信息迅速及时、信息到达率高、便携、互动性强、更新快、跨地域传播等特性，它在突发公共事件预防和处理中彰显出独特的价值。随着传播技术的发展，数据挖掘、算法推荐等使得手机媒体的功能越来越全面和强大，手机媒体成为突发公共事件应急处理的有效技术工具。对如何通过手机媒体为公众搭建公共舆论的信息平台，顺畅政府与公众间的信息交流，使社会更加和谐这个问题的探讨，将为预防与处理突发公共事件提供有价值的思路。

第一节 突发公共事件概述

一、突发公共事件的含义、类型、特性和发展阶段

（一）突发公共事件的含义和类型

2006年1月，国务院发布的《国家突发公共事件总体应急预案》中将突发公共事件定义为：突然发生，造成或者可能造成重大人员伤亡、财产损失、生态环境破坏和严重社会危害，危及公共安全的紧急事件。包括自然灾害、事故灾害、公共卫生事件和社会安全事件四类。

1. 自然灾害

自然灾害主要包括水旱涝灾害、气象灾害、地震灾害、地质灾害、海洋灾害、生物灾害和森林草原火灾等。例如2008年的汶川大地震、2011年的日本3·11大地震、2012年的北京"7·21"暴雨等，这些自然灾害一般都造成了极其严重的经济损失和人员伤亡。

2. 事故灾害

事故灾害主要包括工矿商贸等企业的各类安全事故、交通运输事故、公共设施和设备事故、环境污染和生态破坏事件等。例如2011年的"温州动车事故"和"上海大火事件"。这类事件一般都造成了一定的经济损失和人员伤亡，同时还受到各方质疑，形成舆论漩涡。

3. 公共卫生事件

公共卫生事件主要包括传染病疫情、群体性不明原因疾病、食品安全和职业危害、动物疫情，以及其他严重影响公众健康和生命安全的事件。例如

2003年的"非典"疫情、2006年的"禽流感"疫情、2008年的三鹿奶粉事件、2020年的新冠肺炎疫情等。这类事件影响范围广，容易造成恐慌心理。

4. 社会安全事件

社会安全事件主要包括恐怖袭击事件、经济安全事件和涉外突发事件等。

（二）突发公共事件的特性

1. 突发性

突发公共事件往往以某种奇特的、不可预料的、突如其来的状态，在没有征兆的情况下突然爆发的，它的发生时间、地点、严重程度等都难以准确把握，而且通常事件演变迅速，对一些具体的行为规范或价值观乃至社会制度的基本结构都可能产生威胁。因此遇到这类事件人们往往缺乏心理准备，措手不及，日常生活相对平衡的心理极易被打破，甚至引起恐慌。

2. 破坏性

无论是自然灾害，还是公共卫生事件，突发公共事件是现实社会中的一种急剧变动的状态，会产生严重的破坏性，影响到国家安全和全体人民的利益。直接的损害表现在人员的伤亡、财产的损失或者环境的破坏，间接的损害表现在对心理的损害，进而渗透到社会生活的各个层面，而且这种损害是长期和潜在的。例如2011年3月11日，日本当地时间14时46分，日本东北部海域发生里氏9.0级地震并引发海啸，造成重大人员伤亡和财产损失。此次地震及其引发的海啸造成14063人死亡、13691人失踪。地震还造成日本福岛第一核电站1—4号机组发生核泄漏事故。而且此次灾害对日本的政治经济生活产生了巨大的负面影响，核电站泄漏存在的长期污染风险也将持续很长时间。

3. 公共性

突发公共事件的一个重要特征就是事件影响的是公共利益，它不是威胁到某个个体的个人利益，而是对公共财产、公共安全和公共秩序产生极大的负面影响。因此针对突发公共事件，政府会高度重视和采取相应的措施，调动和整合公共资源来应对。

4.高度关注性

由于突发公共事件强大的破坏性和公共性，一旦发生立即就会成为全社会和舆论关注的焦点和热点。尤其是随着传播业的发展，信息传播渠道日趋多样化和时效性，除了传统大众传媒的主导作用外，自媒体的作用也日趋显著，事件的发展状况以及组织控制和处理公共事件的情况会成为重要的议程和公众谈论的主要话题。新闻媒体的关注和追踪报道会影响到社会公众对政府当局或者相关组织的态度，甚至会影响到整个社会的稳定。

（三）突发公共事件的发展阶段

突发公共事件的发展过程是有规律可循的，一般经历了从潜伏到恢复的过程。危机管理专家斯蒂文·芬克在1986年提出了危机传播的四阶段模式，对危机的生命周期做了细致的描述。他将危机事件的生命周期划分为四个阶段，即危机潜在期、危机突发期、危机蔓延期和危机解决恢复期。突发公共事件属于危机中的一种类型，因此发展形态上也符合这个过程的描述。

1.潜在期

突发公共事件具有潜伏性的特征，潜在期是一些能诱发危机发生的因素积累的过程，当这些因素相互作用，进行潜在的量变积累，达到一定程度就会将破坏性释放出来，危机随之爆发。一般来说在这个阶段会出现一些征兆，但这些征兆往往具有很强的隐秘性，人们不容易察觉，也很难进行识别和预测，或者有时人们察觉到一些征兆，却往往又忽视了它们。

2.突发期

如果在潜伏期不能发现危机征兆，或者发现却忽视了，当危机产生的危害积聚到一定程度的时候，危机就会爆发，进入突发期。在这个时期，事态逐渐升级，引起公众广泛注意和越来越多媒体的关注。事件危害性最大，对社会形成强大冲击。

3. 蔓延期

蔓延期是指突发公共事件爆发后不会马上结束，仍在发展或者说仍然在恶化，危害继续蔓延，产生连锁反应，出现信息的不对等、群体极化现象等，但是在这一阶段演进的速度已经放慢了。因此在一阶段是挽回损失的重要阶段，如果事件爆发后政府立即采取了有效的措施，那么蔓延期就会相对短暂，反之则会延长。

4. 解决恢复期

在这一时期，事件危害逐渐消除，所引发的各种连带问题逐步得到解决，社会系统运行开始逐渐向正常状态恢复，政府和公众承受的心理压力逐渐得到释放。

二、突发公共事件的传播学特征

突发公共事件具有突发性、严重的危害性和破坏性、事态发展的不确定性、高度关注性等重要特性。由于突发公共事件发展具有高度的不确定性，使得危机中的公众心理脆弱，知情的欲望特别强烈。如果出现信息匮乏、信息渠道不畅通，人们心理上的恐慌甚至会对行为规范或价值观产生威胁，导致危机的危害性进一步扩大。把突发公共事件放在传播学的视域中加以研究，它的传播特性表现在以下几个方面。

（一）传播内容易谣言化

形成谣言有三个重要条件：其一是公众感兴趣的事件或者问题，其二是通过一定的传播渠道，其三是未经证实。突发公共事件由于具有严重的危害性和破坏性，在特定的时间段一定是公众最关心的议程。公众急于了解事件的发展态势，选择的传播媒介包括大众传播媒介和人际传播媒介。如果大众传播媒介能够在第一时间向公众传播权威可信的信息，那么未经证实这个要素的缺失就使得谣言不易形成。但是由于受到某些因素的影响，公众在无法通过大众传播媒介得到确切信息的情况下,会选择关注通过人际传播渠道得到的信息。

因此在突发公共事件发生时,如果出现传播信息的匮乏或者传播渠道的无序,信息源就会出现被肢解、被选择性接受的情况。传播级数越大,受传者所得到的最终信息与原始信息的差异就越大,与事件有关的信息谣言化的倾向将越来越显著。

(二)传播舆论环境复杂化

美国社会心理学家库尔特·卢因(Kurt Lewin)在研究群体中信息流通渠道时提出了"把关人"的概念,他认为在"群体传播过程中存在着一些把关人,只有符合群体规范或把关人价值标准的信息内容才能进入传播的管道。"[①] 新闻选择的"把关"过程提前为公众进行了信息过滤,构建了与事件处理同步的舆论环境。

但是随着新媒体在公众生活中的重要性日渐提高,大众传播媒介的"把关"功能被弱化。社交媒体以其及时的信息发布速率和与网民的高度互动性成为公众获取信息的重要来源,信息发布主体的多元化使得舆论生态格局愈发复杂,单向声音主导的舆论场演变为多方牵制的公众舆论场。公众面对多样的传播渠道和丰富的信息资源,选择的自主与盲目带来信息辨别的高难度倾向。例如网络传播的参与者身份的匿名特性对参与者言论发表的自由起到了一定的保护作用,一些不真实的信息能够通过这样一个公共领域得到释放和反馈,形成虚拟环境下的"真实"。因此突发公共事件发生时,如果带有不同特征的传播渠道中的信息出现了交锋,公众对于信息的认知与解读就可能出现障碍,舆论环境将不与事件的处理同步,导致危机的复杂化和深层次化。

---

① 刘开源、潘子健:《从"把关人"理论谈高校辅导员的职业素养》,《新闻界》2010年第4期,第92—93页。

(三)传播受众容易出现心理应激反应

突发公共事件发生后,由于当地人们所处的社会环境发生了巨大的变化,需要人们做出较大的努力才能适应,因此容易造成公众个体不同程度的心理应激,如产生焦虑、恐惧、内疚、悲伤、绝望等情绪,严重的还可能出现攻击性行为、抑制或逃避性行为等。而且突发公共事件由于影响的是一定范围内的公众或人群,它还会带来特殊的群体心理效应。比如面对突发事件,恐惧、紧张、忧虑的心理状态会使人们不自觉地通过言论、行为、表情等将突发事件的影响进行渲染,从而增加了公众的心理负担,膨胀了公众潜意识中的非理性因素。这时如果没能通过正常畅通的渠道获知准确信息,人们最容易相信各种传言,并根据个人的常识、担忧、预期以及文化价值观等对信息源进行再造,导致信息的变异传播。

第二节 手机媒体在突发公共事件传播中的价值提炼

一、手机媒体特性与突发公共事件传播特性的关联

(一)手机媒体在一定程度上有助于遏制谣言的产生

突发公共事件发生后,之所以引起人们的高度关注,主要是因为形成的矛盾冲突带给人们忧惧,尤其是与事件关联性强的人群。他们会对事件产生联想,并渴望对事件的原因、进程以及结果的求知。因此突发公共事件发生后,公众容易出现恐慌、焦虑等心理变化,对于信息的需要非常迫切,他们的媒介选择行为与媒介自身特性之间的关联显得更加密切,越方便使用的媒介越容易被重视和选择。手机体积小,易于携带,与其他媒体相比,与人们的距离最近,堪称"影子媒介",是人们的生活必需品。从便携性的角度来说

具有任何其他媒体无法比拟的优势，真正实现了人和媒体在时空中的无缝链接。比如发生地震的时候，公众会离开建筑物，这时随身携带的手机就成为公众了解最新信息的最好选择。当前中国的手机用户数量已达16亿，如此数量庞大的手机用户群也使信息的及时传播达到有效落地，避免出现突发公共卫生事件下的信息孤岛。

突发公共事件发生后，传统媒体也会在第一时间做出反应，但由于传统媒体需要按照常规的传播制度报道突发事件，就可能使得公众的信息获取需要与信息实际获得之间产生一个空白区域。而突发公共事件的演变态势往往存在极大的不确定性，任何信息真空都可能导致事态的恶化。和传统媒介相比，手机媒体信息内容的启动最便捷灵活，信息传递速度极快，几乎可以做到与事件同步。而且手机媒体的传者与受者之间可以实现双向交流，传播系统内的个体既是受众又是传播者。信息拷贝的过程还会使公众对于事件的探讨和碰撞的主动性大大增加，手机传播的涟漪效应使媒介个人化需求的满足达到了最大化。手机媒体的便携性、普及性、即时性和互动性功能如果得到充分发挥，减少信息冗杂、谣言、舆论审判现象，避免信息真空的产生，从而在一定程度上帮助抑制谣言的发生。例如微博平台可以通过官方辟谣账号发布辟谣信息，同时联动各地区网警账号以及相关官方科普账号快速辟谣。新浪在2018年设立了"捉谣记"官方辟谣账号，在2019年末和2020年初新冠疫情期间按照不同阶段发布辟谣信息，包括还原真相、预防科普和涉外谣言监管等，净化了网络空间，遏制了谣言扩散，降低了谣言对群众的误导，成为抗击新冠肺炎疫情工作中的重要组成部分。

手机媒体相比传统媒体，在及时性方面具有先天的优势，而且手机与人们关系紧密，每个人都会时刻将其带在身边，这也就大大提高了信息的到达率。突发公共事件的突发性要求准确信息的传递速度要快，这样才能避免流言和谣言的产生，因此手机媒体在应对突发公共事件过程中起到了重要作用。

（二）手机媒体对于媒介资源的整合有利于创建和谐的舆论环境

1983年，美国马萨诸塞州理工大学的伊契尔·索勒·普尔在他的《自由的科技》一书中提出了"媒介融合"这个概念，他认为"数码电子科技的发展是导致历来泾渭分明的传播形态聚合的原因。其本意是指各种媒介呈现出多功能一体化的趋势"。[①] 伴随着信息技术日新月异的发展，手机媒体担当起了媒介融合这一平台上的重要角色。数字化使得各个媒体内容在手机上实现了相互嵌入，并生成全新的传播形态。手机媒体从最初的通话和短信功能，到手机报、手机广播、手机电视、手机上网等丰富的媒介融合表现，使手机媒体不再仅仅是大众传播媒介的简单延伸，而是构建了一个新的传播世界。因此手机媒体既能实现大众传播功能，又具有人际传播的亲和力。在突发公共事件发生时，能够让公众在最快的时间通过官方平台（如官方短信平台、官方网站、官方微博、微信公众号、短视频账号等）了解信息，充分满足公众的知情需要，也强化了媒介"把关"功能。同时自媒体还具有互动的特性，针对公众感兴趣或者疑惑担忧的问题可以及时沟通，帮助公众认知与解读相关信息，从而构筑起和谐的舆论环境。

在突发公共事件处理中，手机的媒介价值得到彰显，作为政府部门应该要转变话语方式，及时发布权威信息，对舆论进行正面引导。还要积极利用新媒体与民众平等交流，消除民众疑虑。

（三）手机媒体在一定程度上有助于消解公众的应激反应

突发公共事件中公众应激反应形成的主要原因是社会环境因素和传播环境因素。其中传播渠道的多样化带来的信息不一致非常容易导致恐慌和焦虑情绪。手机媒体的大众传播功能和人际传播功能共同呈现，使公众可以拥有获知准确信息的正常渠道，同时还可以利用互动方式实现信息的深度解读，

---

① 孟建：《媒介融合：黏聚并造就新型的媒体化社会》，《国际新闻界》2006年第7期，第24—27页。

手机媒体的人性化特质还使得对于公众个体的情感输出成为可能，这就在一定程度上帮助了公众应激反应的消解。

二、手机媒体在突发公共事件传播中的价值体现

根据上文的分析我们可以看出，手机媒体的媒体特征与突发公共事件的信息传播特性有较大的契合度，如果合理使用它，在舆论引导方面会起到重要作用。为了进一步明晰手机媒体在突发公共事件中的传播范式，结合斯蒂文·芬克的阶段分析理论，本书认为手机媒体在突发公共事件的场域中有着独特的价值。（如表11-1所示）

表11-1　手机媒体在突发公共事件各阶段价值分析

突发公共事件各阶段	传播工作重点	手机媒体优势特性	手机媒体价值	主要形式
潜在期	收集预兆信息，发出预警信号	即时性、便携性、高到达率	发出预警信号，避免谣言产生	手机官方短信平台、手机官方微博、微信、短视频平台等
突发期	传播事实真相，消除恐慌心理	即时性、媒介融合特性、更新快	及时告知事实真相，事件发展态势，表明政府积极态度	手机报、手机广播、手机网络新闻、手机电视、手机微博、微信、短视频平台等
蔓延期	发布详尽信息，畅通政府与公众的信息交流	即时性、互动性、更新快、媒介融合特性	发布详尽信息，建立政府与公众的互动平台	手机报、手机电视、手机广播、手机官方短信平台、手机网络（新闻、官方网站、微博、QQ、微信、短视频平台等）
解决恢复期	总结经验教训，完善危机处理系统	互动性、即时性、媒介融合特性	发布危机处理工作情况，接收公众反馈	手机报、手机电视、手机广播、手机官方短信平台、手机网络（新闻、官方网站、博客、微博、QQ、微信、短视频平台等）

（一）潜在期

突发公共事件在爆发之前经常会有征兆，而这些征兆又具有很强的隐秘性，不容易被察觉，但是一个偶发性因素可能会颠覆平静的酝酿局面，继而引发公共危机。如果能够收集到这些预兆信息，发出预警信号，做好防范工作，就容易将事件扼杀在萌芽期，将危害降到最低。手机具有即时性、便携性和高到达率的特点，这是手机预警系统最具优势之处。在发现预兆信息时，可以在第一时间利用手机媒体平台提醒用户提高警惕，避开不利因素，远离危险区域，就能保证信息到达最大范围的受众，避免不必要的损失，提高预警效果。例如在2020年新冠肺炎疫情当中，中国率先探索数字技术的防疫工作，利用人人持有的手机中的大数据对病毒进行追根溯源，预判疫情传播趋势和追踪特定人群的人口流动，通过手机"行程码"和"健康码"申报来获取个人的相关行程信息，对于提高疫情防控治理能力具有重要意义。

（二）突发期

当危机产生的危害积聚到一定程度的时候，危机就会突然爆发，进入突发期。这个时期持续时间最短，但危害最大。一方面程度之深、波及范围之广会随着时间逐渐攀升，出现巨大的实际损害，比如人员伤亡、财产损失等。另一方面公众对事件缺乏了解，容易陷入恐慌之中，社会秩序处于无序状态。在这个阶段，如果信息沟通渠道不通畅，将会导致事态严重地区的群体恐慌。在危机爆发阶段，及时有效的信息沟通和最快的反应速度是决胜的关键。因此，在这一阶段，政府应该采取有力措施控制事态的发展，降低损害程度。同时还要满足公众的知情要求，消除公众的心理恐慌和压力。具体来说就是要将事件真实情况向公众进行通报，告知公众政府处理危机的积极态度和采取的有效措施，积极与公众进行沟通交流，针对谣言要及时辟谣，增强公众对政府的信任和信心。

手机媒体的即时性、信息更新速度快以及媒介融合特性使得它在突发期成为政府与民众之间一座重要的桥梁。政府可以利用手机报、手机广播、手机网络新闻、手机电视、手机微博等丰富的信息传播渠道，以最快的速度，将最真实的现场报道、最有价值的信息传递给公众，让更多的公众了解事件的发展态势，从而消除公众的恐慌心理，稳定民心，增强公众对政府的理解和信任。而且信息越透明，谣言就越容易不攻自破。

如2017年8月，九寨沟发生了7.0级地震，腾讯微博依据用户的LBS（基于位置的服务）进行城市定位，向九寨沟及周边城市发送灾情相关信息，3000多名网友也提供自己所在地的震后情况。

又如2012年8月8日，有网友在微博中说："最新已证实的确切消息！连云港赣榆县赣马镇半路村2名村民感染皮肤炭疽病，感染源为外省输入性病牛。北京疾控专家连夜赶往！有附近的同学赶快提醒！最近尽量少外出、少在外吃饭、切记不可食用牛肉。事情重大！"这条微博之后被频频转发，不少网友转发给自己的家人或朋友，互相提醒近日不要外出就餐，避免食用牛肉。也有网友转发求辟谣，希望权威部门能出面给个说法。2012年8月13日，辽宁沈阳等地出现炭疽病疫情，确认有7人发病。一时之间，这个曾被看成是可怕传染病的炭疽病成为网络搜索的热点词。针对这种情况，政府部门及时通过各种渠道对疫情情况做真实的通报，并对关于这种疾病的基本常识和预防治疗措施给公众加以介绍。除了利用传统媒介之外，还利用了手机报、手机微博等形式及时与公众开展对话，回答公众的疑惑。前者的权威性与后者的亲和力相结合，缓和了恐慌情绪，避免了事态的恶性发展。

（三）蔓延期

突发公共事件爆发后不会马上结束，会进一步发展，进入蔓延期。这一时期与突发期相比，事件演进的速度放缓，但根本危机还未真正得到解决。人们的关注点会从事件本身造成的损害转向关心政府采取的措施是否有力、事件的后续恢复、事件发生的原因、事件背后的本质等,管理层会面临来自舆论各界和事件本身的压力。从舆论形态看,多议题是明显的特点。因此在这一阶段,针对公众提出的问题做出详细的说明,了解公众的心声,及时与公众进行沟通就显得极为重要。手机媒体的媒介融合特性和互动性能够帮助政府与公众之间保持最新、最迅速的信息交流,一方面可以通过手机报、手机电视、手机广播、手机官方网站、手机官方微博、微信公众号、短视频平台、直播等及时将各方面的情况向公众进行通报。另一方面又可以利用手机的互动性创设互动平台,了解公众对相关问题的认知与理解,并且时时监控新的议题,避免流言和谣言的产生和蔓延。

2010年4月14日清晨,青海玉树发生地震,共造成2220人遇难,失踪70人。中国民政部在地震发生1个小时后发布紧急救援计划,两个小时在玉树设立了紧急救援中心。地震发生4个小时后,新华社向全球发出第一张地震照片,这组灾情照片是由一位中国移动用户通过彩信从地震灾区发出的,国内众多知名媒体纷纷转载。2010年4月14日的手机《新闻早晚报》中,《玉树强震致重大伤亡》《玉树强震逾万人死伤》是当日晚报中的图片点睛和第一条的内容,此时的信息主要集中在灾区的情况。4月18日,新华社青海分社与中国移动青海公司推出了新华移动救灾彩信专刊,每天在第一时间向全省40万移动用户发送党中央、国务院等领导对灾区的关心支持等消息。4月21日,《重庆手机报》开展"多难'心'帮,玉树不哭!"悼念玉树地震中遇难同胞的活动,开通哀悼地震遇难同胞短信平台,上千名手机报读者发来短信,深切哀悼青海玉树地震遇难同胞。4月21日的手机《新闻早晚报》的早报内容中,《向地震遇难同胞致哀》《地震死亡数字无隐瞒》《央视抗震晚会筹21亿》是图片点睛和第一条和第二条的内容。晚报内容中,《玉树不倒,青海长青》《举国哀悼玉树遇难者》是图片点睛和第一条的内容。这一天是全国哀悼日,几乎所有手机报的头版头条都是降半旗致哀的画面。到4月25日,手机《新闻早晚报》的第一条是《抗震救灾进入新阶段》,晚报的第一条是《玉树伤员治疗全免费》。通过手机媒介话语的梳理，可以看出进入蔓延期后，议题视角更丰富，从哀悼、各方支援到灾区的生产生活状况，再到灾区的重建事宜，这些议题通过手机媒体传播到达大范围受众，使得舆论场的时空环境得到优化，从而起到正确引导舆论的作用。在此次事件中也出现了一些谣言，比如北京地区当时就传出了地震谣言，针对这种情况，政府在第一时间通过手机《新闻早晚报》转引北京市地震局发布的公告进行辟谣。

（四）解决恢复期

危机经历了蔓延期之后就进入解决恢复期。在这一时期，事件危害逐渐消除，所引发的各种连带问题逐步得到解决，社会系统运行开始逐渐向正常状态恢复，政府和公众承受的心理压力逐渐得到释放。对于政府部门来说，这一阶段的工作主要是向公众对事件进行总结和反思。其中了解公众对于事件本质、政府处理措施等的总体评价非常重要，这样能够为今后的突发事件的应对提供重要参考，制定出更为完善的危机应对措施。要做到这一点，传统媒体的单向模式就存在缺陷，而手机微博、微信公众号、短视频平台、手机直播等的反馈功能就很好地发出了公众的声音，相关部门应该重视这些平台的反馈作用，才能吸取教训，提升突发公共事件的应对能力。

从以上分析可以看出，在新媒体时代，突发公共事件的传播呈现出网状的传播规律，不仅要保证公众能够及时获知准确信息，还要为公众搭建合适有效的公共话语平台，实时了解公众的意见流走势，将各种信息碎片进行整合，才能构建和谐有序的传播秩序。由于手机媒体独特的载体特性，它是突发公共事件传播中不可或缺的重要工具。

三、手机媒体在突发公共事件传播中的负向效应

在突发公共事件传播过程中，手机媒体确实扮演着日益重要的角色。但是手机媒体的一些特性也导致了它在舆论传播过程中可能带来的负向效应。

手机是一种基于人际传播的传播媒介,如果官方渠道缺失,传者与受传者双方的实名和角色的亲近特性就可能使信息接受者解除心理屏障,接受不真实的信息。同时对于手机媒体而言,每一个用户都是一个传播源,都拥有话语权,手机媒体平台上的信息自由度激增,因此一些不法分子利用手机传播反动信息、封建迷信信息、虚假信息等使公共危机事件的源头复杂化,也使得危机处理的难度加大。

信息在通过手机传播过程中的把关弱化在一定程度上削弱了手机媒体在突发公共事件中的传播力量。因此如何将手机媒体的舆论引导效果最大化,减少其产生的负面效应,是需要我们探讨和解决的重要问题。

第三节 如何发挥手机媒体在突发公共事件传播中的作用

一、建立完善的法律法规,从源头上减少谣言的产生

由于手机既是个人通信载体,同时大众传媒性质又越来越凸显,因此关于手机媒体传播信息的内容管理就显得更加复杂。目前采取的关于手机管理的有效措施就是手机实名制,手机实名制是指用户以自己的名称、产品、品牌等文字标识为手机号码进行注册。移动通信运营商在办理申请者(无论是个人还是集体用户)手机入网手续时,对用户的相关身份证件进行审查。申请者为个人用户的,应当出示有关个人身份证件;申请者为单位的,移动通信运营商应当登记其名称、地址和联系人等事项。实行手机实名制后,手机媒体信息的传者与受者能够获得真实的身份验证,有利于帮助受传者提高对信息分辨的能力,对不法分子也能达到震慑作用,从而减少谣言的产生和扩散,增加手机媒体信息的可信度和权威性。要对手机媒体实行科学有效的全程式管理,积极预防与坚决惩治相配套,确保最终效果的实现。

二、形成完整信息流，强化情感优势，达到舆论和谐

学者胡百精为危机管理拟建了以下常规路径："时间性，即越快越主动，越慢越被动。主体性，即直面危机，掌握话语权。解释力，即公开表达——由把关人变成开门人；多元表达——与意见领袖共同构筑话语同盟。情感力，即人性化应对危机，不只关注而且关心，不只讲理法而且讲性情。好运气，不是天上掉馅饼，而是合理牵引视线、转移议题、淡化危机。"[1]从这个路径出发，要使得手机媒体在突发公共事件场域中发挥优势效应，事实层面和情感层面的作为对于形成连贯完整的信息流，从而影响受众的态度和行为来说缺一不可。

从事实层面来看，建立手机官方平台，利用手机发出预警信号。在事件发展过程中及时告知事实真相和事件发展态势。利用手机媒体中互动性强的载体比如短信、微博、QQ、微信、短视频等与公众沟通交流，及时了解公众反馈，为后续工作提供参考信息等具体措施，使时间性、主体性、解释力这三个路径畅通有了强有力的依托，并保证了"意见市场"上的主导权。

从情感层面来看，公众是有血有肉、感情丰富的个体，在形成意见和采取行动时，更容易受到情感的左右。由于手机媒体的人际亲和优势，使它不仅呈现出信息置放工具的特性，而且同时呈现人性化的特质，能够成为公众的尊严和自由表达的置放器。多元表达和情感力这两个路径在手机媒体上能够得以实现。因此在突发公共事件发生时，官方手机平台的信息发布内容和形式应该更加人性化，不仅要呈现政府对公众的信息告知功能，更重要的是要让公众体会到政府对于公众的关心。而且平台应该能够真正成为公众答疑解惑的重要介质，对于公众提出的问题能够及时予以解答。手机微博是移动化的个人终端与网络微博的有机结合，它使得信息发布和传输更加方便、及时，沟通也更加容易。当遇到突发事件时，官方手机微博应该以平和亲切的

---

[1] 胡百精:《政府网络危机三问》,《国际公关》2009年第4期，第19—20页。

姿态贴近公众，少说官话，即时全面发布讯息，倾听公众声音，使之真正成为民意沟通的直通车。

三、利用议程设置功能积极引导舆论

议程设置是大众传播的重要社会功能和效果之一。20世纪70年代，美国传播学者麦库姆斯和肖通过实证研究发现，在公众对社会公共事务中重要问题的认识和判断与传播媒介的报道活动之间，存在着一种高度对应的关系，即传播媒介作为"大事"加以报道的问题，同样也作为"大事"反映在公众的意识中，传播媒介给予的强调越多，公众对该问题的重视程度越高。根据这种高度对应的相关关系，麦库姆斯和肖认为大众传播具有一种形成社会"议事日程"的功能，传播媒介以赋予各种议题不同程度"显著性"的方式，影响着公众瞩目的焦点和对社会环境的认知。对议程的关注决定了舆论生成，议程的持续决定了舆论的强度，议程的转向决定舆论走向，议程的诉求决定舆论动员。在媒介融合的背景之下，手机媒体的大众传播功能越来越显现，而且手机媒体的时效性抢占了议程设置中对舆论核的控制，有利于占据舆论先机，最终形成可影响受众行为与思想的主导力量，从而正确引导公众理智地看待问题。

首先，应该利用官方微信公众号、官方短视频号、官方网站、手机官方微博、官方短信平台等主动设置议程，主导舆论方向。媒介无法支配公众的思考，但是可以通过议程设置确定哪些事件进入媒介议程，最后影响甚至改变公众关于事件的看法，从而达到引领舆论的目标。在突发公共事件发生时，政府应该利用自身的权威性和公信力积极及时地通过多主题、多角度、多层面的议程设置，有技巧地传播信息，最终形成主导舆论。其次，针对在媒体和社会上出现的各种质疑，应该要利用手机媒体以最快速度做出回应，提供权威性信息，传达政府处理突发事件的态度、措施等政务行为信息，消解负面舆论，防止舆论方向的异化。最后，围绕政府重视的危机焦点建构舆论场，

并逐步通过舆论议程的转换扩大舆论场的影响力,引导公众对事件的深层次原因进行理性的讨论,将舆论引向有利于公共利益的方向。

综上所述,由于手机媒体与突发公共事件传播特性的高度契合,手机媒体在突发公共事件的信息传播活动中有着重要的价值,同时也存在一定的不足。政府应该对于手机媒体更加重视,最大化地发挥其优势,减少负面效应。利用这个平台构筑政府与公众之间的平等空间,在有效的舆论引导下,获得公众对政府行为的理解与支持,提升政府公信力,增强危机处理能力。

第十二章　手机媒体的监管

随着人工智能时代的到来，手机媒体技术的日新月异，手机的社会嵌入程度越来越高，与人类之间的关系越来越紧密。手机媒体在传播领域中的地位越来越重要，它改变着传播格局，也为用户构建了极具个性化的信息场域，提高了用户使用信息的效率。尤其是算法推荐技术解构了传媒生态的权力模式，使得人们的生活方式、生产方式、思维方式发生了巨大的改变。但在技术赋权带来范式革命的同时，隐私侵犯、数据泄露、隐私信息再利用、数据滥用、信息茧房、算法黑箱、算法歧视等价值风险也逐渐浮出水面，对用户的隐私权、知情权、被遗忘权等造成严重的威胁。在手机媒体监管方面，相关的法律法规还需要进一步完善，监管还需要进一步加强。只有从法律层面和行业自律层面加强对手机媒体的监管，才能使手机媒体产业更好更快地发展。

第一节　手机短信传播中存在的问题

1992年出现的手机短信从诞生之日起对人们的信息传播方式和习惯产生了重要的影响。在手机实名制实施之前，由于手机用户的信息是模糊的，匿名性使得手机短信成为违法犯罪分子实施违法行为的工具，手机短信传播中存在的主要问题有虚假短信、诈骗短信、骚扰短信、广告垃圾短信、短信陷阱等。智能时代的短信传播又出现了新的问题，例如短信轰炸、手机病毒短信等，产生的危害性更大。

一、手机短信传播中存在的主要问题

（一）虚假短信

虚假短信是通过短信平台将虚假的信息发送给手机用户，这种虚假信息极易造成谣言的传播，引起公众的恐慌。

（二）诈骗短信

诈骗短信是违法犯罪分子通过发送诸如中奖短信、发生紧急事件的短信、冒充金融部门和公安机关的短信、诈骗链接等对手机用户进行诈骗，获取钱财。

（三）广告垃圾短信

广告垃圾短信是用户手机上经常收到的强行推送的手机短信广告。这种广告形式的垃圾短信由于成本低、到达率高、传播速度快、传播范围广，颇得广告主和运营商的青睐，但是由于群发这类广告的商家众多，发过来的信息大多又与用户的需要无关，用户不堪其扰，大量用户产生了严重的抵制情绪。在手机实名制实施之前，广告垃圾短信现象非常严重，甚至成为危害社会治安秩序的一大公害。2008年"3·15"晚会特别关注了垃圾短信现象，并曝光了一些公司大规模制造垃圾短信而获得高额利润的内幕，引发了全社会的热议。广告垃圾短信不仅严重影响了人们正常的生活和学习，而且还会带来个人信息泄露的问题。

（四）短信陷阱

手机短信陷阱是利用发送手机短信引诱手机用户回复短信，而一旦回复短信，就等于是默认或定制了某项短信服务，就要支付费用，而用户并不知道自己已经定制了这种服务。或者发送一个具有欺骗性的事由，附上短信链接，诱导用户点击链接，在弹出的窗口中填写姓名、身份证号、银行卡号、手机验证码等重要信息，达到盗取手机用户钱财的目的。

（五）短信轰炸

短信轰炸是指短时间内向受害者手机高频率发送大量骚扰短信，形成轰炸效果，影响手机正常使用的一种违法行为。或者是不法分子利用互联网服务提供者下发"验证码"短信进行用户身份验证的机制，在用户不知情的情况下，模拟用户在短时间内向成千上万的网站、APP进行注册、登录操作，导致用户在很短时间就收到多达上百条验证码短信，形成轰炸效果。为获取非法利益，短信轰炸软件的上下游产生了大量黑灰产业链，大量短信恶意下发，既影响了手机用户的正常生活，也严重影响了手机用户的身心健康。

（六）手机病毒短信

手机病毒短信是指在短信中含有指向手机病毒下载地址的短信链接，一旦短信接收者点击短信中的网址，就会自动触发病毒下载和安装，导致智能手机终端中毒。手机病毒短信经常是利用社会热点（例如疫情、双减政策等）加以伪装，缺乏防范意识的手机用户容易上当受骗。病毒短信的危害性极大，用户的手机中毒后，手机中的通讯录、短信记录、照片、聊天记录、网购记录、银行账号等都可能被不法分子窃取，从而泄露用户隐私或者给用户造成财产损失。

二、垃圾短信泛滥的原因

（一）垃圾短信的成本低、收益高

之所以有许多利益集团对垃圾短信趋之若鹜，最主要的原因在于手机短信与其他广告方式相比，成本非常低，同时高到达率产生的广告效果又给他们带来巨大的利益。手机短信广告是一对一的传播方式，短信广告能够到达庞大的受众群。在短信平台上集聚的一些具有诈骗性质或者各种非法的广告信息更是获利巨大，使得不法分子在巨大利益的驱使下铤而走险，这对垃圾短信的泛滥起到了推波助澜的作用。垃圾短信背后隐藏着一条巨大的灰色利益链，短信群发公司依靠垃圾短信赚取暴利，广告主希望能用低廉的广告成本推销产品，诈骗团伙则通过短信达到让更多的用户上钩的目的，运营商则在中间获得更多额外收入，这种利益均分的商业模式带来的高额利润是垃圾短信泛滥的根源所在。

（二）相关法律法规不完善，执行不力

2008年之前，垃圾短信问题虽然已经严重影响了人们的生活，治理的呼声也很高，但是并未得到相关部门的重视，在垃圾短信监管方面也没有执行力强的相关法律法规，这使得垃圾短信问题的治理存在困难，屡治不止。2008年央视"3·15"晚会特别关注了垃圾短信现象后，相应的监管制度才开始出台。

（三）行业缺乏自律意识且缺乏监督

行业自律是一个行业自我规范、自我协调的行为机制，能够维护本行业和企业的利益，同时还能维护市场秩序、保持公平竞争、促进行业健康发展。手机垃圾短信在一段时间之所以泛滥，一个原因是监管的缺失，还有一个重要原因在于手机行业在手机短信运营方面缺乏自律意识，没有明确监督责任，没有严格追究相关责任人责任。

三、垃圾短信的治理

为了解决手机短信传播中出现的问题，国家有关部门陆续出台了相关法律法规，加大了执行力度。行业也制定了行业行规并认真执行，垃圾短信现象逐步得到遏制和有效治理。

2008年6月11日，工业和信息化部发出《关于开展垃圾短信息整治专项行动工作方案的通知》，通知强调了清理规范的重点问题，包括行业类应用等短信息端口滥发垃圾短信息问题、信息服务经营者（含SP及电话声讯台）滥发垃圾短信息问题、广告类短信息滥发问题、制造销售违法短信息群发设备问题以及网间垃圾短信息滥发问题。通知还提到，将建立健全垃圾短信发现、监督和处置机制，将依法严厉查处一批群发垃圾短信息的信息服务业务经营者，关闭一批擅自滥发垃圾短信息的短信息发送端口，依法停止一批发送违法有害短信息内容的手机服务，清理一批违法短信息群发设备，规范短信息广告服务行为。此外，工信部还开通了"12321网络不良与垃圾信息举报受理中心"，希望通过以上措施来治理垃圾短信现象。

2008年7月17日，中国互联网协会反垃圾短信息联盟成立大会在北京召开。包括中国电信、中国移动、中国联通三大电信运营商在内的30多家企业，共同签订了《中国互联网协会反垃圾短信信息自律公约》。服务规范中，对"垃圾短信""违法和不良短信息"做了明确定义，即"未经用户同意向用户发送的用户不愿意收到的商业类、广告类等信息，或用户不能根据自己的意愿拒绝接收的短信息，以及其他违反行业自律性规范的短信息都属于垃圾短信。"并详细规定了短信息发送规则。

2009年2月28日，十一届全国人大常委会第七次会议通过了《中华人民共和国刑法修正案（七）》，其中的第二百五十三条规定："国家机关或者金融、电信、交通、教育、医疗等单位的工作人员，违反国家规定，将本单位在履行职责或者提供服务过程中获得的公民个人信息，出售或者非法提供给他人，情节严重的，处三年以下有期徒刑或者拘役，并处或者单处罚金。窃取或者以其他方法非法获取上述信息，情节严重的，依照前款的规定处罚。单位犯前两款罪的，对单位判处罚金，并对其直接负责的主管人员和其他直接责任人员，按照各该款的规定处罚。"这是对于垃圾短信中存在的用户信息泄露问题的相关法律规定。

2009年4月24日，工业和信息化部下发《第三代移动通信业务服务规范（试行）》，该规范对电信业务经营者保护用户信息、防范垃圾短信息等做出了明确规定。未经用户同意，不得将用户的姓名或者名称、有效证件号、住址、位置信息、用户号码、联系方式、交费账号和通话清单等非通信内容用于查询服务或提供给第三方，不得泄露、删除、篡改用户信息。不得利用短信息平台，向用户发送非法和违规内容。未经用户同意，电信业务经营者不得向用户发送带有商业宣传性质的短信息。鼓励电信业务经营者向用户提供终端短信息过滤软件下载等服务，以便用户在终端上有选择地接收和拒收短信息。该规范自2009年6月1日起施行。

虽然2008年、2009年工业和信息化部两次发文专门开展对垃圾短信的专项清理，但是执行过程中却遭遇到了难题，垃圾短信仍然屡禁不止。2010年，工业和信息化部宣布从该年的9月1日起正式实施电话用户实名登记制度。电话实名制即用户办理固定电话、移动电话、宽带业务、无线上网卡的入网、过户等业务时，应提供真实身份信息，以自己的名称、产品、品牌等文字标识为手机号码进行注册。电话用户实名制的出台主要为了遏制垃圾短信，减少通过手机短信进行的违规、违法行为。但当时由于没有明确的法律条文支持，实施效果并不理想。

2012年央视"3·15"晚会再次关注了垃圾短信，并揭露了制造垃圾短信的灰色产业链，央视直指中国电信通道成为垃圾短信再次泛滥的主要原因，多家电信公司为了增加收入，为手机垃圾短信的发送提供各种便利。

2013年4月，工业和信息化部接连公布了《关于进一步规范基础电信运营企业校园电信业务市场经营行为的意见》《深入治理垃圾短信息专项行动工作方案》等政策法规。根据方案中对于规范商业性短信息定制和退订的要求，电信业务运营企业未经用户同意或请求，或用户已经明确表示拒绝的，不得向用户发送商业类短信息。其中将重点清理基础电信企业自有及合作的端口类短信息发送业务，对用户明确表示对其造成侵扰的商业性短信息发送行为，应采取有效措施予以制止。同时，工信部还要求电信运营企业升级垃圾短信息网间联动处理平台，建成全国范围内跨企业、跨地区的垃圾短信息治理协调支撑平台，汇总网间垃圾短信息举报信息，及时下发相关属地企业并跟踪反馈。工业和信息化部还开展了深入治理垃圾短信息专项行动，专项行动方案明确指出"要畅通用户举报投诉受理渠道，提升用户举报投诉的便捷性"，并首次"鼓励开发、推广基于手机客户端的垃圾短信息处置应用程序，提供一键式举报等功能，简化举报操作流程。"

同时手机实名制度的逐步推进为垃圾短信治理提供了极有利的契机。2013年9月1日起，我国在全国范围内实施电话用户真实身份登记制度，要求新增固定电话、移动电话（含无线上网卡）用户实施真实身份信息登记，严格实行"先登记，后服务；不登记，不开通服务"。手机实名制的有效落地实施对于追溯信息来源、有效划清信息内容责权具有十分重要的意义。

2015年1月，工业和信息化部、公安部、国家工商总局联合印发《电话"黑卡"治理专项行动工作方案》，在全国范围联合开展电话"黑卡"治理专项行动，重拳整治"黑卡"。

2016年5月，工业和信息化部发布《关于贯彻落实〈反恐怖主义法〉等法律规定进一步做好电话用户真实身份信息登记工作的通知》，通知中明确规定，未实名的用户没有进行信息补登，运营商可停止其通信服务，并要求通信企业确保在2016年12月31日前全部电话用户实名率达到95%以上。

2016年11月4日，工业和信息化部印发《关于进一步防范和打击通讯信息诈骗工作的实施意见》，该意见指出，各基础电信企业要加快推进未实名老用户补登记,在 2016 年底前实名率达到 100%。在规定时间内未完成补登记的,一律予以停机。

近几年随着微信、微博等社交平台的普及,人们使用短信的频率降低,短信一般用于接收信息。手机实名制的有效落实对垃圾短信形成了有效惩戒。运营商建立的"垃圾短信过滤平台""数智化网络诈骗防控体系"等运用大数据技术实现了对垃圾短信的实时拦截。例如中国移动的网络安全小组在 2020 年月均拦截垃圾短信 3 亿余条、骚扰电话 30 亿余次。执法部门通过宣传普及反诈知识和"净网行动"加大了对违法违规短信的打击力度,公民参与垃圾短信举报的积极性也越来越高。这些举措逐渐降低了垃圾短信对手机用户的骚扰,优化了垃圾短信泛滥现象的整治效果。

第二节　手机传播中的侵害隐私权问题

一、隐私权

隐私权的概念最早出现在 1890 年美国法学家布兰蒂斯和沃伦在《法学评论》上发表的一篇题为《隐私权》的文章中。保护隐私权的法律制度首先是在美国建立起来的,随后其他国家也开始相继在立法中保护隐私权。新中国第一位民法学博士、中国人民大学王利明教授在其主编的《人格权法新论》一书中指出,隐私权是自然人享有的对其个人的与公共利益无关的个人信息、私人活动和私有领域进行支配的一种人格权。

以下行为一般被认为是对隐私权的侵犯:未经公民许可,公开其姓名、肖像、住址、身份证号码和电话号码;非法侵入、搜查他人住宅,或以其他方式破坏他人居住安宁;非法跟踪他人,监视他人住所,安装窃听设备,私拍他人私生活镜头,窥探他人室内情况;非法刺探他人财产状况或未经本人允许公布其财产状况；私拆他人信件，偷看他人日记，刺探他人私人文件内容，以及将他们公开；调查、刺探他人社会关系并非法公之于众；干扰他人夫妻性生活或对其进行调查、公布；将他人婚外性生活向社会公布；泄露公民的个人材料或公之于众或扩大公开范围；收集公民不愿向社会公开的纯属个人的情况；未经他人许可，私自公开他人的秘密。如果将这些行为加以归类，隐私权大致可以分为个人生活自由权、个人生活情报权、个人通讯秘密权以及个人隐私利用权。我国关于隐私权的相关法律规定如表12-1所示。

表12-1 我国关于隐私权的相关法律规定

宪法第三十八条	中华人民共和国公民的人格尊严不受侵犯。禁止用任何方法对公民进行侮辱、诽谤和诬告陷害
宪法第三十九条	中华人民共和国公民的住宅不受侵犯。禁止非法搜查或者非法侵入公民的住宅
宪法第四十条	中华人民共和国公民的通信自由和通信秘密受法律的保护。除因国家安全或者追查刑事犯罪的需要，由公安机关或者检察机关依照法律规定的程序对通信进行检查外，任何组织或者个人不得以任何理由侵犯公民的通信自由和通信秘密
刑法第二百四十五条	非法搜查他人身体、住宅，或者非法侵入他人住宅的，处三年以下有期徒刑或者拘役。司法工作人员滥用职权，犯前款罪的，从重处罚
刑法第二百四十六条	以暴力或者其他方法公然侮辱他人或者捏造事实诽谤他人，情节严重的，处三年以下有期徒刑、拘役、管制或者剥夺政治权利
刑法第二百五十二条	隐匿、毁弃或者非法开拆他人信件，侵犯公民通信自由权利，情节严重的，处一年以下有期徒刑或者拘役
刑法第二百五十三条	邮政工作人员私自开拆或者隐匿、毁弃邮件、电报的，处二年以下有期徒刑或者拘役 犯前款罪而窃取财物的，依照本法第二百六十四条的规定定罪从重处罚
刑法第二百五十三条之一	违反国家有关规定，向他人出售或者提供公民个人信息，情节严重的，处三年以下有期徒刑或者拘役，并处或者单处罚金；情节特别严重的，处三年以上七年以下有期徒刑，并处罚金。违反国家有关规定，将在履行职责或者提供服务过程中获得的公民个人信息，出售或者提供给他人，依照前款的规定从重处罚。窃取或以其他方法非法获取公民个人信息的，依照第一款规定处罚。单位犯前三款罪的，对单位判处罚金，并对其直接负责的主管人员和其他直接责任人员，依照各该款规定处罚

二、手机传播中的侵害隐私权问题

（一）手机监听

手机监听是指通过外在硬件设备或者内在的软件对手机的一种监听行为，或者是一些编程高手，编制出隐藏在手机里面的远程控件，从而实现监听目的。手机监听包括通话监听、短信监听和周围环境监听等形式。2006年开始，在网络上出现了一种叫"X卧底"的手机窃听软件，这个软件可以悄无声息地安装在某个人的手机中，能够轻易窃听被安装了该窃听软件的手机的通话和短信等内容。虽然当时这款软件只支持13款诺基亚和两款三星手机，但是这种软件的出现让人们对于通信领域的隐私权被侵害问题日渐担忧。之后人们经常会接到类似于"监视、婚外情、公司机密、官司纠纷，手机窃听器一切皆知""不限距离，全国范围内可以监听到任何无线电话"等的短信或者看到类似的广告，手机监听现象愈演愈烈。2011年有数据显示，因"X卧底"窃听软件造成的手机窃密事件每天就达到6000次以上。由于手机监听严重侵害了人们的隐私权，公安部门采取了一系列打击措施，随着公安部门打击力度加大，许多窃听软件纷纷转移到地下销售，仍然在危害人们正常的生活秩序。

一些新的窃听软件频频出现，比如"安卓窃听猫""比歌软件""Mobile Spy"等。"安卓窃听猫"是一种安卓恶意软件，它会以系统信息管理软件为名植入用户手机，在手机开机时自动启动，并在后台发送"灵猫已开始使用……"的短信内容到指定号码，就能全程监听手机通话信息和周围环境音，并通过自动联网的形式进行上传。这种潜艇软件由于使用的是后台录音加联网上传的方式窃取隐私，且具备监听手机周围环境音的功能，使其不但监听范围更广，直接获取录音，还可被黑客快速转做于其他非法用途。"Mobile Spy"是iPhone平台上的首个间谍软件，用户可以通过这个软件，登录设定的邮箱查看目标手机被监控的内容，包括目标手机与别人的通话内容、目标手机所有收到的短信和发出的短信、所有来电去电的通话记录、目标手机发送的所有邮件信息，以及目标手机不通话时周围环境的声音等隐秘的内容，甚至还可以模拟目标手机的手机号码给别人发送短信。

在智能手机时代，手机用户如果下载了一些未知来源的APP即手机"卧底"软件，或者手机被病毒入侵也可能导致手机被监听。例如2019年11月，江苏南京秦淮警方就在"净网2019"行动中侦破了一起用手机"卧底"软件窃取个人隐私信息的大案。全国有6万多名受害人每天被这种非法软件监听和跟踪，但他们却丝毫没有察觉。2020年12月，江苏南京警方摧毁了一条包括生产销售定位、窃听、偷拍设备的网络黑色产业链条，抓获犯罪嫌疑人28名，缴获相关设备2000多个。警方调查发现，这些设备被生产者伪装成充电宝，可以在使用者不知情的情况下，用于远程定位、轨迹查询、远程录音等，严重侵犯公民个人信息。

（二）手机偷拍

手机的摄像和摄影功能让随时记录成为可能，帮助我们留存了许多美好瞬间，但是这种功能也衍生出了一个新的问题，那就是手机偷拍的问题。手机偷拍是未经他人同意，以秘密方式对他人进行拍摄的行为，这是对他人权利的侵害。因为手机随身携带，体积又小巧，拍照不容易被发现，因此一些不法之徒就在公交车、咖啡厅、街道等公共场所，甚至是宿舍等私密场所进行偷拍，偷拍的对象既有名人也有普通人，偷拍主要是为了需求刺激、敲诈勒索等不良目的，或者偷拍者本身有心理问题。智能手机的摄像技术突飞猛进，像素从数百万上升至千万。这些新型功能的出现虽然方便了人们的生活，但也使违法犯罪更加猖獗。例如2020年12月一位女子在郑州一个洗浴中心利用手机偷拍其他女性并将拍摄内容进行非法传播，对众多受害者的身心造成了严重的伤害。2021年，出现了将"智能手机改装成盗摄手机"的犯罪行为，犯罪分子将针孔摄像头改装到手机下方扬声器出孔的位置，当使用前置摄像头进行拍摄时，就会切换到手机底部的针孔摄像头进行拍摄，针孔镜头还可以与一个App配合使用，以达到静默盗摄的目的，严重侵害了手机用户的隐私权。

第三节 手机病毒带来的危害

一、手机病毒概况

手机病毒是一种具有破坏性、传染性、隐蔽性、寄生性的手机程序，手机病毒以手机媒体为传播平台，可利用发送短信、彩信、电子邮件、浏览网站、下载铃声、蓝牙等方式进行传播，从而造成手机异常。2000年出现了最早的手机病毒，手机公司Movistar收到大量由计算机发出的名为"Timofonica"的骚扰短信，该病毒通过西班牙电信公司"Telefonica"的移动系统向系统内的用户发送脏话等垃圾短信。2004年6月，"Cabir"即蠕虫病毒出现，这种病毒通过诺基亚s60系列手机复制，然后不断寻找安装了蓝牙的手机，这是真正意义上的手机病毒。手机病毒会导致用户的手机死机、关机、资料被删、用户信息被窃、向外发送垃圾邮件、传播非法信息、自动拨打电话、发短（彩）信等进行恶意扣费、造成通信网络瘫痪，甚至还会损毁SIM卡、芯片等硬件。在智能手机时代，人们在生活中越来越依赖手机，手机病毒也越来越多样化和复杂化。智能手机病毒是以智能手机为感染对象，以手机网络和计算机网络为传播平台，通过无线设备进行传播，通过病毒彩信、蓝牙等渠道对手机进行攻击，造成手机异常的一种新型病毒。黑客们通过寻找用户手机操作系统的漏洞入侵用户的手机系统，给手机用户的信息安全带来了严重的威胁。

二、手机病毒的主要类型

手机病毒最初见于 2000 年的西班牙，目前手机病毒的种类和数量迅速增加，攻击手段也呈现出明显的变化。（如表 12-2 所示）

表 12-2　手机病毒的类型

类型	病毒代表	主要特点
短信型病毒	VBS.Timofonica 洪流	该阶段的病毒以短信的形式表现出来。它是利用手机程序漏洞即芯片中固化程序的缺陷，通过网络向这些有缺陷的手机发送精心构造的短信或彩信，当用户查看这些短信时就会造成手机程序出错，从而产生诸如关机、重启、删除资料等异常现象
诱骗型病毒	Cabir、Skull、Commwarrior、Fontal.A	这是随着智能手机操作系统的诞生而出现的手机病毒。该类型的病毒主要是利用人们的好奇心和信任感来诱骗人们安装，从而破坏手机功能。例如让手机持续发出警告声音，背景灯持续闪烁，手机键盘操作功能丧失等
漏洞型病毒	MMarketPay.A、Trojan SMSZombie（僵尸病毒）、开心鬼病毒	该类型的病毒表现形式更加多样，呈现愈来愈隐蔽甚至无声无息的趋势。可以利用智能手机操作系统的漏洞或者是网关服务器的漏洞进行攻击，从而使得手机出现异常或者造成经济损失。例如"伪 MM 画皮"病毒（MMarketPay.A）就是伪装成百度地图、天气通、ES 文件浏览器等程序应用，上传到安智市场、安卓市场等第三方应用市场供用户下载，导致不知情的用户感染。用户手机感染这个病毒后，病毒会模拟用户去下载收费软件，并屏蔽扣费提醒短信
引导型病毒	大麻病毒、火炬病毒、小球病毒、Girl 病毒	寄生在磁盘引导区或主引导区，手机感染病毒时会被植入后门程序，黑客可以利用病毒远程控制目标用户手机下载、运行或删除数据文件，同时破坏手机操作系统内核的完整性，发送手机中的敏感信息，导致用户重要信息的泄露
文件型病毒	源代码病毒、链接病毒	寄生在用户手机文件中，通过加密或其他技术隐藏自身，会修改手机中的源文件，成为带毒文件。手机运行该带毒文件时，病毒会被激活并感染手机实现传播目的

三、手机病毒介绍

（一）VBS.Timofonica——世界上第一次出现的手机病毒

2000年6月，西班牙的许多手机用户收到了来自当地一家叫作Telefonica移动运营商发来的奇怪短信，短信中都是令人莫名其妙的脏话，接着又收到了其他的垃圾短信和广告信息。最后经过有关部门查证，认定其为手机病毒，并命名为VBS.Timofonica，它也成为世界上第一次出现的手机病毒。严格来说，VBS.Timofonica还不能被称为病毒，因为它只是一个攻击程序，而自身不会进行复制传播，并不具有传染性，因此只是手机病毒的雏形。

（二）Worm.Symbian.Cabir.a 即蠕虫病毒——世界上首个真正意义上的手机病毒

2004年6月15日，瑞星全球反病毒监测网截获全球首个可在智能手机上传播的蠕虫病毒，并命名为卡波尔（Worm.Symbian.Cabir.a），这也是世界上第一个真正意义上的手机病毒，是现代手机病毒的鼻祖。

如果有卡波尔病毒在手机上运行时，手机就会在开机时显示"Cabir"字样，"Cabir"病毒的命名由此而来。这种病毒是通过手机的蓝牙功能在运行Symbian手机操作系统的手机之间进行传播的。首先它通过蓝牙连接，以短信的形式发送到手机的收件箱，这个文件含有蠕虫病毒。当用户点击并且安装时，蠕虫病毒就被激活，这部已经中毒的手机会启动蓝牙功能搜索到附近也已经启动蓝牙功能的手机，然后将病毒打包成为安全文件传到那部手机上。这种病毒因为不需要借助其他程序就可以完成自我复制以及运行，所以属于蠕虫病毒。它只能感染支持蓝牙的Symbian智能手机，而且接收的用户必须同意接受自己的手机与附近手机连接的请求。这种病毒最初危害并不大，但是随着它的变种的出现，它的毒性和破坏力逐渐加大，可以删掉手机上存储的数据，可以强迫它向高价号码不停地发送昂贵的短信，甚至能够让手机瘫痪。

（三）Fontal.A——世界上首个能够摧毁手机操作系统的手机病毒

2005年5月8日，芬兰一家信息安全公司截获了首例能摧毁手机操作系统的木马病毒，即 Fontal.A，这种病毒能通过手机文件共享或因特网聊天传输，向手机操作系统植入恶意文件，使手机下次启动时因操作系统崩溃而失败。还能破坏手机操作系统的程序管理器，阻止用户下载安装新的应用程序，也阻止用户将其删除。这种病毒由于具有能够摧毁手机操作系统这样巨大的破坏性，因此被称作"手机病毒王"，也标志着以手机为攻击目标的计算机病毒越来越多，破坏性也越来越大。

（四）"移动黑客"手机病毒

2006年春节期间，在成都、天津等地的手机用户在使用手机时遇到这样的怪事，在查看某些短信时，手机就自动关闭了。导致手机出现这种情况的病毒叫"移动黑客"（Hack.mobile.smsdos），这种手机病毒就隐藏在短信中，只要用户查看带有病毒的短信，手机即刻自动关闭。

（五）Commwarrior 手机病毒

Commwarrior 手机病毒主要是通过蓝牙无线通信方式或多媒体短信传播，针对安装了 Symbian 操作系统的智能手机。这种病毒能感染手机中的电话簿软件，从用户的电话簿中随机选择目标。为了诱惑用户打开文件，它会伪装成操作系统更新文件甚至是不良图片，以诱使其他手机用户下载。

（六）骷髅头 Skull 手机病毒

Skull 骷髅木马病毒主要针对诺基亚 7610 机型。一旦被感染，手机应用程序里的图标全都变成骷髅头，手机的功能全都不能运作，甚至无法开机。如果之前未对通信录、短信等进行备份，这些资料将全部消失。这种病毒有两种变种，即 SkullPic.A 和 SkullPic.B。手机一旦感染这些病毒，病毒就会在手机后台运行并破坏手机通讯录和通话功能间的关联，当有电话打入手机时，手机屏幕会出现一张骷髅头的图片，且已存联系人的姓名将无法直接显示。而且新变种还携带了 Cabir，使其具备通过蓝牙自我传播的能力，具有极强的隐蔽性。之后还出现了新变种"短信海盗"，比"手机骷髅"更为恶劣的是，短信海盗还将机主收件箱的内容发送给其他机友，既造成用户大量的资费损失，又导致严重的隐私泄露。

（七）LanPackage.A（彩信骷髅或彩信骷髅炸弹）

LanPackage.A 手机病毒，中文名为彩信骷髅。2010 年春节期间，随着亲友之间大量发送祝福短信、彩信，这种手机病毒迅速蔓延开来，仅仅一个月的时间就感染了国内超过 10 万部智能手机。这是一种恶性欺诈病毒，主要针对塞班 s60 第 3 版（s60v3）操作系统的智能手机，包括诺基亚大部分型号（主屏为 QVGA 分辨率）和三星 G818E、i8510c、L878E 等部分型号。

LanPackage 手机病毒伪装成手机应用软件"系统中文语言包"诱骗用户下载安装，安装后，会启动手机浏览器，进入开心网手机登录页面，以迷惑用户。接下来，中毒的手机会不停地自动联网，并以社会热点内容向外发送彩信，诱使接收到内容的用户点击恶意链接，同时还会向一些随机号码发送短信。通过这种方式大量消耗用户资费和流量，盗取手机中的个人隐私信息，还具有破坏系统管理程序的作用，是一款极具危害和传播性的手机病毒，因此被称为"彩信骷髅炸弹""彩信炸弹"等。该病毒还具备一定的防御机制，不但会使得常用的第三方文件管理工具如 Activefile、TaskSpy 等常用的文件浏览软件失效，导致用户无法手动终止病毒进程，甚至会进一步关闭系统程序管理进程，导致用户无法正常卸载病毒程序。

（八）手机僵尸病毒群——ShadowSrv.A 病毒、FC.Downsis.A 病毒、BIT.NMapPlug.A 病毒

手机僵尸病毒，是一类专门针对移动通信终端的恶意软件的总称。中了"手机僵尸"的手机会自动向外发送如"世界杯视频新闻免费直播……""推荐'非诚勿扰'嘉宾语录及现场视频……""（官方）紧急通知：诺基亚 6120CEM750 型号存在漏洞，请速升级！诺基亚 NOKIAN78 型号存在漏洞，请速升级！点击网址下载安装升级"等带有恶意链接的短信，大多短信内容均与目前的社会热门事件相关，因此极易导致手机用户中招。而用户一旦阅读了这种带有恶意链接的短信，就会感染而成为"僵尸手机"，并再次对外传播这种病毒。这种大规模向外发送短信的结果就是造成用户流量和话费的双重损失。

这种病毒传播能力非常强，因为病毒一旦被激活，就会将用户手机的 SIM 卡信息传回病毒服务器，然后病毒服务器会向手机通讯录中的联系人发送含有病毒的广告短信，一般手机用户都有很多联系人，因此传播的规模非常大，传播的速度以几何级方式增长。这类病毒的传播机制主要有两种：一种是利用短信带下载链接的形式进行传播，一种是捆绑或伪装成正常的手机软件来诱骗用户下载安装。比如该病毒隐藏在手机里一个名为手机保险箱的应用软件中，手机用户一旦下载安装了这种被捆绑了病毒的软件，就不知不觉中毒了。

（九）开心鬼手机病毒

它是 Transmitter.C 的变种之一，也被称为 sexyspace。"开心鬼"病毒是在国内知名 SNS 网站"开心网"平台上，伪装成"温馨提示"的短信，并注册了一批与开心网相似的域名，因此内容非常隐蔽。用户一旦点击短信链接，就会在后台下载安装病毒程序，安装成功后病毒会自动连接网络，持续大约 3 分钟左右。随后，病毒会以 10 秒至 15 秒的间隔对外发送病毒短信。整个过

程都是在后台进行的，而且短信发送记录全部被删除，用户很难察觉。如此高频率向外发送短信，一方面大量消耗用户资费，给用户带来经济损失；另一方面，因为是通过中毒手机发出的带有欺诈等的广告，还给机主带来名誉损害。

（十）"钓鱼王"手机病毒

这种病毒通常被打包放置在一些正常的手机游戏软件中，用户一旦安装，在安装 30 秒左右，就会生成一条内容为"尊敬的客户，XX 银行提醒您：您的账号今天有 5 次密码输入错误，为避免您的资金受损，请速登录进行账号保护……"的短信。这条短信让很多用户误认为是银行系统的通知短信，因此点击链接，就进入了非法钓鱼网站，用户的账号和密码就被窃取，用户的资金就会被盗取。

（十一）"安卓短信卧底"手机病毒

它是首款出现在 Android 手机中的病毒，这个病毒通过发送一个"计算缴税金额"计算器的软件包到用户手机。当用户安装后，它的原始病毒 SW.Spyware.A 就会每隔一小时上传用户的短信内容到指定邮箱，造成用户隐私信息严重泄露。而它的变种 SW.Spyware.B 不但能窃取短信，还能监控用户的通话记录。这种病毒甚至还能通过手机邮件把用户的短信内容发到上网，不仅导致个人信息被暴露，还会造成用户手机出现不正常的流量，给用户造成经济损失。

（十二）"送给最好的 TA"病毒

2019 年，一款名为"送给最好的 TA"的 APK 应用通过主流聊天软件传播到了很多高校，许多大学生因好奇下载并打开程序后，手机就感染了病毒。这种病毒能对安卓系统造成影响，病毒一旦开始运行，就会将用户手机的系统音量调至最大，将系统导航栏隐藏并进入沉浸模式，同时会自动截屏。病毒会不断重复以上步骤使得手机用户无法手动调低音量，会不断循环播放不雅的音频文件，阻止用户使用返回键退出程序。

（十三）"天眼查询系统"病毒

2022年1月，一款名为"天眼查询系统"的APK应用在腾讯QQ上广泛传播。这个应用中含有的钓鱼勒索病毒对安卓手机造成严重影响。一旦用户手机安装并打开了该软件，用户手机上就会播放吓人音效和恐怖图片，向用户勒索钱财，还会自动转发病毒的下载链接。用户的QQ账号也会被盗取，QQ头像和空间照片会变为血腥暴力的图片。

四、手机病毒的危害

手机病毒的出现给手机用户带来了许多麻烦，侵犯了用户的隐私权，损害了经济利益。归纳起来，手机病毒的危害主要表现在以下几个方面。

（一）对手机系统的影响

手机的正常运转必须具备良好的硬件和软件条件，而手机病毒能够通过干扰软件运行环境或修改硬件配置信息等方式，侵占手机内存或者改变手机系统设置，致使手机不能正常工作甚至崩溃。手机病毒还能锁住用户手机以勒索钱财，添加、修改或删除手机中的数据文件。比如Fontal.A病毒就是一种能够摧毁手机操作系统的手机病毒，它能使手机下次启动时因操作系统崩溃而失败，破坏性极大。再比如"移动黑客"手机病毒，用户的手机一旦感染此种病毒，用户只要查看带有病毒的短信，手机就自动关机。杀伤力强的手机病毒甚至能使手机自动关机、死机等，甚至损坏内部芯片。除了对手机操作系统的损坏外，手机病毒还能发现WAP服务器的安全漏洞，攻击WAP服务器，导致手机用户无法接收正常的网页信息。

（二）对个人隐私的侵害

随着智能手机技术的快速发展，用户越来越习惯在手机上留存大量的个人信息，手机也成为了支付工具，手机的私人性和个性化特质越来越突出。手机病毒能够通过各种方式盗取手机机主的个人信息如手机信息内容、电子邮件内容、照片、视频等，并进行复制和传播。手机病毒还能够对通话内容实现监听并窃取敏感信息、泄露用户的位置信息等，这严重侵害了用户的隐私权。如果犯罪分子将手机用户的隐私信息加以散布，必然会严重影响手机用户的合法权益，扰乱正常的社会秩序。

（三）对用户经济利益的损害

之所以出现数量如此众多的手机病毒，其中一个重要原因就是巨大的经济利益的驱使。大多数手机病毒都有一个共同的特点，那就是控制手机进行强行消费。在机主完全不知情的情况下，发送大量短信，或者自动拨打不健康的服务电话，由此产生的巨额通信费都转嫁到手机用户身上，严重损害手机用户的经济利益。例如骷髅头 Skull 手机病毒、手机僵尸病毒、开心鬼手机病毒、"安卓短信卧底"手机病毒等都会在机主不知情的情况下，向外发送大量短信或者产生大量流量，从而产生巨额资费，使用户遭受经济损失。另外手机病毒还可能成为手机诈骗的工具，例如"钓鱼王"手机病毒就是假冒银行职员等身份诱惑用户进入钓鱼网站，从而实施诈骗。有的手机病毒不仅能够盗取手机用户的个人信息，还能盗取手机用户的网银信息，对用户的个人信息安全和网上资金安全产生严重的危害。

（四）对手机服务网络的影响

由于许多手机病毒能够让用户的手机大量向外发送垃圾信息，这种自动发送功能就会攻击和控制通讯"网关"，即网络与网络间的联系纽带，如果手机病毒针对手机网络中的网关漏洞进行攻击，就会导致手机通信网络运行瘫痪，从而影响整个手机服务网络。

第四节　大学生群体手机媒体信息安全保护现状及策略研究

随着 5G 时代的到来，人类的生活将构筑起智能互联场景，拥有"影子媒体"称号的手机将给我们带来全方位的媒介体验。但在全民狂欢的场域中，手机媒体的双刃剑效应已经凸显，移动互联网平台流转的个人隐私信息面临着越来越大的风险。手机信息安全已经不再仅仅局限于传统的垃圾短信、骚扰电话等恶意骚扰，还延展为包括数据泄露、信息窃听等多维挑战。大学生是比较善于接受新事物、尝试新功能的群体，手机媒体"挟裹其本身的交互性与时效性、主体的自主性与参与性、信息的碎片化和多元化等特征，将媒介信息及影响迅速渗透到大学生生活的方方面面。"但是大学生阅历较浅，缺乏足够的社会经验，在享受手机媒体带来便利的同时，信息安全风险也在不断升级。因此，本书对大学生群体的手机信息安全保护现状进行调查研究，从而为大学生群体在个人信息自由流通和个人信息有效保护之间找到平衡点，并提出具体化的对策建议，是具有一定实践意义的思考。

本次研究对在校大学生进行抽样，通过问卷调查、深度访谈等研究方法评估大学生面临的手机媒体信息安全风险的特点和类型、风险存在的原因、大学生应对手机媒体信息安全风险的现状以及存在的问题等。调查将研究问题分为五个大项，每个大项又细分为若干个小项，最终形成调查问卷。

为避免由于研究者所在地域限制对研究结果产生的影响，研究的问卷调查采用线上和线下相结合的方式。线上渠道是利用问卷星生成调查问卷，通过微信朋友圈、微信群等渠道发放问卷，借助研究助手的同学资源转发问卷，一方面使得被调查者的数量叠加，另一方面还突破了地域、学校类型、教育背景、年级覆盖等方面的限制，很好地提高了研究的普适性。线下渠道采用在校园进行随机访问的方式进行，是对线上调查方式的丰富和补充。调查历时一个月，共收集问卷353份，其中有效问卷348份，问卷有效率为98.5%。被调查者中男生和女生占比分别为43.5%和56.5%。各年级占比分别为大一27.5%、大二22%、大三22.5%、大四20.5%、研究生7.5%。样本性别、年龄比较均衡，符合本研究的样本需要。

一、大学生群体手机媒体信息安全保护现状分析

（一）大学生对手机信息安全保护的重视程度较弱

调查发现，大部分大学生具有一定的手机信息保护意识，但是对于手机信息保护问题的认识和关注程度并不高。由于目前在校的大学生（本科生）是21世纪初出生的，他们对于手机媒体的沉浸程度很高，手机已经成为他们不可或缺的生活必备品。当手机信息保护与使用需求发生冲突的情况下，绝大部分的大学生会倾向于满足使用需求，这就出现了具有手机信息保护意识，但在实际生活中重视程度低、保护行为弱这样矛盾的局面，大部分大学生存有侥幸心理。

（二）大学生手机信息安全风险较高

调查发现，76.6%的大学生都遇到过手机信息泄露的情况，目前大学生处在个人信息安全风险比较高的环境中，对大学生的人身和财产安全带来了一定的负面影响，也给学校的管理带来了压力。究其原因主要有两个方面。

首先是手机个人隐私信息泄露渠道的多样化。随着手机应用的日益增多，各种社交媒体用户数量剧增，手机已经渗透到人们生活的方方面面。原本只局限于手机本身存储的私域信息，有相当一部分已经越界进入了各种手机应用搭建起的公共平台。"受众试图传播的自我表现欲正在增长，新媒介的发展使这种表现欲成为可能。"在社交媒体上分享个人动态已经成为当代

大学生的生活常态，此中有意无意蕴含的隐私信息也就随着分享行为进入了公共领域。

其次是手机信息泄露带有很大的隐蔽性。由于大学生使用手机媒体的频次高，在社交媒体上的活跃度也很高，他们虽然意识到存在风险，但是仍然会将诸如照片信息、视频信息、定位信息等发布在微信、QQ、短视频平台等社交媒体上。这些平台需要个人账号才能登录，看起来信息保护是有壁垒的。但实际上，信息的浏览、下载、分享甚至信息修改都是不可控的。除此之外，下载App的权限授予，虽然知道存在一定的风险，但是由于不授权就无法使用的条款约束，使得大多数大学生会放弃保护信息而选择信息授权。在调查中，只有13%的同学能够认真阅读完应用权限和用户协议或隐私政策文字说明，从不阅读的大学生占比高达26.5%。对于只是偶尔或从不阅读应用权限和用户协议或隐私政策的原因表述，有67.1%的大学生选择了不授权就没法用，只能被迫接受，而对运营商的信任仅占9.86%。因此，个人信息的泄露带有极强的隐蔽性，甚至可以说是处于防不胜防的状态。

（三）大学生对于手机信息保护的行为比较被动

调查发现，大学生具有一定的手机信息保护意识，对于如何保护个人信息安全也有一定认知，比如大多数同学选择只填写一部分个人信息来加以保护或拒绝软件访问权限选项，也有一部分同学了解可以用关闭个性化服务、注册时使用虚假信息或安装防护软件的形式加以防护。但是大多数大学生手机信息保护行为的主动性不足，例如将密码设置为相同的人数占比高达61%，经常更改密码的人数仅占5.5%。对于在社交媒体上上传与隐私信息相关内容的信息安全风险并不太多关注，几乎都有上传与个人信息相关内容的行为。对于下载App的权限授予大学生会选择性授予权限，如果拒绝授予权限不影响App的下载，他们会选择拒绝授予权限。在拒绝授予权限就不能下载的情况下，会选择授予权限，或者说对这种情况无能为力。这是大学生虽然有信息保护意识但却无可奈何的重要原因之一，也是当前手机信息保护所处的比较艰难的窘境。

（四）大学生手机信息保护行为影响因素分析

保护动机理论认为个体结合威胁评估和应对评估的结果产生保护动机，进而形成保护行为，人们的认知过程主要受威胁评估和应对评估两方面的影响。威胁评估包括感知易感性和感知严重性，本研究将易感性阐释为大学生觉得自己的信息会泄露的可能性小，将感知严重性阐释为大学生认为信息安全风险会给自己造成多大伤害。应对评估是反应效能、自我效能和反应成本的共同作用。本研究将反应效能阐释为大学生对于采用手机信息安全保护行为能够降低威胁的有效性评估，将自我效能阐释为大学生对于采取有效的手机信息安全保护行为的能力评估，将反应成本阐释为大学生对于采用手机信息安全保护行为所花费的诸如时间、金钱、做出的努力、引起的不适等成本的评估。

调查发现，大学生普遍认为手机中存在信息安全风险的可能性比较大，但是他们认为这些风险会对自己产生严重后果的可能性比较小，对于他们所形成的感知威胁并不大，这就影响了他们手机信息保护行为的意愿。同时，他们对于手机信息安全风险带来的危害性认识不足，这是非常需要注意的问题。对于因为个人信息泄露带来的危害，最担心的选项排序前三位是名誉受损、被推销广告骚扰和个人人身安全受到威胁，也就是手机信息安全问题对于大学生形成的感知威胁并不严重。

从应对评估的调查结果来分析，大学生对于自己采取手机信息保护的能力普遍认为是不足的，他们把原因更多归结为被强制等外部因素。在降低手机信息保护风险的可能性判断上，绝大多数大学生持有乐观的态度，也采取了积极的行为。但大学生对于反应成本也就是对于保护行为可能带来的时间成本、精力成本、金钱成本等态度比较消极，反应普遍淡漠，不愿意在维权上花费太多的时间和精力。在调查中，对于个人信息被泄露后会采取的措施手段选项中，"自认倒霉"选项选中率仅次于向有关行政部门投诉，而且大学生反映其实并不知道具体应该向哪个部门进行投诉，更不愿意选择投诉、诉讼、曝光等维权行为，主要原因在于目前我国对于手机隐私信息保护的相关法律法规还不完善，大学生在遇到相关情况时没有合适的维权渠道，或者维权成本太高。这就进入了一个死胡同，想要保护个人信息，但又不能有效保护，这是大学生手机信息保护现状的最重要特点。

综上所述，大学生在感知严重性、自我效能、反应成本这几个因素上认知水平偏低，这在一定程度上影响大学生手机信息保护行为的主动性和有效性，这需要在对策研究中加以关注。

二、大学生手机信息安全保护对策的建议

（一）提高大学生的信息安全素养

信息安全素养是指信息安全意识、信息安全知识、信息伦理和信息安全能力等方面的内容。调查发现，大学生的信息安全素养普遍较低，这是造成该群体信息安全风险较高的重要原因，因此提高大学生信息安全素养成为一个重要的议题和任务。具体而言，学校、政府和媒体应当分别发挥自身优势，从意识养成、知识普及、能力提升这三个层面积极引导、有效施策。

学校作为大学生学习生活的场所，对于大学生的影响是最直接和最有效的，因此要把手机信息安全教育渗透到高校教育过程中。"移动互联网、社会化媒体等新兴媒体的迅猛发展，加速了受众的分化，并促进了信息生产和传播趋于定制化、精准化和个性化。"针对大学生的传播活动要将其视为权力主体，使得传播内容更加符合该群体的需求，才能实现有效传播。具体而言，可以组织专人编写信息安全案例库和信息安全应对技巧手册，结合大学生的触媒习惯，利用微博、微信、各种小视频App，采用视频、音频、图片、短

文等形式以案施教，精准施教，灵活施教。可以邀请网监部门专业人士开设信息安全保护相关课程或不定期的讲座，结合典型案例，与大学生进行交流，强化大学生对信息安全风险对自身危害性的认知。可以将信息安全教育与校园文化建设相结合，开展各式各样、生动有趣、参与性强的相关活动，以演出、竞赛、展览、有奖互动等方式提高大学生对于信息安全风险的识别和应对能力，了解信息安全保护和维权的有效渠道。可以鼓励大学生成立信息安全协会、公益性法律援助小组等社团组织，让学生自发宣传和分享信息安全保护经验和技巧，帮助同学解决因信息安全泄露而带来的问题等。可以组织大学生开展信息安全保护知识进社区活动，让大学生承担讲解工作，在"育他"的过程中达到自育的潜在效果。通过帮助大学生养成信息安全保护习惯，提升其感知危害性和自我效能来增强其信息安全保护行为的主动性，降低信息安全风险的危害。

媒体要在公信力、权威性、议程设置等方面发挥作用。"大众媒介的传播内容会对受众产生一定的影响，会加强现有的社会文化规范并制造出一些新的社会风气，还有可能促使社会'一体化'。"媒体尤其是主流媒体可以通过发布政府制定的相关文件，通过策划制作相关的新闻节目、案例分析节目、综艺节目、短视频、H5 互动活动等来强化信息安全保护的议程。更重要的是，要尽量采用线上模式进行传播，因为大学生接触信息基本上都是通过线上途径，比如微博、微信公众号、短视频平台等，可以借助微博大 V、明星名人等意见领袖的力量吸引更多的大学生关注相关信息。开展不同主题的手机信息安全宣传周活动，高校和媒体可以分别借助宣传周的热点开展丰富多彩的互动活动和宣传活动。通过舆论引导，一方面强化大学生对信息安全保护的重视程度；另一方面普及信息安全保护的知识和方法，让大学生在知和行的层面上达成一致。

（二）帮助大学生养成良好的手机使用习惯

1. 在社交媒体上发布个人生活动态时要谨慎

一些容易被不法分子利用的个人信息如身份证信息、证件照、出行票据信息等都应该进行必要的处理。在安装 App 时，尽量拒绝授予访问位置信息权限。在使用 App 时，只有在需要位置服务时才分享位置信息，使用结束后要立即关闭位置定位服务功能。

2. 在连接公共 WIFI 或扫描二维码时要谨慎

连接公共 WIFI 或扫描二维码传输的信息有可能被不法分子截获，甚至成为黑客入侵手机的漏洞，存在极大的安全风险。因此一定要确认是安全的 WIFI 或者二维码才能接入或者扫描，尽量不进行以扫描二维码为前提的兑换礼物的操作。

3. 下载软件或 App 时要谨慎

随着 5G 时代的到来，智能手机的功能越来越丰富，内容涵盖我们生活的方方面面，各种软件和 App 应运而生。我们在下载这些软件或者 App 时，会要求权限授予。有些权限一旦被运营商获得，就可能泄露个人隐私信息。因此要从官方渠道下载软件，在下载和安装应用程序时要仔细阅读安全隐私协议，拒绝不必要的权限授予，及时更新手机安全防护软件等。

4. 设置密码要谨慎

密码作为信息保护的重要堡垒，一定要科学设置。尽量使用复杂密码，不要都使用同一个密码，也不要将身份证数字、生日等设为密码，密码还要经常修改更新。不要将 App 的登录状态设为记住密码自动登录，善于利用 App 程序中的图案、指纹、人脸识别等功能提升安全性。养成定期杀毒和清理信息的习惯，防患于未然。

（三）推进手机信息安全保护相关法律体系的建设

研究发现，目前信息安全风险高的一个重要原因在于手机信息安全保护的相关法律法规不够完善，导致对于泄露和侵害个人隐私信息的行为惩处力度弱，一方面无法对此类违法活动产生震慑作用，另一方面也使得消费者对于维权感到无所适从。在调查中，大学生对于造成当前个人信息保护薄弱的主要原因的选项中，有81%的同学选择了相关监管不到位，77%的同学选择了缺乏相应的法律法规体系，53.5%的同学选择了赔偿数额与处罚力度小。对于如何解决当前问题的建议中，有86%的同学选择了推进相关立法的进程。加快建立行业法规，排在了所有选项的第一位。

2015年我国颁布了《中华人民共和国国家安全法》，2017年我国颁布了《中华人民共和国网络安全法》，2021年11月1日起我国施行了《个人信息保护法》，标志着我国网络安全方面的法律法规体系正在形成。但是，随着移动互联技术的发展，新问题层出不穷。因此，仍然需要进一步完善相关的法律体系，对审核机制、投诉机制、惩罚机制等要有更明确可行的条文规定，只有立法建规才能使整个行业良性运行，才能真正保护消费者的切身权益。监管部门还要有效进行监管，各个环节都要严格按照规定执行，对于违法者要严加惩处，斩断黑色产业链条，从源头上遏制信息安全的风险扩张。针对大学生可以举办进校园普法活动，通过专业人士以案说法的方式，增强大学生对相关法律法规的了解，增强维护自身权益的能力。

（四）促进行业自律规范和公约的制定，加强自我监督

培养行业自律意识和制定行业自律规范是有效措施之一，也是治本的可能性得以实现的基础。在大数据时代，手机服务商掌握着海量的用户信息，对于信息池中的信息是否滥用也是对其职业道德的考验。因此，智能手机行业要加强自律意识的养成，强化内部监督和管理，完善内部管理流程，严格按照法律法规收集个人信息，自觉接受公众监督。成立行业内的用户信息保

护协会，制定行业规则，定期巡查督导，及时发现和处理问题。

（五）增强大学生维权意识，简化维权渠道

调查发现，大多数大学生面对个人隐私泄露的态度是"自认倒霉"，鲜有维权意识和行动，主要原因是维权成本高、不了解维权渠道、举证困难等，这也是目前个人信息泄露情况严重的重要原因之一。因此，可以通过加大举报中心建设的力度、丰富维权渠道、简化维权程序等方式让大学生重视自身的权利保护，增强维权意识。公安部门要重视关于个人信息安全的维权诉求，切实保障权利被侵害者的利益，对泄露和非法利用个人信息的违法者要加大惩处力度。

第五节 手机媒体的监管

一、我国手机媒体监管现状

从 2000 年至今，我国陆续出台了手机媒体监管的相关法律法规，治理手机传播乱象的法律法规体系正在逐步形成，如表 12-3 所示。

表 12-3 我国手机媒体监管依据的法律法规

相关法律	时间	涉及手机媒体监管	具体内容
《中华人民共和国电信条例》	2000 年 9 月 25 日	经营许可、资费管理、进网制度、安全保障	确定了我国电信行业行政监管的八大制度，包括电信业务经营许可证制度、网间互联调解制度、电信资费管理制度、电信资源有偿使用制度、电信服务质量监督制度、电信建设管理制度、电信设备进网制度和电信安全保障制度。将手机媒体的部分内容纳入管理范畴，但是条例中的规定是原则性规定，没有对当下网络问题以及相关的法律责任进行有效的规定，没有涉及三网融合问题，使得对手机媒体进行有效监管存在困难

续表

相关法律	时间	涉及手机媒体监管	具体内容
《互联网信息服务管理办法》	2000年9月	手机互联网服务的许可和管理	第七条规定:"从事经营性互联网信息服务,应该向省、自治区、直辖市电信管理机构或者国务院信息产业主管部门申请办理互联网信息服务增值电信业务经营许可证。" 第八条规定:"从事非经营性互联网信息服务,应该向省、自治区、直辖市电信管理机构或者国务院信息产业主管部门办理备案手续。" 第十八条规定:"国务院信息产业主管部门和省、自治区、直辖市电信管理机构,依法对互联网信息服务实施监督管理。新闻、出版、教育、卫生、药品监督管理、工商行政管理和公安、国家安全等有关主管部门,在各自职责范围内依法对互联网信息内容实施监督管理。" 根据该办法的规定,我国对于互联网的信息服务采取行政许可和备案两种监管方式。但是该规定并未对互联网信息的内容、法律责任做出具体规定,也没有涉及三网融合问题,因此仍然难以对手机媒体进行有效监管
《互联网等信息网络传播视听节目管理办法》	2004年10月	手机电视、手机视频	第三条规定:"国家广播电影电视总局(以下简称广电总局)负责全国互联网等信息网络传播视听节目(以下简称信息网络传播视听节目)的管理工作。县级以上地方广播电视行政部门负责本辖区内互联网等信息网络传播视听节目的管理工作。" 第四条规定:"国家对从事信息网络传播视听节目业务实行许可制度。" 第六条规定:"从事信息网络传播视听节目业务,应取得《信息网络传播视听节目许可证》。" 第八条规定:"申请《信息网络传播视听节目许可证》,应当具备下列条件: (一)符合广电总局确定的信息网络传播视听节目的总体规划和布局; (二)符合国家规定的行业规范和技术标准; (三)有与业务规模相适应的自有资金、设备、场所及必要的专业人员; (四)拥有与业务规模相适应并符合国家规定的视听节目资源; (五)拥有与业务规模相适应的服务信誉、技术能力和网络资源; (六)有健全的节目内容审查制度、播出管理制度; (七)有可行的节目监控方案; (八)其他法律、行政法规规定的条件。 该办法对手机媒体中有关视听节目的内容明确许可制度,只有获得国家广播电影电视总局颁发的许可证才能获得资格。该办法也明确了应该具备的条件,并对违法规定的行为明确了责罚的措施

第十二章 手机媒体的监管

续表

相关法律	时间	涉及手机媒体监管	具体内容
《信息网络传播权保护条例》和《电子出版物管理规定》	分别于2006年5月和2008年3月出台	手机出版	规定中提到的电子出版物是指以数字代码方式将图文声像等信息编辑加工后存储在磁、光、电介质上，通过计算机或者具有类似功能的设备读取使用，用以表达思想、普及知识和积累文化，并可复制发行的大众传播媒体。媒体形态包括软磁盘（FD）、只读光盘（CDROM）、交互式光盘（CDI）、照片光盘（PhotoCD）、高密度只读光盘（DVDROM）、集成电路卡（IC Card）和新闻出版署认定的其他媒体形态。内容涉及的是互联网络出版，但是并不完全适用于手机出版
《第三代移动通信业务服务规范（试行）》	2009年4月24日	手机短信	未经用户同意，不得将用户的姓名或者名称、有效证件号、住址、位置信息、用户号码、联系方式、交费账号和通话清单等非通信内容用于查询服务或提供给第三方，不得泄露、删除、篡改用户信息。不得利用短信息平台，向用户发送非法和违规内容。未经用户同意，电信业务经营者不得向用户发送带有商业宣传性质的短信息。鼓励电信业务经营者向用户提供终端短信息过滤软件下载等服务，以便用户在终端上有选择地接收和拒收短信息
《关于进一步规范基础电信运营企业校园电信业务市场经营行为的意见》	2013年4月	手机短信	根据方案中对于规范商业性短信息定制和退订的要求，电信业务运营企业未经用户同意或请求，或用户已经明确表示拒绝的，不得向用户发送商业类短信息。其中将重点清理基础电信企业自有及合作的端口类短信息发送业务，对用户明确表示对其造成侵扰的商业性短信息发送行为，应采取有效措施予以制止
《中华人民共和国消费者权益保护法》	2014年3月	个人信息	只有明确表明信息收集目的、使用目的、收集方法和收集范围等基本原则，运营商才能进行信息收集工作
《中华人民共和国网络安全法》	2016年11月	个人信息	规定了网络运营者收集使用用户个人信息承担的责任和义务，同时明确了行政监管部门的职责
《中华人民共和国民法典》	2020年5月	个人信息	明确了个人信息的内涵和外延、个人信息权利人的权利以及处理个人信息的基本原则和义务等
《中华人民共和国个人信息保护法》	2021年11月	个人信息	保护个人信息法律条款

二、加强我国手机媒体监管的对策

（一）加强适应手机媒体发展的法律法规建设

从手机诞生到现在，手机媒体经历了一个短暂但是快速的发展过程，目前处于鼎盛的发展阶段。虽然我国已经有多部相关法律对手机媒体监管中的问题做出了规定，尤其重视了对个人信息的保护。但是随着手机媒体智能化进程的不断加快，微信、短视频平台、直播等新兴传播形态的出现，手机传播中的新问题也层出不穷，尤其是数据利用与隐私保护之间的冲突日渐凸显。因此，要加强适应手机媒体发展的法律法规体系建设，争取覆盖手机媒体监管的全领域，实现对手机媒体科学、合理、有效的监管。监管部门要制定有效的监管措施、明确各自的监管职责、厘清各自的监管权力，为手机媒体的长远良性发展保驾护航。总之，只有通过手机监管的立法、执法、司法等方面的相互配合，才能逐步完善和形成手机监管的良性体制。

（二）明确监管机构，明晰监管权责

手机媒体要取得良性发展除了要有权威性高、可操作性强的法律法规加以指导规范外，监管部门的有效监管是更为重要的工作。如果存在多头监管的现象势必带来因为监管权利重叠交叉而形成的壁垒，导致不能达到有效监管的效果，从而影响手机行业的健康有序发展。因此要避免多头监管的局面，根据传媒业的发展趋势和市场格局的变化，明确监管机构，明晰监管权责，统筹兼顾，保证联合监管发挥实效。各个机构和部门之间要资源共享和通力协同，才能构建成熟有效的整体性综合监督管理体系，才能发挥出最大的监管效果。2021年施行的《中华人民共和国个人信息保护法》明确规定，国家网信部门和国务院有关部门在各自职责范围内负责个人信息保护和监督管理工作，遵循协同共治理念，从而进行有效的监管。

（三）推进手机监管制度的实施进程，加大对手机违法犯罪的惩处力度

要解决目前我国手机媒体监管所面临的问题，使手机媒体产业快速健康地发展，在完善监管法律和明确监管机构的基础上，还应当积极推进手机监管制度的实施进程。我国在 2010 年 9 月 1 日正式启动了手机实名制工作，在手机媒体监管方面取得了一定的成效。2021 年施行的《中华人民共和国个人信息保护法》对手机传播中的个人信息安全保护问题做了明确的规定，个人信息处理者在处理敏感个人信息、向他人提供或公开个人信息、跨境转移个人信息等环节应取得个人的单独同意，明确个人信息处理者不得过度收集个人信息，不得以个人不同意为由拒绝提供产品或者服务，并赋予个人撤回同意的权利，在个人撤回同意后，个人信息处理者应当停止处理或及时删除其个人信息。这充分体现了个人信息受到法律保护，为应对包括 App 在内的各种形式的强制收集或非必要的过度收集个人信息提供了明确的法律依据。《中华人民共和国个人信息保护法》对于用户画像、算法推荐等新技术新应用也高度关注，对相关产品和服务中存在的信息骚扰、"大数据杀熟"等现象也做了针对性的规范。在大数据时代，监管部门要转变监管理念，充分发挥大数据监测的实时性、全覆盖及精准分析和定位的优势，利用大数据信息平台收集整合各监管系统采集到的海量数据，通过数据分析服务平台实现实时检索，实现监管系统数据库和公安、检察院的信息共享，对涉嫌违法犯罪的行为人进行精准打击，助力网络强国、数字中国、智慧中国建设。

参考文献

[1] 匡文波.手机媒体概论.北京：中国人民大学出版社，2012

[2] 王萍.传播与生活：中国当代社会手机文化研究.北京：华夏出版社，2008

[3] 朱海松.第五媒体.广州：广东经济出版社，2005

[4] 保罗·莱文森.手机：挡不住的呼唤.何道宽译.北京：中国人民大学出版社，2004

[5] 郭庆光.传播学教程.北京：中国人民大学出版社，2004

[6] 伊恩·罗伯逊.社会学（上册）.黄育馥译.北京：商务印书馆，1990

[7] 马克·波斯特.信息方式.范静晔译.南京：南京大学出版社，2005

[8] 刘滢.手机：个性化的大众媒体.北京：人民出版社，2012

[9] 欧文·戈夫曼.日常生活中的自我呈现.黄爱华、冯钢译.杭州：浙江人民出版社，1989

[10] 胡正荣.传播学总论.北京：北京广播学院出版社，2017

[11] 梅尔文·德弗勒、桑德拉·鲍尔-洛基奇.大众传播学诸论.杜力平译.北京：新华出版社，1990

[12] 庞井君.中国视听新媒体发展报告（2013）.北京:社会科学文献出版社，2013

[13] 毛玉希、罗迪.掌媒：手机化生存.南京：南京日报出版社，2019

[14] E·M·罗杰斯.创新的扩散（第五版）.唐兴通、郑长青、张延臣译.

北京：电子工业出版社，2016

［15］保罗·莱文森.数字麦克卢汉.何道宽译.北京：社会科学文献出版社，2001

［16］文卫华.美剧迷群：媒介消费与认同建构.北京：中国传媒大学出版社，2017

［17］张放.想象的互动：网络人际传播中的印象形成.北京：北京大学出版社，2018

［18］欧文·戈夫曼.日常生活中的自我呈现.冯钢译.北京：北京大学出版社，2016

［19］尼古拉斯·尼葛洛庞帝.数字化生存.胡泳、范海燕译.海口：海南出版社，1997

［20］尼古拉斯·米尔佐夫.视觉文化导论.倪伟译.南京：江苏人民出版社，2016

［21］周宪.视觉文化的转向.北京：北京大学出版社，2017

［22］曼纽尔·卡斯特尔.网络社会的崛起.夏铸九译.北京：社会科学文献出版社，2006

［23］张华.网络社群的崛起——基于国家、社会、技术互动视角的研究.上海：复旦大学出版社，2018

［24］乔纳森·特纳、简·斯戴兹.情感社会学.孙俊才、文军译.上海：上海人民出版社，2007

［25］唐绪军、黄楚新.中国新媒体发展报告.北京：社会科学文献出版社，2020

［26］李文林.数学史概论（第2版）.北京：高等教育出版社，2002

［27］詹姆斯·亨德勒、爱丽丝 M.穆维西尔.社会机器：即将到来的人工智能、社会网络与人类的碰撞.王晓、王帅、王佼译.北京：机械工业出版社，2017

[28] 朱海松.无线营销：第五媒体的互动适应性.广州：广东经济出版社，2006

[29] 李丹丹.手机新媒体概论.北京：中国电影出版社，2010

[30] 王虎.中国手机电视产业发展问题研究.北京：中国广播电视出版社，2012

[31] 黄瑞玲、肖尧中.现代人际传播视野中的手机传播研究.吉林：吉林大学出版社，2010

[32] 倪桓.手机短信传播心理探析.北京：中国传媒大学出版社，2009

[33] 李祖鹏.手机改变未来.北京：人民邮电出版社，2012

[34] 周滨."微博问政"与舆情应对.北京：人民出版社，2012

[35] 喻国明、欧亚、张佰明等.微博：一种新传播形态的考察影响力模型和社会性应用.北京：人民日报出版社，2011

[36] 李彬.传播符号的分类及功能.中国青年政治学院学报，2000年第2期。

[37] 孟建.媒介融合：黏聚并造就新型的媒介化社会.国际新闻界，2006年第7期。

[38] 周凯.3G时代手机报的传播特征与趋势研判.科技与出版，2012年第11期。

[39] 张丹琪.新闻媒体微信公众号的新闻标题语言技巧分析.传媒论坛，2020年第3卷第23期。

[40] 陈谷川.手机报的建设模式探讨.中国传媒科技，2005年第9期。

[41] 孙卫华、张庆永.微博客传播形态解析.传媒观察，2008年第10期。

[42] 王淑华.平民生活博客的角色表演及其互动发展.重庆社会科学，2010年第8期。

[43] 聂磊、傅翠晓、程丹.微信朋友圈：社会网络视角下的虚拟社区.新闻记者，2013年第5期。

[44] 成春晖.成年初显期青年微信朋友圈的中辍行为探究.当代青年研究，

2021年第6期。

［45］陈瑶. 微信视频号中的自我呈现与身份重构——基于平台可供性视角的分析. 青年记者，2021年第16期。

［46］喻国明、方可人. 算法推荐必然导致"信息茧房"效应吗——兼论算法的媒介本质与技术伦理. 新闻论坛，2019年第6期。

［47］彭兰. 场景：移动时代媒体的新要素. 新闻记者，2015年第3期。

［48］Emery Dan. Is marketing dead, National Provision, 2012.

［49］喻国明. 解读新媒体的几个关键词. 媒介方法，2006年第5期。

［50］李沁. 沉浸媒介：重新定义媒介概念的内涵和外延. 国际新闻界，2017年第39卷第8期。

［51］林卓君、冯海兵. 短视频节目内容策划与实现策略研究——以西部网"五味什字"视频工作室为例. 东南传播，2019年第9期。

［52］邵泽宇、谭天. 2018年政务短视频的发展、问题与建议. 新闻爱好者，2018年第12期。

［53］刘和海、饶红、王琪. 论符号学视角下的知识元可视化实践. 中国远程教育，2017年第10期。

［54］冷淞. "人间烟火"的景象迁移与"现实图景"的双向建构——新冠肺炎疫情下短视频与拟态环境重构. 新闻与传播研究，2020年第27卷第9期。

［55］李文明、吕福玉. "宅经济"的发展状况与引导策略. 学术交流，2014年第11期。

［56］徐舟. 表演、消费和讨论：网络直播间中的主体行为研究. 传播力研究，2018年第17期。

［57］胡百精. 政府网络危机三问. 国际公关，2009年第4期。

［58］葛彬超、王芹. 新媒体时代大学生的媒介行为及教育机制. 惠州学院学报（社会科学版），2016年第36卷第2期。

［59］罗力．国民信息安全素养评价指标体系构建研究．重庆大学学报（社会科学版），2012 年第 18 卷第 3 期。

［60］成春晖．成年初显期青年微信朋友圈的中辍行为探究．当代青年研究，2021 年第 6 期。

［61］莫腾飞、唐立．互动仪式链理论视角下"祖安文化"的生成逻辑与引导路径．当代青年研究，2021 年第 5 期。

［62］孟令宇．从算法偏见到算法歧视：算法歧视的责任问题探究．东北大学学报（社会科学版），2022 年第 24 卷第 1 期。

［63］刘开源、潘子健．从"把关人"理论谈高校辅导员的职业素养．新闻界，2010 年第 4 期。

［64］王佳佳．大学生智能手机用户信息安全行为影响因素研究，天津工业大学博士论文，2019

后 记

我在键盘上敲完最后一个字，走到窗边远眺。榕城已进入盛夏，日头虽烈，但绿意盎然。窗外云卷云舒，江水缓起缓落，满目皆是美好。书稿终于2022年7月完结付梓，与此书相关的人与事浮现眼前。我思绪万千，欢喜、不安、感激的情绪交织在一起。

2003年，我在中国传媒大学求学时，对手机媒体的研究产生了兴趣。当时的手机功能还比较单一，手机短信是当时最受欢迎的应用。我的导师刘京林教授在百忙之中给我指导，鼓励我从传播心理方面研究手机短信，我撰写和发表了一些相关的论文，并开始搜集和研读相关的学术论著和学术论文。2015年，我到中国人民大学新闻学院访问学习，在导师匡文波教授的悉心指点下，我对手机媒体进行了更加系统和深入的研究，也陆续申报了一些相关的课题，撰写和发表了一些相关的论文。刘教授和匡教授渊博的学识、严谨的治学态度深深影响了我，他们的鼓励赋予了我自信。一路走来，师亲情重，恩师难忘。

随着手机技术的不断发展，新的手机应用不断涌现，手机与人们之间的关系越来越紧密，手机媒体研究的视角、内容也更加丰富。2023年是手机诞生50周年，我萌发了撰写关于手机媒体研究专著的想法。于是我在之前研究的基础上，进一步搜集资料、研读资料、向导师求教，终于完成了此部书稿。心愿达成后的欢喜充盈心中。

囿于能力的局限，书中还有许多不成熟的观点和疏漏之处。而且从手机

50 年的发展历程来看，手机媒体的发展速度极快，如何跟上它的发展步伐进行研究是我面临的最严峻的挑战。虽然我在针对性和前瞻性上做了一些努力，但仍然粗浅，欢喜之余又觉得不安。

在完成书稿的过程中还有许多人给予我无私的帮助，感激之情贯穿始终。闽江学院新闻传播学院的刘建萍教授、戴程教授两位领导，不仅在工作和生活上关心我，还大力支持我的研究工作，在此向他们表达最诚挚的谢意。同时还要感谢闽江学院新闻传播学院各位同仁的支持和帮助。最后要感谢我的家人一直以来的鼓励和支持。谨以此书献给我的父母、我的爱人和我的女儿。

王燕星

2022 年 7 月 22 日于榕城